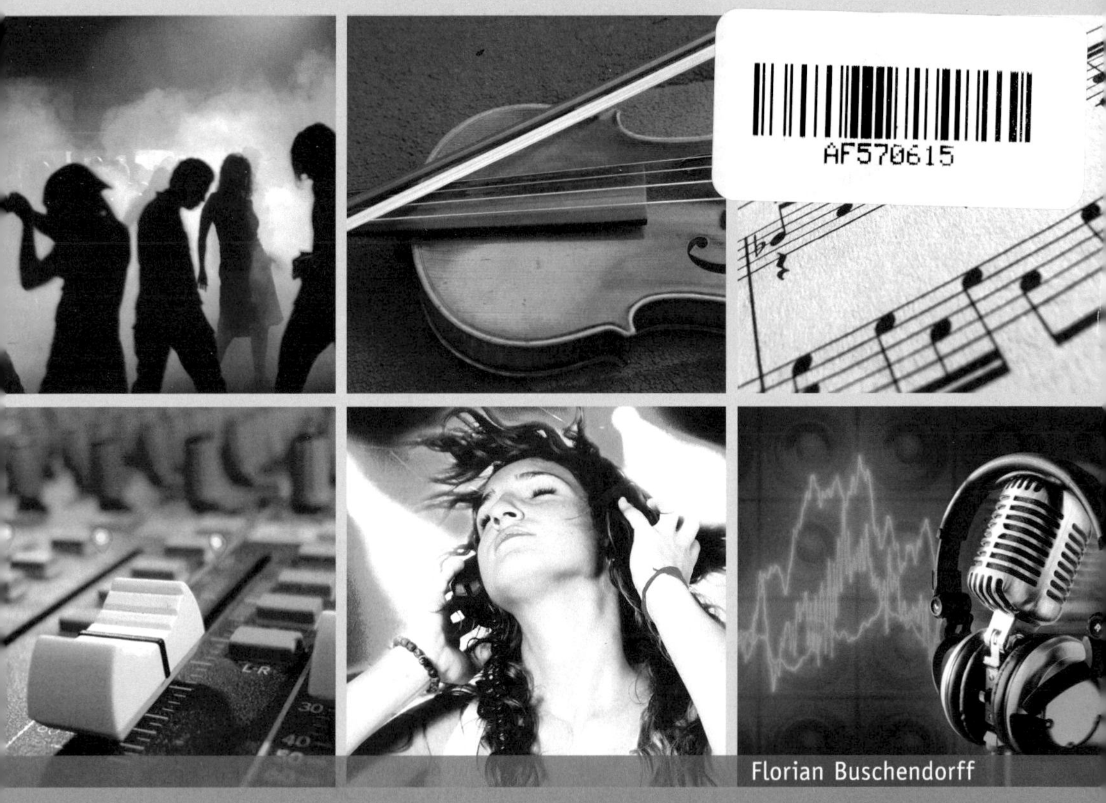

Florian Buschendorff

200 Methoden für den Musikunterricht

Praxisorientierte Ideen für die Sekundarstufe

Verlag an der Ruhr

Impressum

Titel
200 Methoden für den Musikunterricht
Praxisorientierte Ideen für die Sekundarstufe

Autor
Florian Buschendorff

Noten
Notensatz Schlesinger, Großhansdorf

Umschlagfotos (*von links oben nach rechts unten*)
Tanzende Personen © DWP – stock.adobe.com;
Geige © Sören Sagert; *Notenblatt* © matttilda; *Mischpult* © Valeriy Poltorak;
Frau mit Kopfhörern © laurent hamels; *Mikrofon* © U-P-images – alle Fotolia.com

Umschlaggestaltung
Verlag an der Ruhr

Wiederkehrende Abbildungen im Innenteil
Note mit Mischpult Bearbeitung © Verlag an der Ruhr unter Verwendung von © Valeriy Poltorak – Fotolia.com; *Notensymbol Vorwort* © Verlag an der Ruhr; *Icons Pfeil, Ausrufezeichen:* Mik Schulz (u.a. S. 4); *Tamburin* © mkm3 – stock.adobe.com (S. 5-30); *Tastatur mit Noten* © lakalla – stock.adobe.com (S. 31-88); *Hände spielen Gitarre* © roxcon – stock.adobe.com (S. 89-118); *Sängerin* © Emin Ozkan – stock.adobe.com (S. 119-138); *Notenblatt „Narrentanz"* © Angela Parszyk – Fotolia (S. 139-165); *„Musizierende Gesellschaft", Gerard van Kuijl (1651)* © Everett Collection – Shutterstock.com (S. 167-211); *Schallplatten an Wäscheleine* © Michael Flippo – stock.adobe.com (S. 213-224)

Druck
Heenemann GmbH & Co. KG, Berlin, DE

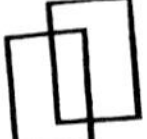

Verlag an der Ruhr
Mülheim an der Ruhr
www.verlagruhr.de

Geeignet für die Altersstufen 5–10

ISBN 978-3-8346-0639-6

Inhaltsverzeichnis

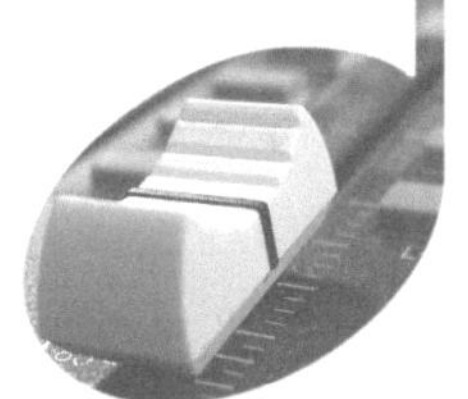

Vorwort 4

Rhythmik und Notenwerte 5

Rhythmusübungen 6
Notenwerte 12
Gesprochene Rhythmen 19
Percussion 24

Praktische Musiktheorie 31

Notenlesen 32
Intervalle 41
Tonleitern 50
Tonarten und Transposition 57
Dreiklänge 67
Komponieren 79

Instrumentalspiel 89

Drumset 90
Gitarre und E-Bass 99
Keyboard 110

Popmusik 119

Arrangement und Songwriting..120
Musikrichtungen und
Stilgeschichte 126
Blues und Jazz 132
Rap 136

Musik erschließen 139

Tempo und Metrum 140
Dynamik 145
Artikulation..........................150
Zugänge schaffen 153
Beschreiben und
charakterisieren 161

Musikgeschichte 167

Mittelalter............................168
Barock 173
Klassik 182
Romantik 191
Moderne und Neue Musik 199
Epochen im Überblick 207

Musikkultur und Medien 213

Hörverhalten und
Musikgeschmack 214
Musikvermarktung 218
Musik in der Werbung 221

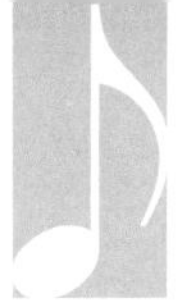

Vorwort

Wie kann man gut in das Thema Dreiklänge einsteigen?
Was kann man alles mit 20 Keyboards und 30 Schülern machen?
Wie bringt man Schülern bei, einen Kanon zu komponieren?

Ein Buch, das einen Fundus an Ideen für den Musikunterricht kompakt präsentiert, habe ich mir seit meinem Referendariat immer gewünscht. Nun habe ich nach 10 Jahren Unterrichtspraxis 200 Methoden zusammengetragen und hoffe, damit allen Lehrern*, die Musik unterrichten oder dieses lernen, vielfältige Anregungen geben zu können.

Alle 200 Methoden dieses Buches sind sofort einsetzbar und in der Praxis erprobt. Die überwiegend auf einer Seite dargestellten Ideen können als Bausteine für einzelne Phasen verwendet werden, einige decken in etwa eine Unterrichtsstunde ab.
Bei jeder Methode werden entweder die Unterrichtsschritte beschrieben oder es werden an geeigneten Stellen Aufgabenstellungen für die Schüler formuliert, die sich direkt übernehmen lassen.

Auf Klassenstufenempfehlungen habe ich verzichtet. Erfahrungsgemäß müssen auch in höheren Klassen viele Inhalte mitunter erstmalig erarbeitet werden. So können die meisten Methoden ggf. durch leichte Variation oder Austausch der Beispiele in verschiedenen Altersstufen zweckmäßig eingesetzt werden. Folgende Icons helfen Ihnen bei der Orientierung:

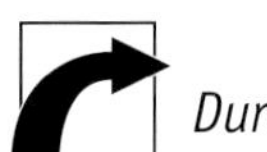 *Durchführung*

 *Aufgaben*

An dieser Stelle geht noch mein allerherzlichster Dank an meinen Fachseminarleiter Uwe Kany für seine exzellenten methodischen und didaktischen Anregungen und natürlich auch für seine wertvolle Rundumbetreuung in aufregenden Zeiten.

Florian Buschendorff
Berlin, 2009

* Aus Gründen der besseren Lesbarkeit haben wir in diesem Buch durchgehend die männliche Form verwendet. Natürlich sind damit auch immer Frauen und Mädchen gemeint, also Lehrerinnen, Schülerinnen etc.

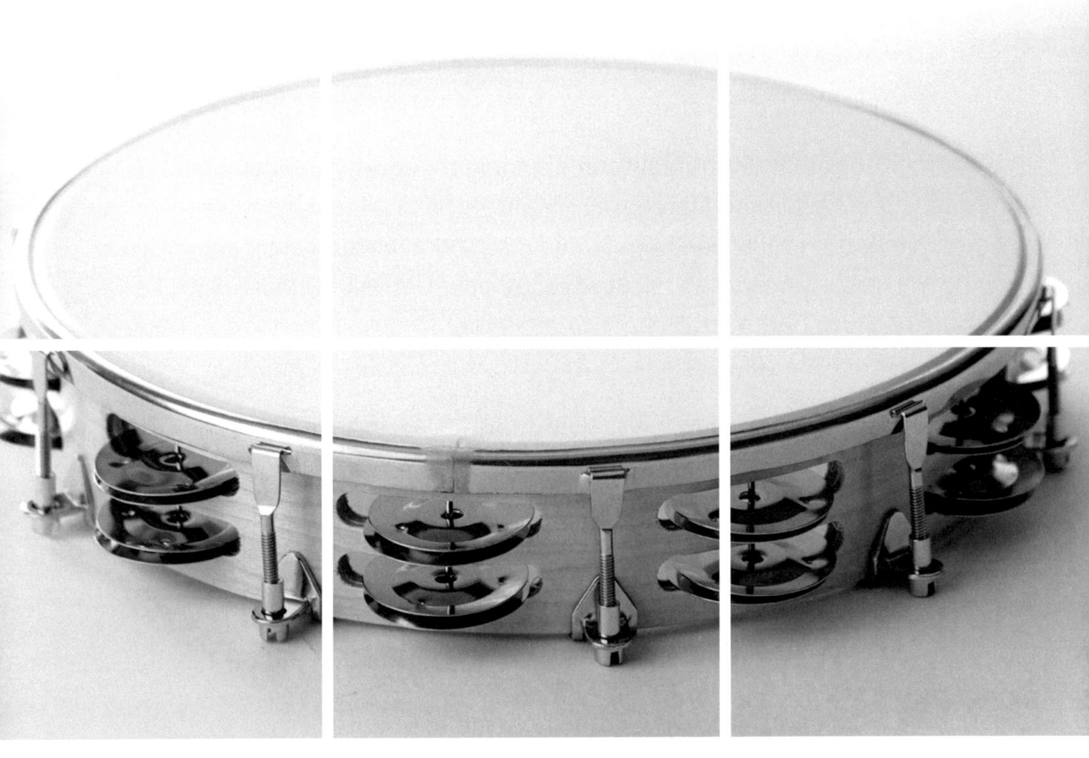

Rhythmik und Notenwerte

- Rhythmusübungen
- Notenwerte
- Gesprochene Rhythmen
- Percussion

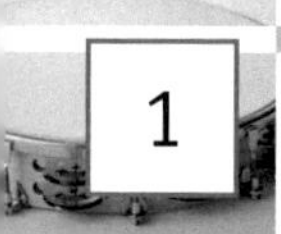

Call & Response auf dem Stuhl-Schlagzeug

Die **Schüler übernehmen fortlaufend einen vom Lehrer vorgegebenen Rhythmus**. Der Stuhl wird hierbei zum Drumset: Die Schüler sitzen idealerweise im Kreis auf umgedrehten Stühlen, sodass auch auf Lehne und Seite geschlagen werden kann. Jeder Schüler benötigt zwei Drumsticks, ersatzweise Stifte oder Lineal.

1) Der Lehrer spielt auf seinem Stuhl-Schlagzeug eintaktige Rhythmen vor, die von den Schülern fortlaufend im Takt imitiert werden. Hierbei entsteht ein kontinuierlicher Wechsel aus Vor- und Nachspielen. Der nächste neue Rhythmus folgt, wenn alle Schüler den ersten richtig ausgeführt haben.

2) Die Rhythmen werden auf unterschiedliche Arten erzeugt:
- ➲ beide Sticks gegeneinander
- ➲ mit einem oder beiden Sticks auf die Lehne
- ➲ mit einem oder beiden Sticks an die Seite des Stuhls

3) Nach und nach wird der Schwierigkeitsgrad gesteigert. Die Schläge können auch dynamisch verschieden ausgeführt werden, was die Anforderung zusätzlich erhöht.

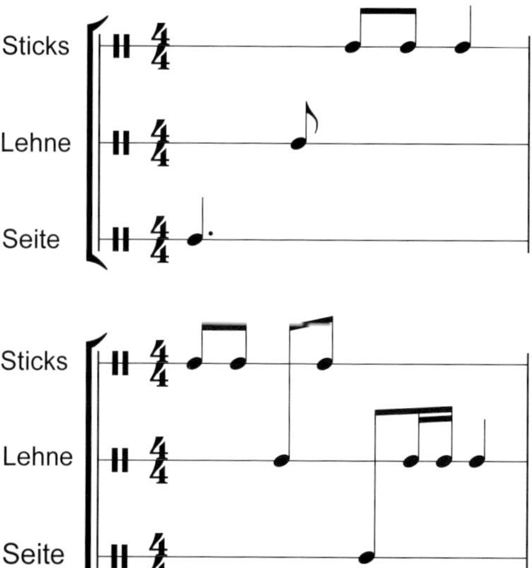

Bodypercussion-Übungen

Ideal für **Bodypercussion-Übungen** ist eine Aufstellung der Schüler im Kreis. Notfalls können sie auch am Platz sitzen, wobei der Tisch dann als Instrument benutzt werden kann. Um Gedächtnis und Taktgefühl zu verbessern, sollte grundsätzlich laut mitgezählt werden.

1) Zunächst wird gleichmäßiges Gehen auf der Stelle eingeübt, beginnend immer mit rechts. Das laute Mitzählen (1–4, später 1–8) hilft hierbei, das Tempo beizubehalten. Gehen und Zählen werden während der gesamten Übung beibehalten.

2) Der Lehrer macht Aktionen mit den Händen vor, die Schüler imitieren sie.

3) Gesteigert werden kann durch eine doppeltaktige Choreografie (Zählzeiten 1–8).

Beispiele:

➲ ZZ 2: Klatschen
ZZ 4: Schnipsen mit beiden Händen

➲ ZZ 2: 2 x in Achteln klatschen
ZZ 3: linke Hand auf die Brust
ZZ 4: rechte Hand auf den Schenkel

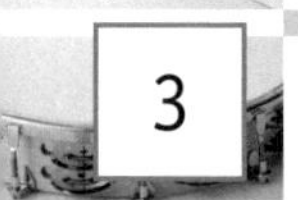

3 Bodypercussion-Choreografien planen

Jeder Schüler plant schriftlich eine **Bodypercussion-Choreografie über 8 Zählzeiten**, übt sie ein und bringt sie in Gruppenarbeit den anderen Schülern bei.

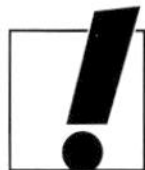

Plane eine eigene Bodypercussion-Choreografie.

➲ Lege die Aktionen der Hände fest.
Achtung: Je mehr Aktionen, desto schwieriger wird es.

➲ Übe deine Choreografie, und bringe sie den anderen bei.

Tipp: Das Beibringen geht am besten im langsamen Tempo bei lautem Mitzählen. Lernen in Abschnitten ist leichter: Zuerst die Zählzeiten 1–4, anschließend 5–8, danach beides hintereinander.

Beispiel:

Zählzeit (Füße)	Aktionen der Hände
1 (re)	–
2 (li)	klatschen
3 (re)	schnipsen rechts
4 (li)	2 x klatschen
5 (re)	–
6 (li)	klatschen über dem Kopf
7 (re)	–
8 (li)	schnipsen mit beiden Händen

Bodypercussion im Sitzen

Im **Achtelrhythmus** erhöht sich das Tempo und erfordert höchste Konzentration. Die als Partitur notierten Rhythmen können selbstständig erarbeitet werden.

Übe im Sitzen die folgenden Rhythmen.

- Beginne im Zeitlupentempo.
- Steigere das Tempo erst, wenn es dir gelingt, den Rhythmus dreimal hintereinander fehlerfrei auszuführen.
- Übe anschließend, beim Spielen laut mitzuzählen.

Body-Rhythmus 1

	1	+	2	+	3	+	4	+
Schnipsen								x
Klatschen		x						
Brustschlag							x	
Schenkelschlag					x			
Stampfen	x		x	x		x		

Body-Rhythmus 2

	1	+	2	+	3	+	4	+
Schnipsen				x				
Klatschen			x				x	
Brustschlag								x
Schenkelschlag		x						
Stampfen	x				x	x		

Body-Rhythmus 3

	1	+	2	+	3	+	4	+
Schnipsen			x					x
Klatschen		x		x				
Brustschlag						x		
Schenkelschlag	x						x	
Stampfen					x			

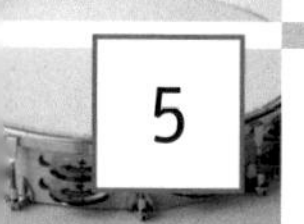

„Laute Post" – Rhythmen herumgeben

Die Schüler sitzen im Kreis. Ähnlich wie bei „Stille Post" wird **ein eintaktiger Rhythmus**, zunächst ausgehend vom Lehrer, **von Schüler zu Schüler weitergegeben.** Die Übung kann mit Bodypercussion oder mit Schlaginstrumenten durchgeführt werden.

1) Zur Einübung macht ein einfacher Rhythmus eine Proberunde. Zur metrischen Koordination wippen alle Schüler den Grundschlag mit den Füßen. Zusätzlich sollte das Metrum mit Trommel oder Cowbell hörbar gemacht werden.

2) Im Abstand von 5 bis 10 Schülern werden weitere Rhythmen auf den Weg geschickt. Die Abstände können in der Folge verkürzt werden, was immer mehr Konzentration erfordert.

3) Die Schüler leiten die Übung selbst an und bringen Rhythmen auf den Weg.

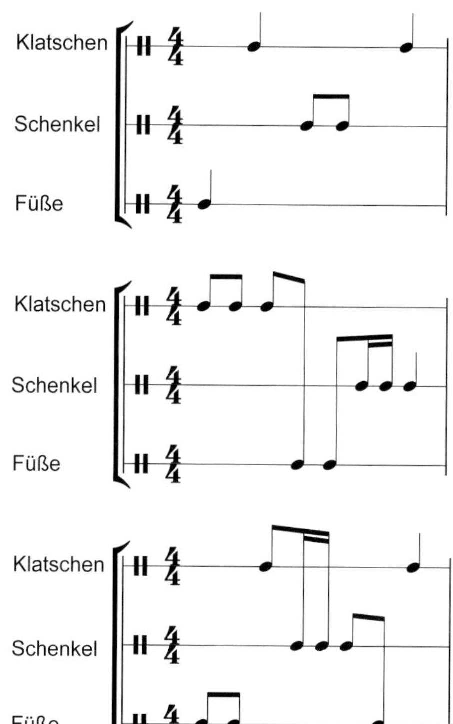

Triolen zum „Bolero“

Ob als Vorbereitung zur Betrachtung von Ravels Bolero oder als Übung im „Langstreckentrommeln“ – das **Durchhalten eines etwas schwierigeren Rhythmus zur Musik** stellt eine reizvolle Herausforderung dar.

1) Vor dem Hören des Werks wird der Bolero-Rhythmus an der Tafel notiert und in langsamerem Tempo zunächst mit Hilfe der Merkwörter gesprochen, die auch das Einprägen und Auswendiglernen des Rhythmus erleichtern.

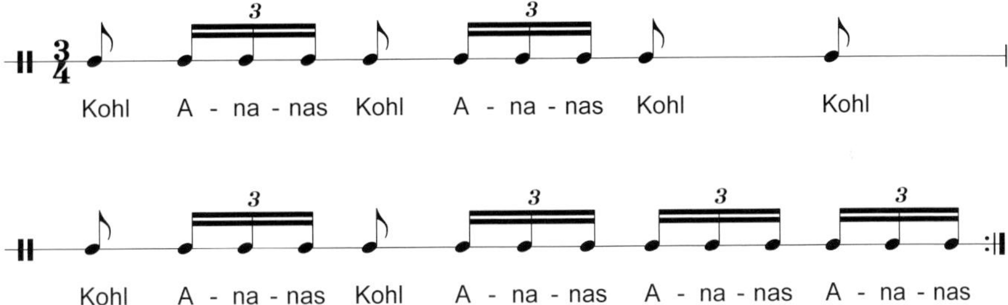

2) Bei gleichzeitigem Sprechen wird der Rhythmus mit beiden Händen auf die Schenkel oder den Tisch geschlagen.
Für ein fehlerfreies Spielen ist es hilfreich, wenn die Schüler eine feste Abfolge der Hände erarbeiten und diese mit „r“ und „l“ über den Noten oder dem Text notieren.

3) Um zur Musik mitspielen zu können, muss das Übungstempo langsam erhöht werden. Das fehlerfreie Spielen in höherem Tempo kann deshalb auch als Hausaufgabe gegeben werden.

4) Das Ziel besteht darin, den Rhythmus möglichst lange auf einer kleinen Trommel (Snaredrum) zur Musik mitzuspielen. Die zuhörenden Schüler können dabei die Anzahl der fehlerfreien Durchgänge mitzählen und so einen Wettbewerb durchführen.

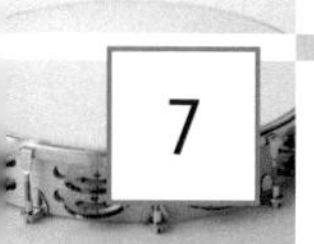

Rhythmusdiktate ohne Noten

Diese Übung zum Umgang mit **Achtel-Zählzeiten** (1 + 2 + ...) bereitet sinnvoll auf das Notieren von Rhythmen mit Noten vor. Ein Zählzeitenraster fördert dabei auch visuell das Verständnis der Notenwerte.

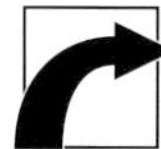

1) Die Hörübung wird mit eintaktigen Rhythmen begonnen. Hierzu fertigen die Schüler mehrere Zählzeitenraster an.

1	+	2	+	3	+	4	+

2) Während des Vorzählens über zwei Takte tippen die Schüler zur Einstellung auf das Tempo mit einem Stift die Zählzeiten in Achteln im Raster mit.

3) Mit einer Trommel wird ein Rhythmus gespielt. Bei einem Schlag machen die Schüler in das entsprechende Kästchen einen Punkt oder ein Kreuz.
Bei den ersten Übungen sollte der Lehrer alle Zählzeiten laut mitzählen. Später kann in Vierteln gezählt und zuletzt nur noch das Metrum mit dem Fuß hörbar gemacht werden.

Rhythmus 1

1	+	2	+	3	+	4	+
x		x	x	x		x	

Rhythmus 2

1	+	2	+	3	+	4	+
x	x	x			x	x	

4) Zur Kontrolle notiert jeweils ein Schüler den Rhythmus an der Tafel.

5) Nach erfolgreichen Übungen werden 2-taktige Rhythmen diktiert. Die Schüler verwenden dabei ein doppeltaktiges Raster (2 x das Raster von oben hintereinander geschrieben).

6) **Weiterführung:** Anhand im Zählzeitenraster notierter Rhythmen kann leicht das Notieren von Rhythmen mit Noten erarbeitet werden (siehe Übung 8).

Einführen der Notenwerte

Mit Hilfe eines **Zählzeitenrasters** (siehe Übung 7) lassen sich auf einfache und verständliche Weise die Notenwerte einführen. Übungen zum Notieren von Rhythmen können auf diese Weise mit Rhythmusdiktaten kombiniert werden.

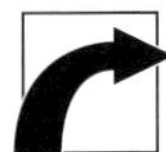

1) Die Schüler erhalten eine Übersicht der Notenwerte und ihrer Länge, angegeben in Achteln.

Note	Notenwert	Länge
♪	Achtel	1 Achtel
♩	Viertel	2 Achtel
♩.	punktierte Viertel	3 Achtel
𝅗𝅥	Halbe	4 Achtel
𝅗𝅥.	punktierte Halbe	6 Achtel
𝅝	Ganze	8 Achtel

2) Ein im Zählzeitenraster notierter Rhythmus kann mit folgenden Regeln sehr leicht mit Noten aufgeschrieben werden:

- Zu jedem Schlag (Kreuz) wird eine Note geschrieben.
- Jedes Kästchen hat den Wert eines Achtels.
- Der Notenwert wird durch Zählen der Kästchen bis zum nächsten Schlag ermittelt.

1	+	2	+	3	+	4	+	1	+	2	+	3	+	4	+
x			x		x		x	x				x	x	x	x

4/4 ♩. ♩ ♩ ♪ | 𝅗𝅥 ♪ ♪ ♪ ♪ |

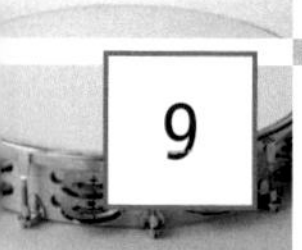

9

Notationsübung mit Sechzehnteln

Das **Notieren von Rhythmen anhand eines Zählzeitenrasters** ist gleichzeitig eine Übung zur grafisch übersichtlichen Verteilung der Noten im Takt entsprechend ihrer Länge. Bei dieser Übung werden auch die Sechzehntel-Zählzeiten eingeführt.

Notiere die folgenden Rhythmen.
- Ein Kästchen hat die Länge einer Sechzehntelnote.
- Schreibe die Noten so auf die Linie, dass sie jeweils genau unter den Kreuzen stehen.

Rhythmus 1

1	e	+	de	2	e	+	de	3	e	+	de	4	e	+	de
X		X	X	X			X	X	X	X	X	X			

4/4

Rhythmus 2

1	e	+	de	2	e	+	de	3	e	+	de	4	e	+	de
X			X	X	X	X		X				X	X		X

4/4

Rhythmus 3

1	e	+	de	2	e	+	de	3	e	+	de	4	e	+	de
X		X		X			X	X						X	

4/4

Rhythmus 4

1	e	+	de	2	e	+	de	3	e	+	de	4	e	+	de
X				X		X	X	X	X		X	X	X		

4/4

Schriftliche Übungen zu Notenwerten

Das hier beschriebene **Notieren von Rhythmen als reine Rechenleistung** hat Kontrollfunktion und kann helfen, Verständnislücken bei den Schülern aufzudecken.

Fülle die Takte mit Noten.

- ➲ Beachte die angegebene Taktart, und achte darauf, dass die Takte vollständig sind.
- ➲ Schreibe jede Note an die richtige Stelle im Takt, also genau unter die Zählzeit, auf der sie beginnt.

1) Verwende zwei verschiedene Notenwerte.

1 + 2 + 3 + 4 +

4/4

2) Verwende mindestens drei Achtelnoten.

1 + 2 + 3 +

3/4

3) Verwende mindestens eine punktierte Viertel.

1 2 3 4 5 6

6/8

4) Verwende drei verschiedene Notenwerte.

4/4

5) Verwende mindestens eine punktierte Viertel.

3/4

6) Verwende nur Viertel und Achtel.

6/8

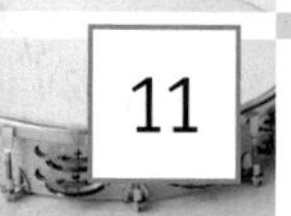

Rhythmen lernen mit Rhythmusbausteinen

Wenn der Umgang mit Zählzeiten geläufig ist, erfolgt das Lesen und Umsetzen der Rhythmen nicht mehr durch „Buchstabieren“ von Zählzeiten. Beim **Üben mit Rhythmusbausteinen** geht es um das visuelle Wiedererkennen und Reproduzieren von rhythmischen Motiven.

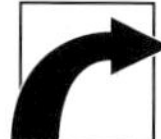

1) Die Schüler erhalten ein Blatt mit Rhythmusbausteinen. Vor dem Ausschneiden werden alle Rhythmen mit der Klasse eingeübt (z.B. durch Klatschen). Hilfsweise können einzelne Bausteine durch Zählzeiten ergänzt werden.

2) Die Schüler arbeiten zu zweit. Die Rhythmusbausteine werden ausgeschnitten und in beliebigen Kombinationen nebeneinandergelegt. Nach dem Einzählen wird der gesamte Rhythmus geklatscht oder geklopft.

3) Mit Bausteinen im Großformat kann die Übung mit der ganzen Klasse durchgeführt werden.

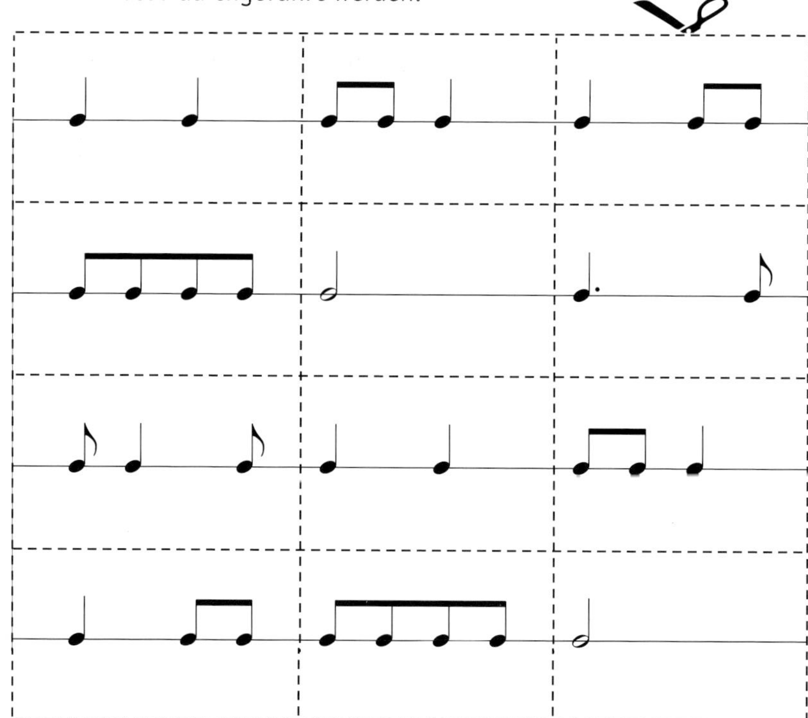

Pausenwerte üben mit einem Pausenstück

Instrumentalschüler lernen die **Pausenwerte** in der Regel nebenbei, da sie für die ersten Spielstücke nur eine untergeordnete Rolle haben. Praktische Bedeutung bekommen sie jedoch bei Stücken mit Pausenhäufungen, insbesondere wenn die Pausen am Taktanfang stehen.

1) Die Klasse wird in vier Gruppen geteilt. Die Schüler erhalten nur ihre Stimme des Pausenstücks, nicht die Partitur.

2) Mit Hilfe einer Übersicht über Pausenwerte ermitteln die Schüler die Zählzeiten, auf denen sie Text sprechen. Sie üben ihre Stimme einzeln bei leisem Sprechen und Mitklopfen des Metrums.

3) Die Stimmen werden einzeln mit jeder Gruppe nacheinander geübt und anschließend vierstimmig vorgetragen, wobei nun der fortlaufende Text hörbar werden sollte.

4) Die Schüler vertonen einen eigenen „Pausentext" und verteilen die Wörter auf vier Stimmen.

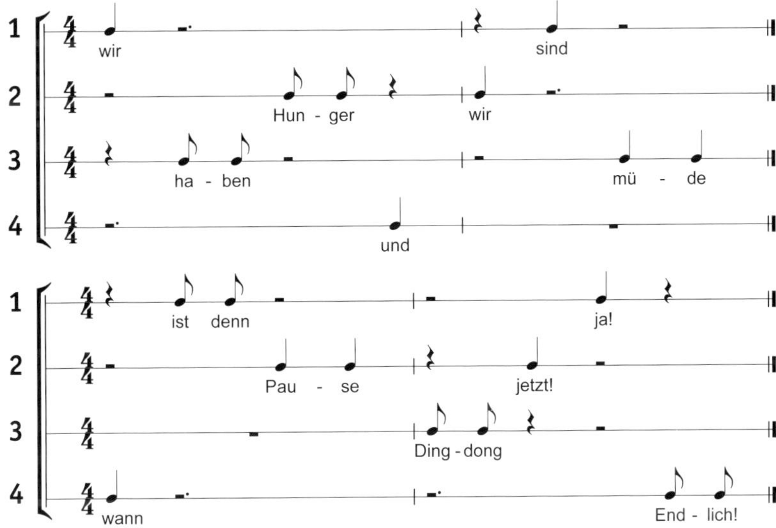

Schriftliche Übungen zu Pausenwerten

Die folgenden **schriftlichen Aufgaben** dienen zur Überprüfung der **Kenntnisse zu Noten- und Pausenwerten.**

1) Verbinde die Noten und Pausen gleicher Länge mit einer Linie.

Notenwerte: **Pausenwerte:**

2) Notiere einen Rhythmus, indem du die vorgegebenen Pausen in die entsprechenden Notenwerte überträgst.
Ergänze außerdem die Taktart am Anfang des Notensystems.

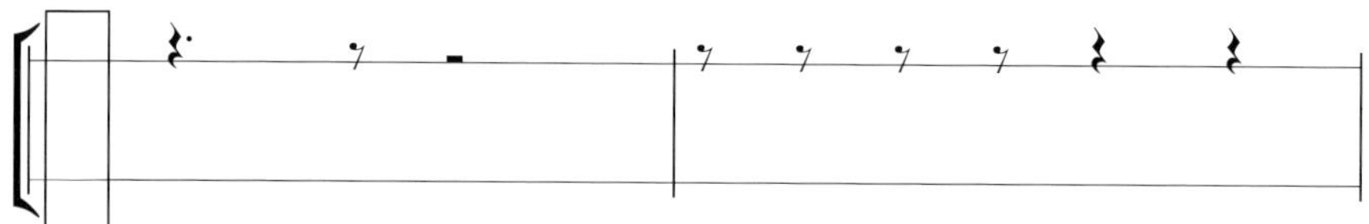

3) Die folgenden Takte sind unvollständig, ergänze mit Pausen.
Beachte die angegebene Taktart.

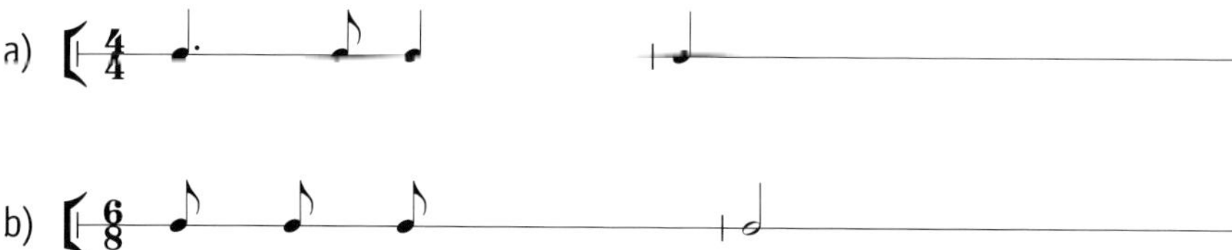

1 gegen 2 gegen 3 gegen 4

Mit dem **Wörter-Kanon** lassen sich Notenwerte und deren Teilung auf klingende Weise verdeutlichen. Durch die Verbindung von exaktem Sprechen mit synchronem Schlagen oder Klatschen wird rhythmische Präzision geschult.

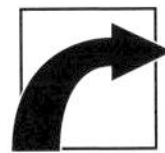

1) Die Kanons lassen sich auf verschiedene Weise einsetzen:
- ➲ zum Üben der präzisen rhythmischen Beschleunigung, auf Trommeln oder dem Tisch
- ➲ zum Demonstrieren von einzelnen Kombinationen, zum Beispiel Achtel gegen Triolen
- ➲ als Sprechkanon (siehe Übung 15)
- ➲ einzelstimmig auf Gruppen verteilt, ein Dirigent gibt Einsätze

2) Die Schüler erstellen in Vierergruppen weitere Wörter-Kanons zu einem gewählten Thema und führen diese vor. **Hinweis:** Die 2-, 3- und 4-silbigen Wörter sollten auf der ersten Silbe betont sein.

Komponisten-Kanon

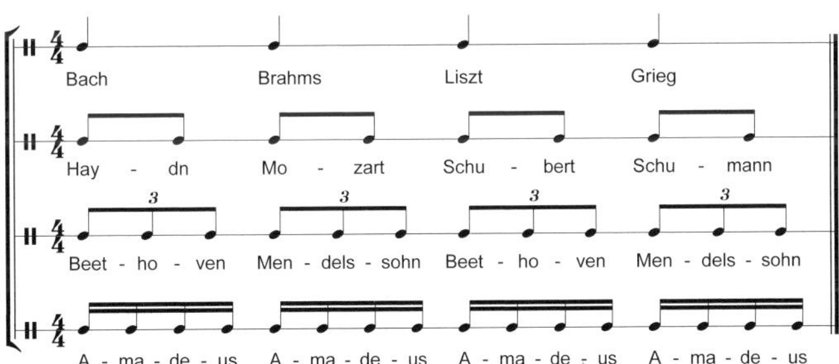

Eintopf-Kanon

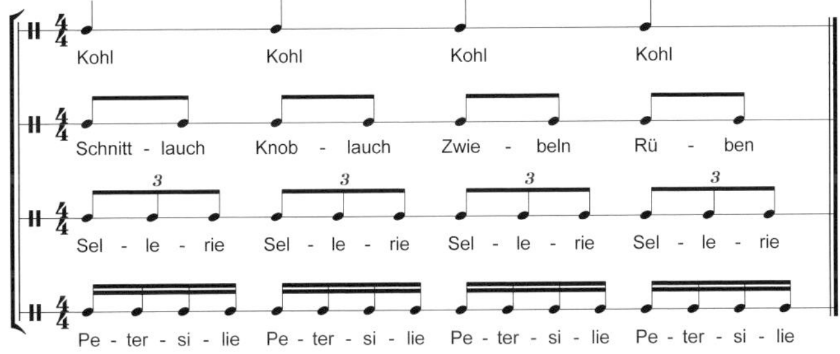

Sprechkanons einstudieren

Im Vordergrund beim **Einsatz von Sprechkanons** im Unterricht stehen Rhythmusschulung, Freude am Wortwitz und den polyphonen Effekten. Durch das Komponieren (siehe Übung 16) wird der praktische Umgang mit Notenwerten geschult und Einblicke in die Machart von Kanons gegeben.

1) Die Zeilen werden zunächst einzeln mit allen einstudiert. Bereits jetzt sollte auf eine künstlerische Umsetzung geachtet werden.
- Die Stimme wird stets angehoben wie beim Rufen.
- Achtel und Viertel werden im Staccato akzentuiert.
- Halbe und ganze Noten werden ausgehalten, witzig wirkt dabei ein Glissando abwärts.

2) Ein Kanon wird gemeinsam umgesetzt. Zur rhythmischen Koordination ist es unerlässlich, dass alle Schüler das Metrum mit dem Fuß mitwippen.

3) Die Schüler erarbeiten einen weiteren Sprechkanon eigenständig in 4er- oder 8er-Gruppen in separaten Räumen.

Hollywood-Kanon

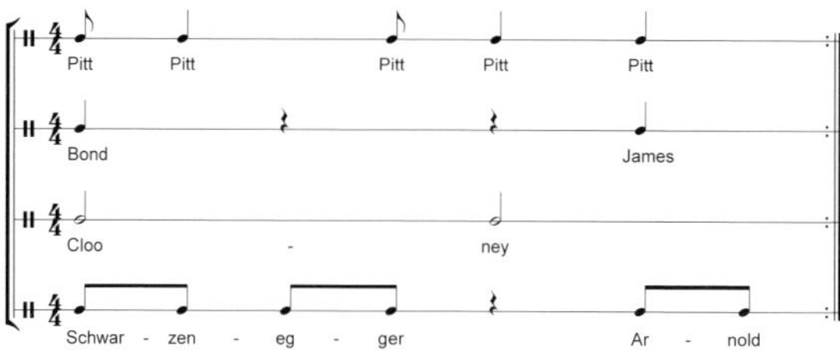

Mathe-Kanon

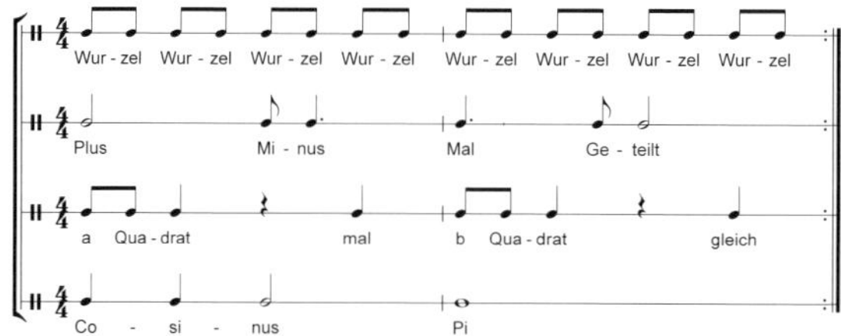

Sprechkanons komponieren

Die Schüler komponieren in 4er-Gruppen eigene **Sprechkanons.**
Das Hauptproblem dabei besteht in der rhythmisch-metrisch richtigen Behandlung von mehrsilbigen Wörtern. Dies kann anhand einer Gemeinschaftskomposition vorher trainiert werden.

Komponiert gemeinsam einen Sprechkanon zu einem Thema eurer Wahl, und übt ihn ein.

- Überlegt euch ein Themenfeld. Schreibt die Wörter in Sil-ben-trenn-schrift auf.
- Markiert bei den Wörtern die betonten Silben.
  Hinweis: Bei deutschen Wörtern ist fast immer die erste Silbe betont (Áp-fel, Bír-ne), Vorsilben sind aber meistens unbetont (Ver-núnft, Ge-wált).
- Schreibt für jeden Abschnitt einen Rhythmus. Die Rhythmen der Abschnitte sollen sich deutlich unterscheiden.
- Beachtet dabei: Eine betonte Silbe muss immer auf der betonteren Zählzeit stehen als die unbetonte Silbe des Wortes.
  Im 4/4-Takt sind die Zählzeiten 1 und 3 stärker betont als die Zählzeiten 2 und 4. Die Achtelzählzeiten (zum Beispiel „1 +") sind immer unbetonter als die vollen Zählzeiten 1 bis 4.
- Übt euren Sprechkanon zunächst gemeinsam. Leichtere Variante: Jeder von euch spricht nur eine Zeile, ihr setzt dabei nacheinander ein.

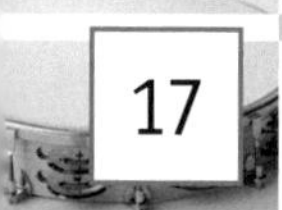

Percussion mit Lauten

Als Grundlage für diese Übung dient ein Drumpattern oder ein Percussion-Arrangement, das die Schüler eigenständig **mit Lauten oder perkussiv klingenden Wörtern textieren.**

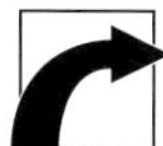

1) Das Percussion-Arrangement 1 wird mit allen einstudiert und mehrstimmig umgesetzt.
2) Beim Arrangement 2 wird mit allen der Rhythmus nur durch Klatschen erarbeitet.
3) Die Schüler textieren die Rhythmen in Gruppenarbeit und studieren das Arrangement ein.
4) Die Gruppen führen ihre Ergebnisse vor.

Percussion-Arrangement 1

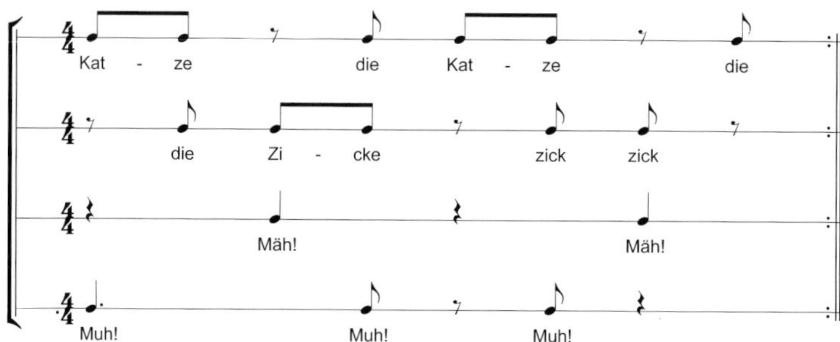

Percussion-Arrangement 2

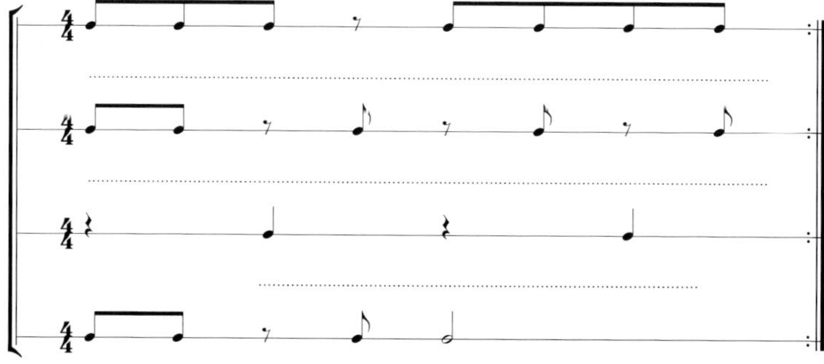

Beatbox

Ziel beim **Beatboxing** ist es, möglichst viele verschiedene percussionähnliche Laute in einer schnellen rhythmischen Abfolge zu erzeugen, sodass die Illusion eines mehrstimmigen Percussionensembles entsteht. Beatbox-Profis verstehen es, zusätzlich melodische Elemente durch gleichzeitiges Summen einzubauen.

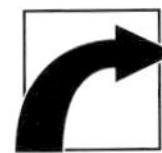

1) Bei den ersten Übungen wird ein Drumset aus Bassdrum, Snaredrum und Hi-Hat imitiert. Hierbei werden Hilfswörter gesprochen, welche die Koordination der Artikulationsorgane Zunge, Lippen und Gaumen erleichtern.

Hinweise zur Ausführung:

➲ Die Vokale werden beim Sprechen fast ganz verschluckt.

➲ Auch stimmhafte Konsonanten werden stimmlos gesprochen.

➲ Alle Konsonanten werden mit einem starken Akzent versehen. Insbesondere die Lippen müssen kraftvoll artikulieren.

2) Im Anschluss kann die Ausführung mit Mikrofon gewagt werden – dazu kann auch gesungen oder gerappt werden.

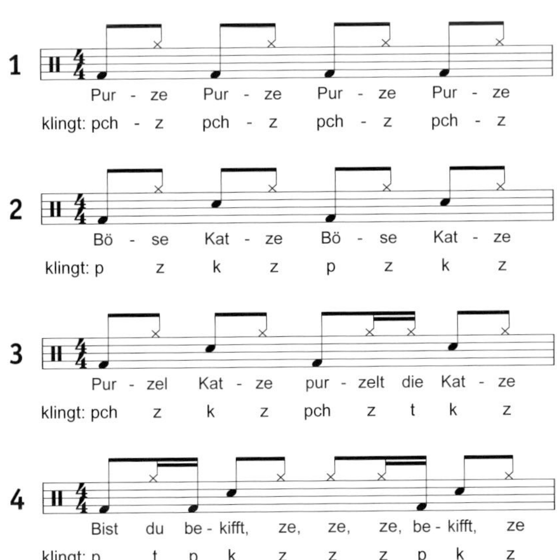

Percussion-Hörübung

Diese Hörübung dient dem Einprägen **von Klang und Namen von Percussion-Instrumenten.** Sie kann gut als Konzentrationsspiel mit Punktvergabe und steigerndem Schwierigkeitsgrad durchgeführt werden.

1) Fünf bis zehn Percussioninstrumente liegen vorne gut sichtbar auf zwei Tischen nebeneinander. Soweit die Instrumente neu eingeführt werden, steht an jedem Instrument ein Namensschild.

2) Im Rahmen einer kurzen Demonstration der Instrumente prägen sich die Schüler Klang und Instrumentennamen ein.

3) Die Schüler drehen sich um, mit Notizzettel und Stift.
Der Lehrer spielt eine Folge von Klängen auf verschiedenen Instrumenten. Die Schüler notieren sich die gehörten Instrumente und die jeweilige Anzahl der Schläge.

Beispiel:
2 x Cowbell
1 x Claves
4 x Snaredrum
2 x Schellenring

4) Die Lösung wird bekanntgegeben, für jedes richtig notierte Instrument mit Schlagzahl schreiben sich die Schüler einen Punkt gut. Die Übung wird im Schwierigkeitsgrad gesteigert.

5) Jeder Schüler notiert sich eine eigene Klangfolge (mit festgelegter Maximallänge) und führt die Hörübung mit den Mitschülern durch. Wer von ihnen die Klangfolge richtig benennen kann, führt die nächste Runde durch.

Percussion-Stimmen einüben

Um Leerlauf oder Unterforderung zu vermeiden, ist es beim Einstudieren eines Percussion-Arrangements oft sinnvoll, wenn alle Schüler alle Rhythmen lernen. Als Erinnerungshilfe und damit die Ausführung am Instrument leichter gelingt, werden hierbei die **Instrumentalstimmen am Körper simuliert** und dabei Spielweise (Haltung, Ausführung) und der Rhythmus (durch Merktext) eingeübt.

1) Der Lehrer spielt einen Rhythmus am Instrument vor und erläutert Haltung und Spielweise. Anschließend wird die Simulation am Körper vorgeführt. Die Schüler imitieren die Ausführung und sprechen den Merktext mit.

2) Es folgt ein weiterer Rhythmus, unmittelbar danach wird der erste wiederholt. Nach jedem weiteren Rhythmus werden die bereits erarbeiteten fortlaufend im Takt wiederholt. Der Wechsel wird durch Nennung des Instruments angekündigt.

Instrument und Vorschlag für Simulation	Rhythmusbeispiele mit Merktext
Guiro: mit dem Zeigefinger auf dem Arm streichen	4/4: lang kurz kurz lang kurz kurz
Claves: mit Daumen auf Daumen schlagen	4/4: Pa-na-ma, A-fri-ka, Ku-ba
Cowbell: klatschen	4/4: 1 2 3 4
Cabasa: Faust in der anderen Hand drehen	4/4: switch dreh dreh dreh
Agogo-Bell: rechten Zeigefinger auf Daumen und Zeigefinger der linken Hand schlagen	4/4: Dong ti Dong ti ti
Surdo/Trommel: mit Faust und flacher Hand auf Schenkel schlagen	4/4: Boom Watch Boom Boom Watch

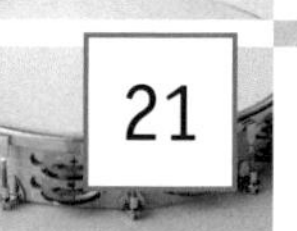

21 Percussion in Rotation

Mit dieser **Alle-spielen-alles-Methode** lassen sich die erarbeiteten Rhythmen eines Percussion-Arrangements (z.B. aus Übung 23) im Zusammenspiel so üben, dass alle Schüler ohne Lernpause gefordert sind. Auf ein Zeichen setzen alle ein, und beim nächsten Zeichen rotieren die Schüler einen Platz weiter zum nächsten Instrument. Die Einübung aller Rhythmen kann zuvor durch Simulation erfolgen (siehe Übung 20).

1) Die Stühle werden im Kreis aufgestellt, je nach Anzahl der vorhandenen Instrumente befindet sich an jedem bzw. jedem zweiten oder dritten Platz ein Instrument.

2) Zum Beginn sollten die Rhythmen nacheinander einsetzen, in der Folge einfach/kompliziert, beispielsweise Cowbell (Lehrer), Surdo, Maracas usw.
Schüler, die gerade an einem Platz ohne Instrument sind, bereiten sich auf das Spielen des nächsten Instruments vor, indem sie das Spielen simulieren und ggf. den Instrumentalisten beim Spielen mit einem Merktext unterstützen.

3) Bei „Rotation" rücken die Schüler zügig einen Platz weiter, wobei der Lehrer kontinuierlich das Metrum auf der Cowbell schlägt. Der Vorgang des Wechsels kann auf zwei Takte beschränkt werden. Bei Taktbeginn müssen alle gemeinsam einsetzen.

4) Bei rhythmischem Chaos wird der Durchgang abgebrochen und das Arrangement durch sukzessives Einsetzen wieder aufgebaut.

5) **Weiterführung:** Das Percussion-Arrangement kann durch eine einfache Instrumentalbegleitung erweitert werden (siehe Übung 22). Wird das Arrangement als Begleitung zum Gesang eingesetzt, sollten die Percussion-Instrumente nur einfach besetzt und von Schülern gespielt werden, die den Rhythmus sicher beherrschen.

Percussion mit Latin-Begleitung

Einfache **Latin-Percussion-Arrangements** klingen wesentlich ansprechender, wenn Klavier, E-Bass und ggf. Drumset hinzukommen. Für die Umsetzung der folgenden Instrumentalstimmen bedarf es nur einer kurzen Anleitung der Spieler.

Latin-Begleitung 1

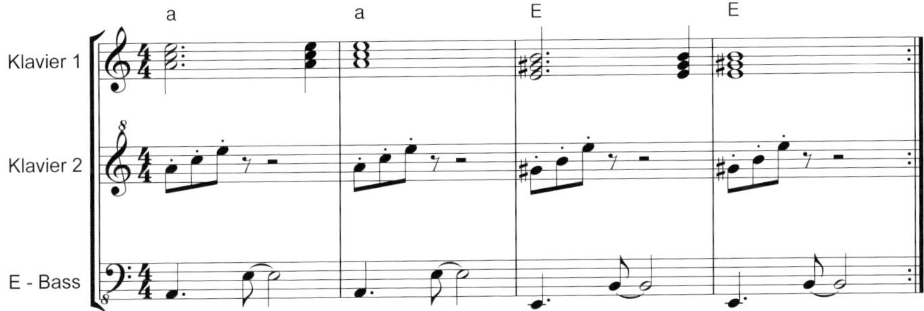

Latin-Begleitung 2

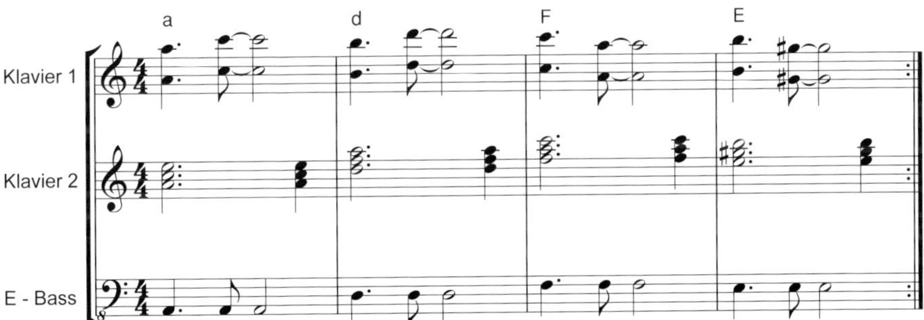

Latin-Begleitung 3

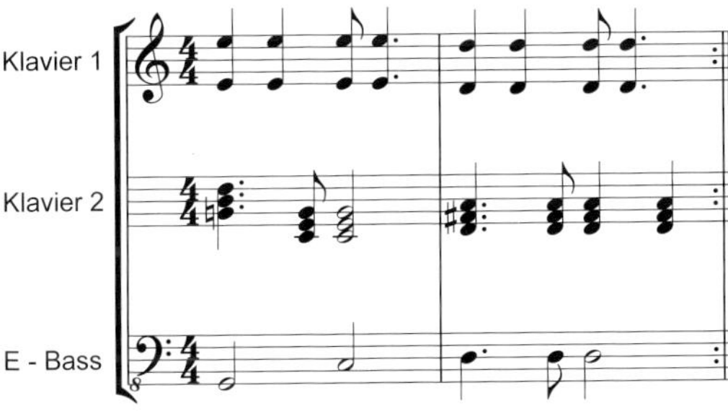

Abb. Kopfzeile © mkm3 – stock.adobe.com

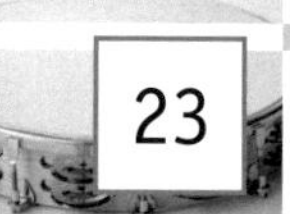

23 Samba-Rhythmen vom Blatt spielen

Diese einfachen Rhythmen eines **Latin-Arrangements** können zur Übung im **Vom-Blatt-Spiel** (Klatschen) bzw. zur selbstständigen Erarbeitung genutzt werden.

1) Die einfacheren Stimmen werden gemeinsam vom Blatt gespielt (geklatscht).

2) Für schwierigere Rhythmen wird eine kurze Erarbeitungszeit gegeben. Hierbei können sich die Schüler zur Orientierung die Zählzeiten (1 + 2 + ...) über die Noten schreiben.

3) Nach dem Spielen aller Rhythmen hintereinander kann das Arrangement auch mit kanonischen Einsätzen gespielt werden.

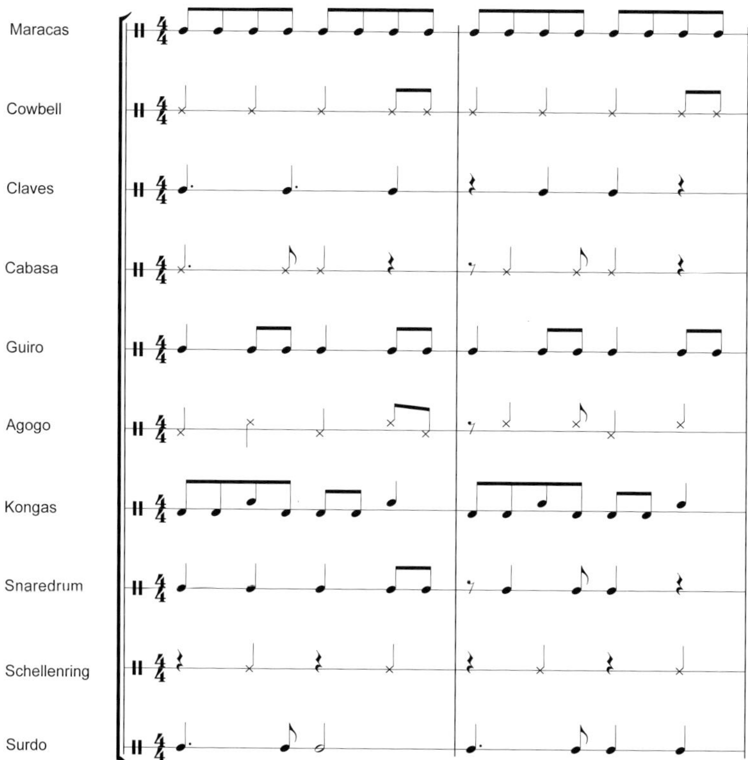

Stomp (1/2)

Nach den Erfolgen der gleichnamigen britischen Rhythmus-Performance-Gruppe hat sich **„Stomp"** inzwischen allgemein als Bezeichnung für **Percussion mit Alltagsgegenständen** eingebürgert. Informationen und Videos unter: www.stomponline.com

1) Vorführung mehrerer Stomp-Performances auf DVD. Anhand eines Beispiels wird die Machart beschrieben.
2) Gemeinsame Vorübungen mit verfügbaren Gegenständen. Dabei werden Spielpatterns, Stops, Breaks und Soli geübt.
3) Aufteilung in Gruppen zu 5 bis 10 Schülern. Die Gruppen einigen sich auf die Art der zu verwendenden Gegenstände. Diese sollten gleich, ähnlich oder aus demselben Gebrauchszusammenhang sein. Alle Schüler müssen diesen Gegenstand beim nächsten Mal mitbringen.
4) Erarbeitung eigener Stomp-Performances in Gruppen mit getrennten Räumen. Präsentation der Ergebnisse.

Anregungen

Patterns: Jeder Spieler hat einen Gegenstand, mit dem er innerhalb des Stücks mehrere Patterns spielt. Zunächst setzen die Spieler mit ihrem Pattern nacheinander ein. Erst wenn alle spielen, wird das Pattern geändert. Für die gesamte Performance muss ein tabellarischer Ablaufplan erstellt werden, damit jeder weiß, wann er was spielt. Beim Spielen ist es wichtig ist, dass alle die Takte mitzählen.

Stop: Auf Zählzeit 1 spielen alle einen Schlag. Es wird eine Generalpause von ein oder zwei Takten gemacht. Danach setzen alle wieder punktgenau ein.

Break: Alle spielen zum vereinbarten Zeitpunkt denselben Rhythmus über ein bis vier Takte.

Solo: Nach einem Stop spielt nur ein Spieler über ein bis vier Takte. Danach setzen alle gleichzeitig oder nacheinander wieder ein.

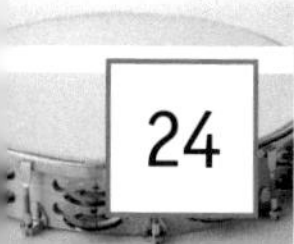

24 Stomp (2/2)

Gegenstände: Die Gegenstände sollten gleicher Art oder aus demselben Gebrauchszusammenhang stammen. Die folgenden Beispiele zur Klangerzeugung sind als Anregungen zu verstehen.

Bälle:
- Tippen auf den Boden
- geräuschvolles Auffangen
- Schlagen auf den Ball
- Schlagen mit dem Ball auf einen anderen Gegenstand

Besen:
- Schlagen auf den Boden mit Stiel oder Bürste
- Schlagen der Besen gegeneinander
- geräuschvolles Bürsten auf dem Boden

Küchenutensilien:
- zwei Topfdeckel gegeneinanderschlagen
- mit Messer auf einem Teller kratzen
- mit Löffel gegen Tasse schlagen
- mit Holzlöffel im Topf rühren

Papierkörbe:
- Schlagen auf Seiten und Unterseite
- Schlagen des Papierkorbs auf den Boden
- geräuschvolles Schieben auf dem Boden

Bewegung: Nachdem das Percussion-Arrangement feststeht und eingeübt ist, wird eine zum Thema passende Choreografie erarbeitet.

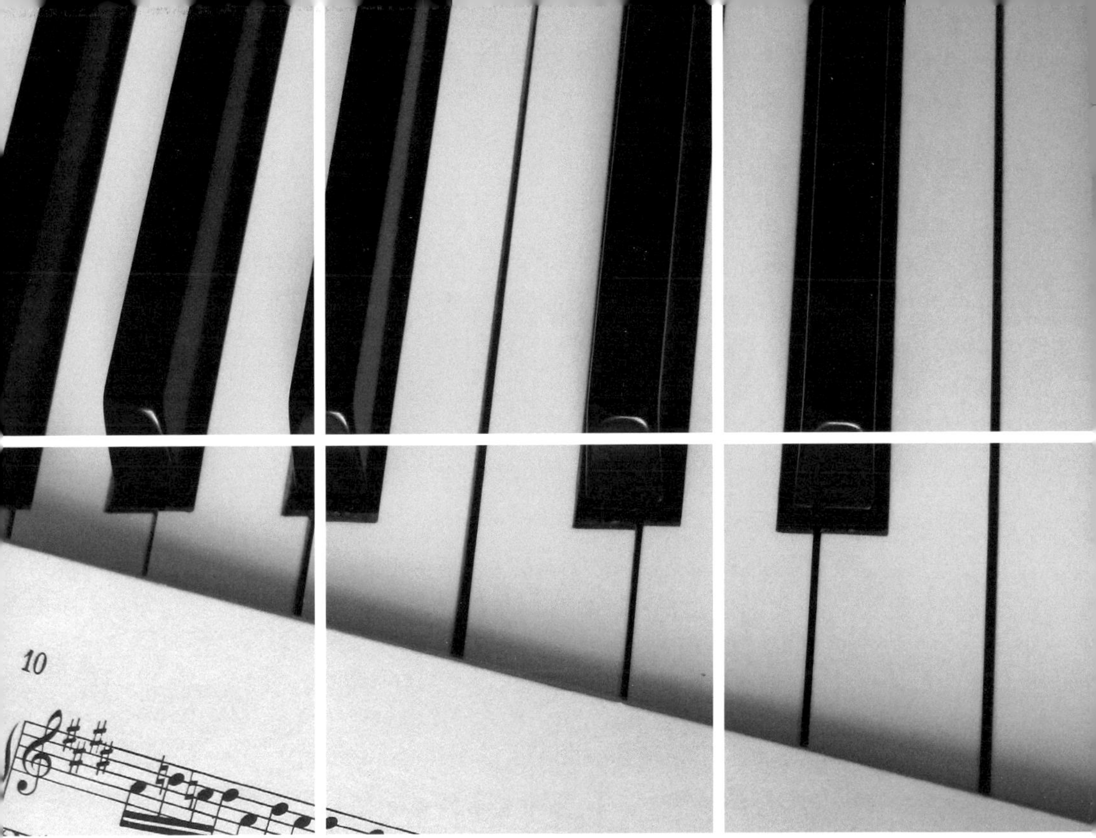

Praktische Musiktheorie

- Notenlesen
- Intervalle
- Tonleitern
- Tonarten und Transposition
- Dreiklänge
- Komponieren

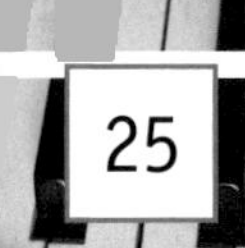

Übungen zur C-Dur-Tonleiter

Sollen die Schüler Noten lesen lernen, dann führt kein Weg am **Auswendiglernen der C-Dur-Tonleiter**, aufwärts und abwärts, vorbei. Zur praktischen Anwendung bietet sich die Verknüpfungen mit dem Tonleiterspielen auf Keyboards an (siehe Übung 43).

Folgende Übungen überprüfen bzw. festigen die Kenntnis der C-Dur-Tonleiter auf spielerische Weise.

- **Aufsagen unter erschwerten Bedingungen**, zum Beispiel im Stehen auf einem Bein mit ausgestreckten Armen und geschlossenen Augen.
- Aufsagen als **Geschwindigkeitswettbewerb**, zum Beispiel drei Mal aufwärts und abwärts mit Zeitmessung. Für jeden Fehler werden zwei Strafsekunden gewertet.
- **Singen als Kanon** auf Tonnamen

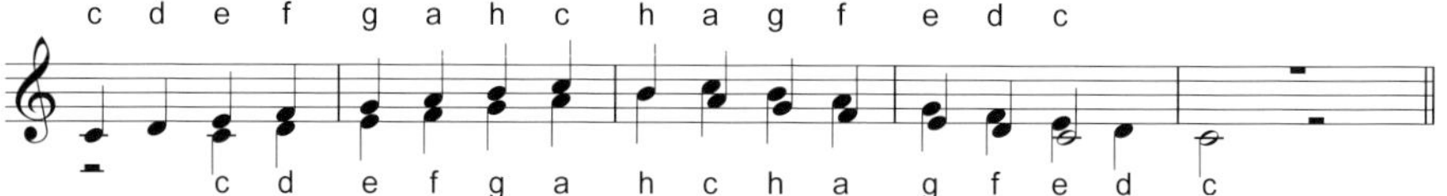

- **Tonleiter-Rätsel:** Der Lehrer (später ein Schüler) stellt eine Tonleiter-Rechenaufgabe, die mit geschlossenen Augen gelöst werden muss, z.B.:

  Beginne bei c – gehe 3 Töne aufwärts – 2 Töne abwärts – 5 Töne aufwärts – 2 Töne abwärts. Auf welchem Ton bist du? (Lösung: g)

Merksprüche für das Notensystem

Merksprüche für Linien und Zwischenräume des Notensystems können anfangs die Lesegeschwindigkeit erhöhen. Dennoch sollte zusätzlich anhand von wenigen Orientierungspunkten (c oder g) das Prinzip des Abzählens geübt werden, damit sich Schüler beim Vergessen oder Verwechseln des Spruchs noch zurechtfinden. Es gibt zwar bereits unzählige Merksprüche, die Schüler können aber trotzdem zusätzlich eigene erfinden.

Violinschlüssel: Merksprüche für die **Linien:** e–g–h–d–f

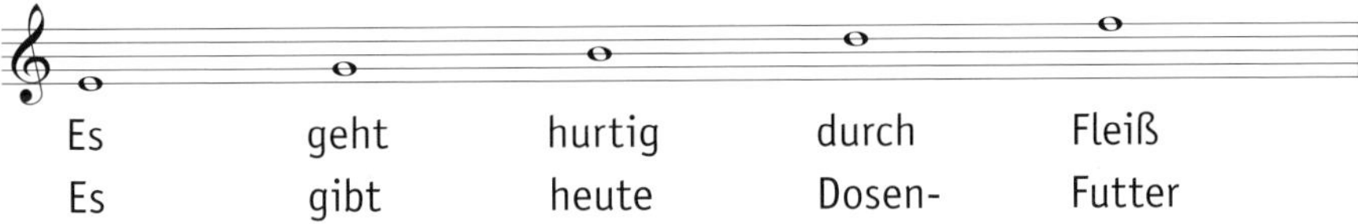

Merksprüche für die **Zwischenräume:** (d)–f–a–c–e–(g)

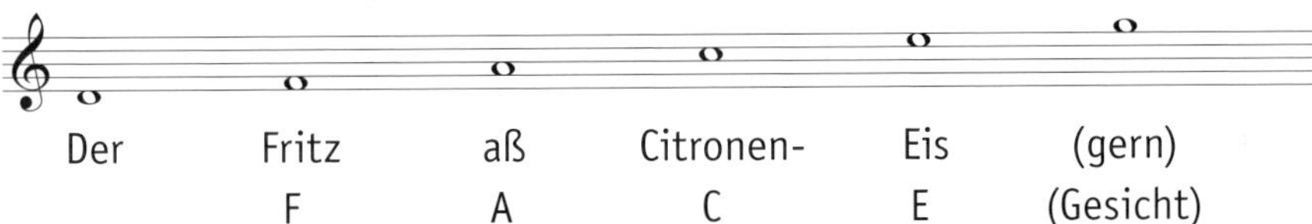

Bassschlüssel: Merksprüche für die **Linien:** g–h–d–f–a

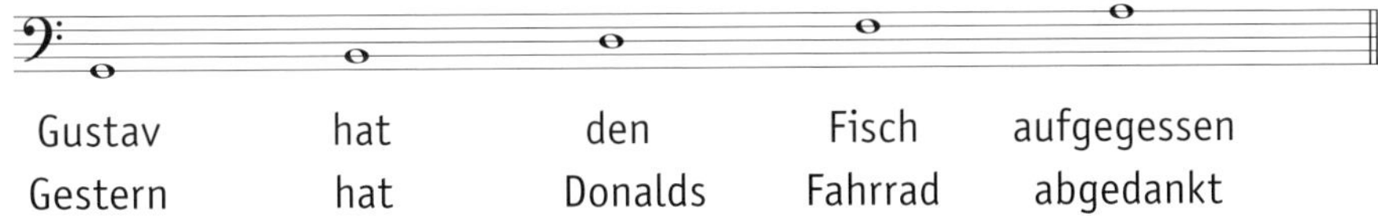

Merksprüche für die **Zwischenräume:** (f)–a–c–e–g–(h)

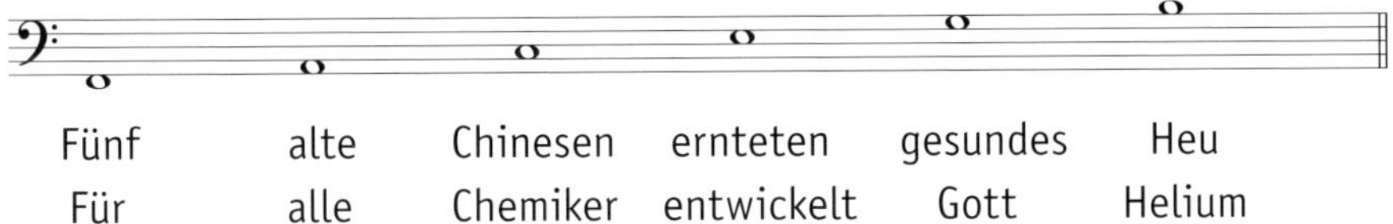

27 Notenlesen mit Münznoten

Mit dieser **Partnerübung** können Schüler das **Notenlesen** trainieren.

1) Ein Schüler legt zehn Münzen als Notenköpfe auf ein großes selbst gezeichnetes Notensystem (Querformat A4, Linienabstand 2 cm). Der Partner notiert die Tonnamen auf einem Zettel. Anschließend korrigieren sie gemeinsam und die Anzahl der Richtigen wird aufgeschrieben. Dann tauschen die beiden ihre Rollen.

2) Variante: Die Übung kann mit einer Zeitvorgabe (z.B. 30 Sekunden) auch als Wettbewerb in der ganzen Klasse gespielt werden. Der Lehrer stoppt die Zeit. Bis zur Freigabe werden die Münznoten mit einem Blatt abgedeckt.

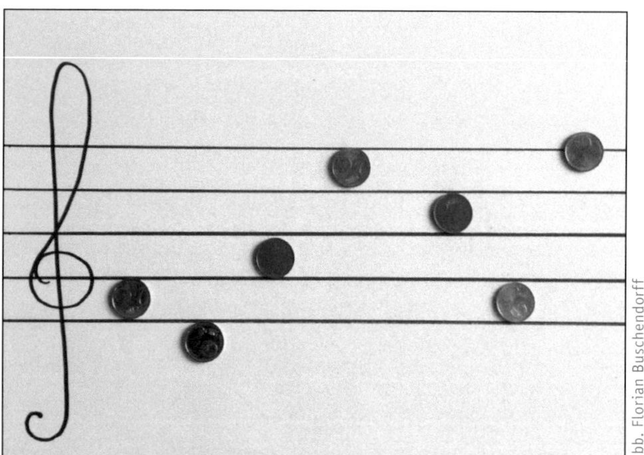

Abb. Florian Buschendorff

Abb. Kopfzeile © lakalla – stock.adobe.com; Icon Pfeil: Mik Schulz

Notenlesen im Handsystem

Auch bei dieser Methode üben die Schüler in **Partnerarbeit**, sicherer im **Notenlesen** zu werden.

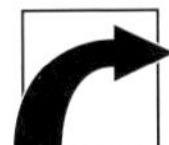

1) Die Finger einer Hand werden gespreizt vor den Körper gehalten. Die Finger symbolisieren die fünf Notenlinien. Der eine Partner legt den freien Zeigefinger auf eine Fingerspitze oder zwischen zwei Finger bzw. außen an den Daumen (g) oder unter den kleinen Finger (d). Der Partner nennt die Tonnamen.

Tipp: Zur schnelleren Korrektur können die Schüler die Tonnamen auf die Handinnenfläche schreiben.

2) Variante: Zu dritt lässt sich diese Übung als Geschwindigkeitsspiel durchführen, dabei muss ein dritter Schüler als Schreiber zu den Partnern dazukommen. Der Notenzeiger bestätigt während des Spiels die Lösung des Partners nur mit „richtig" oder „falsch". Die nächste Note zeigt er erst bei „richtig" an. In der vorgegebenen Zeit (z.B. eine Minute) führt der Schreiber eine Strichliste der richtigen Nennungen. Dann werden reihum die Positionen getauscht.

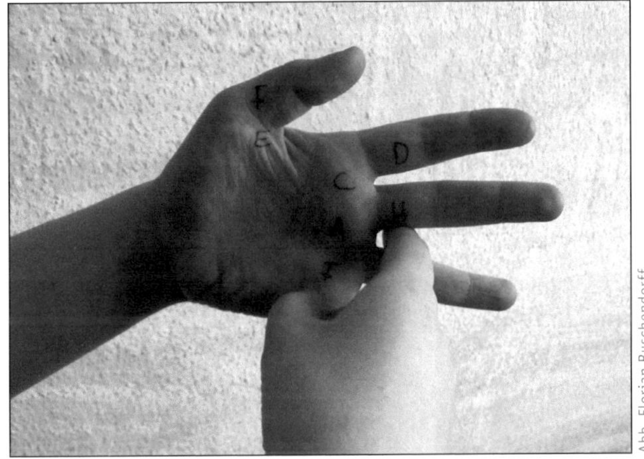

Abb. Florian Buschendorff

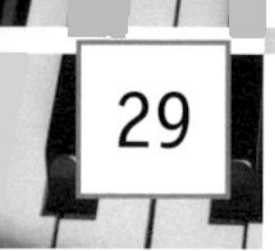

29 Einführung der Versetzungszeichen

Versetzungszeichen können sinnvoll in Verbindung mit dem Thema Intervalle (siehe Übungen 36 – 42) oder dem Spielen verschiedener Tonleitern (siehe Übungen 43 – 47) eingeführt werden. In diesem Zusammenhang kann folgende schriftliche Übung hilfreich sein.

Ohne Versetzungszeichen können im Notensystem nur Stammtöne notiert werden (die weißen Tasten auf der Tastatur).
Um die schwarzen Tasten als Töne zu notieren, muss ein Versetzungszeichen verwendet werden.

- Das **Kreuz** (♯) vor einer Note **erhöht** den Stammton um einen Halbtonschritt, damit notierst du die nächste höhere schwarze Taste.
- Das **b** (♭) vor einer Note **erniedrigt** den Stammton um einen Halbtonschritt. Damit notierst du die nächste niedrigere Taste.
- Schreibe die markierten Töne als Note mit Versetzungszeichen auf. Beachte: Jede schwarze Taste kann auf zwei Arten notiert werden: vom Stammton darunter (mit ♯) und vom Stammton darüber (mit ♭).

Tasten	Stammton mit #	Stammton mit b

Notendiktat mit Tonzetteln

Der Klassiker zur **schriftlichen Überprüfung von Notenkenntnissen** kann auch als Gruppenspiel durchgeführt werden. Reihum ist jeder Schüler Spielleiter und diktiert 17 Tonnamen. Die anderen Schüler notieren diese. Nach einem Spiel wird für jede richtig notierte Note ein Punkt vergeben. Am Ende der Runde werden diese addiert.

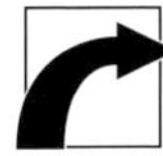

1) Jede Gruppe benötigt 17 Zettel mit den Tonnamen (c, cis, des, d ...). Sie werden gemischt und verdeckt abgelegt.

2) Der Spielleiter nimmt die Zettel vom Haufen und diktiert die Töne. Die anderen Schüler notieren diese im Notensystem. Nach dem Vorlesen legt er die Zettel in richtiger Reihenfolge auf einen Haufen. Wichtig: Wer die Note nicht aufschreiben kann, muss stattdessen ein Kreuz oder ein anderes Zeichen machen, damit die nachfolgenden Noten korrigiert werden können.

3) Danach liest der Spielleiter die Tonnamen nochmal langsam vor, die Schüler korrigieren die Noten partnerweise. Für jede richtige Note wird ein Punkt vergeben. Zur Hilfe können Kontrollzettel eingesetzt werden, die während des Diktats natürlich umgedreht sein müssen.

Kontrollzettel

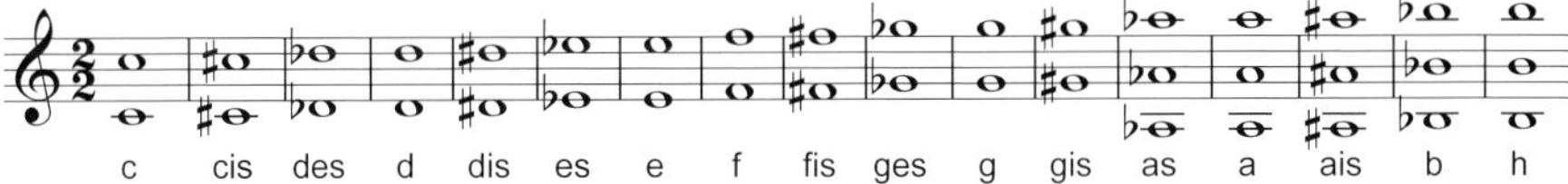

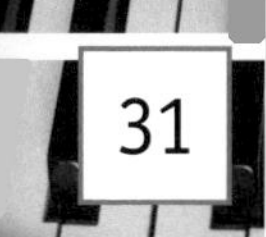

Spielereien mit Notenwörtern

Zum spielerischen Üben des Notenlesens eignen sich auch **Tonnamen-Rätsel.** Aus systematischen Gründen wird bei den folgenden Beispielen darauf verzichtet, den Buchstaben „s" durch den Ton „es" darzustellen, wie es häufig üblich ist.

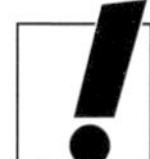

1) Welcher Satz steckt in den Noten?
Schreibe die Tonnamen auf.

a)
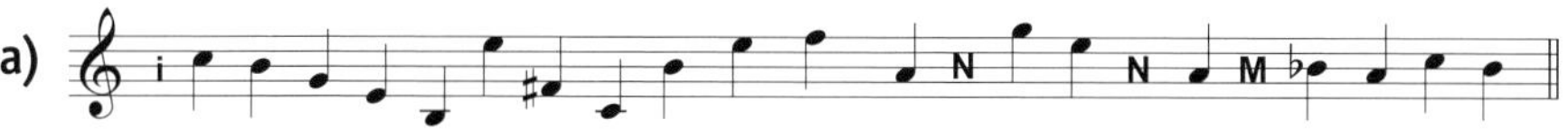

____

b)
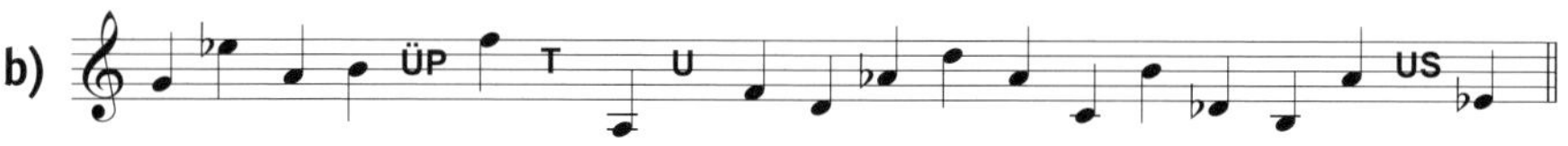

____

c)
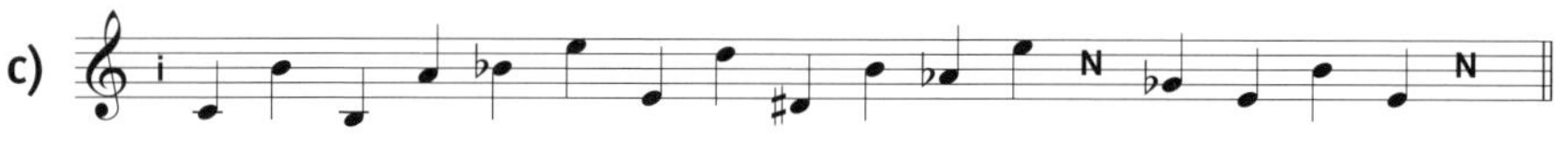

____

2) Stelle ein eigenes Rätsel mit Notenwörtern her.

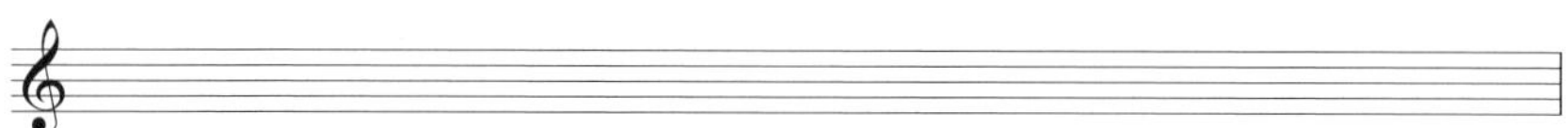

Lösungen

a) (I)ch gehe Fische fa(n)ge(n) a(m) Bach.
b) Gesa h(üp)f(t) a(u)f das Dach des Ha(us)es.
c) Ich habe Eddis Hase(n) gesehe(n).

Spiel mit 15-Ton-Melodien

Nach praktischen Übungen im Notenspiel (Stabspiele, Keyboards) kann das **eigenständige Erarbeiten einer einfachen Melodie** mit kurzer Vorbereitungszeit, z.B. als Leistungskontrolle, durchgeführt werden.

1) Die Schüler erhalten ein Blatt mit 15-Ton-Melodien. Jeder Schüler erarbeitet mit kurzer Vorbereitungszeit am Instrument eine Melodie. Die Melodien können durch Abzählen von eins bis sechs verteilt werden.

2) Während des Vorspielens verfolgen die anderen Schüler die gespielte Melodie in den Noten aufmerksam mit und versuchen, Fehler zu erkennen und zu zählen.

3) Bewertung: Für jeden richtig gespielten Ton gibt es einen Punkt. Bei kürzeren Verzögerungen wird ein halber Punkt abgezogen. Die Bewertung erfolgt nach der 15-Punkt-Notenskala (15 P = 1 + ; 14 P = 1 ; 13 P = 1 – usw.).

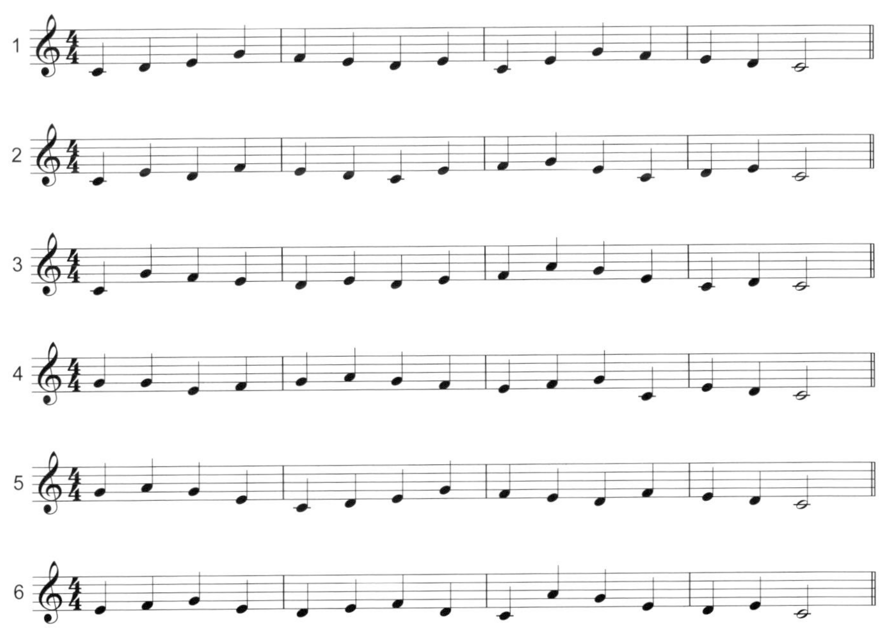

Übungen zum Bassschlüssel

Die Beschäftigung mit dem **Bassschlüssel** ist sinnvoll, wenn häufig Anlässe zur Anwendung gegeben werden. Im Rahmen eines Keyboard-Lehrgangs können die schriftlichen Übungen als Hausaufgabe gestellt werden, Übung 3 wird im Unterricht am Instrument bearbeitet.

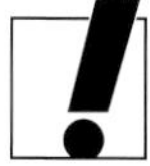

Im Bassschlüssel werden tiefe Instrumente oder Stimmen notiert. Bei Klaviernoten steht das untere System für die linke Hand im Bassschlüssel. Die beiden Punkte des Bassschlüssels kennzeichnen die F-Linie (deshalb wird er manchmal auch F-Schlüssel genannt).

Eselsbrücken für den Bassschlüssel:

- Im Bassschlüssel **schreiben**: 1 Linie bzw. 1 Zwischenraum tiefer als im Violinschlüssel.
- Im Bassschlüssel **lesen**: 1 Linie bzw. 1 Zwischenraum höher als im Violinschlüssel.
- **Merkspruch** für die Linien des Basssystems (von unten nach oben): *Gustav hat den Fisch aufgegessen.*

1) Schreibe die im Bassschlüssel notierte Melodie im Violinschlüssel auf.

Edvard Grieg: Thema A aus „In der Halle des Bergkönigs", Peer-Gynt Suite Nr. 1, op. 46
transponiert

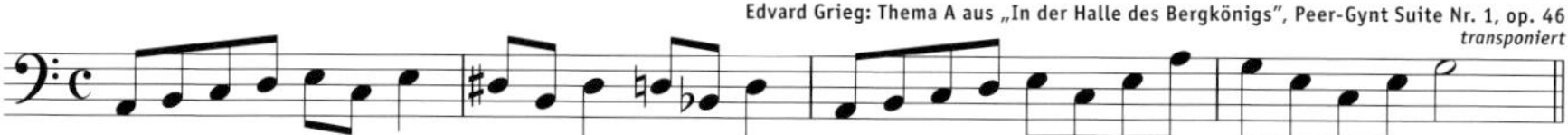

2) Schreibe die im Violinschlüssel notierte Melodie im Bassschlüssel auf.

Thema B, ebd.
transponiert

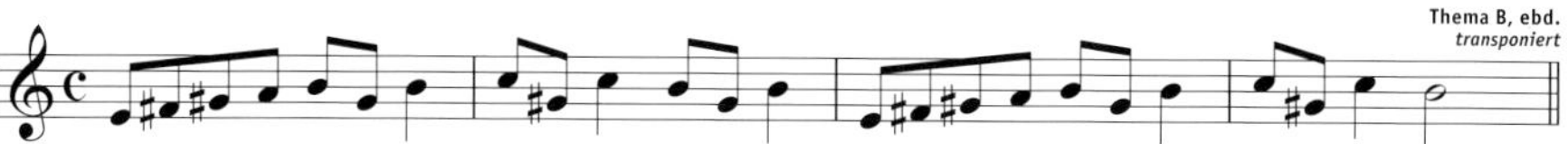

3) Erarbeite für beide Melodien Fingersätze für das Spielen der Bassstimme mit der linken Hand. Schreibe die Ziffern über die Noten (Daumen = 1, Zeigefinger = 2 usw.).

Hörübung: konsonant oder dissonant?

Eine einzelne **Hörübung zu konsonanten und dissonanten Klängen** mit Auswertung dauert nur zwei bis drei Minuten. Jeweils drei Übungen können deshalb gut am Beginn einer Unterrichtsstunde durchgeführt werden.

1) Erläuterung der Begriffe „konsonant" und „dissonant" durch den Lehrer: *Man unterscheidet die Klangwirkung zweier gleichzeitig klingender Töne in konsonant („harmonisch", „klingt gut") und dissonant („schräg", „beißend").*

2) **Mündliche Vorübung:** Vorspielen von mehreren Zusammenklängen am Klavier. Die Schüler bestimmen reihum jeweils einen Zusammenklang als konsonant oder dissonant.

3) **Schriftliche Hörübung:** Die Schüler fertigen sich eine Hörtabelle für neun Hörübungen an. Jedes der zehn Intervalle wird zweimal gespielt. Die Schüler notieren jeweils „k" oder „d".

4) **Auswertung:** Die richtige Lösung wird vorgelesen, die Schüler kennzeichnen ihre Lösung mit „r" oder „f" und ermitteln die Anzahl der Richtigen. Im Verlauf mehrerer Hörübungen können die Schüler so ihre Fortschritte ablesen.

Hörübungen: konsonant oder dissonant?

	HÜ 1	HÜ 2	HÜ 3	HÜ 4	HÜ 5	HÜ 6	HÜ 7	HÜ 8	HÜ 9
1									
2									
3									
4									
5									
6									
7									
8									
9									
10									
Richtige									

Konsonante und dissonante Intervalle

An Keyboards oder Stabspielen lernen die Schüler die **Systematik der Intervalle** und ihre Bezeichnungen kennen. Durch Experimentieren am Instrument treffen sie für jedes Intervall eine Einschätzung: konsonant oder dissonant?

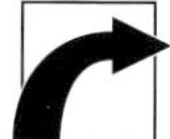

1) Der Begriff „Intervall" (Abstand zweier Töne) wird erläutert und der Unterschied zwischen Konsonanz und Dissonanz vorgeführt und mit einer kurzen Hörübung gefestigt.

2) Durch simultanes Spielen der Intervalle am Instrument finden die Schüler in Partnerarbeit heraus, welche konsonant und welche dissonant sind. Die Ergebnisse werden zunächst mit Bleistift in die Tabelle eintragen.

3) Die Ergebnisse werden während der Bekanntgabe der Lösung korrigiert.

Die Intervalle und ihre Klangwirkung

Intervall	Abstand (in Halbtonschritten)	konsonant oder dissonant?
Prime	0	
kleine Sekunde	1	
große Sekunde	2	
kleine Terz	3	
große Terz	4	
Quarte	5	
Tritonus	6	
Quinte	7	
kleine Sexte	8	
große Sexte	9	
kleine Septime	10	
große Septime	11	
Oktave	12	

Notierte Intervalle bestimmen

Das diatonische Verfahren der **Intervallbestimmung** hat die Vorteile, dass eine Verbindung von Namen zur diatonischen Skala hergestellt werden kann und enharmonische Verwechslungen vermieden werden. Auf der anderen Seite ist dieses Verfahren sehr viel komplizierter als die Ermittlung der Anzahl an Halbtonschritten. Da enharmonische Verwechslungen anfangs kein tatsächliches Problem darstellen, genügt zur Intervallbestimmung zunächst das **Halbtonschritt-Zählverfahren**.

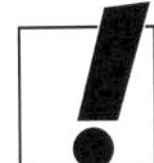

Bestimme die folgenden Intervalle. So gehst du vor:

- Tonnamen an die Noten schreiben.
- Die Töne auf der Tastatur suchen.
- Halbtonschritte auf der Tastatur abzählen. Dabei immer mit dem unteren Ton beginnen und von unten nach oben zählen.
- Achtung: Der Anfangston selbst wird nicht als Schritt gezählt.
- Intervallnamen der Tabelle entnehmen.
- Verwende folgende Abkürzungen: kl. Sek., gr. Sek., kl. T., gr. T., Quar., Trit., Quin., kl. Sext., gr. Sext., kl. Sept., gr. Sept., Okt.

Übung 1 (nur Stammtöne)

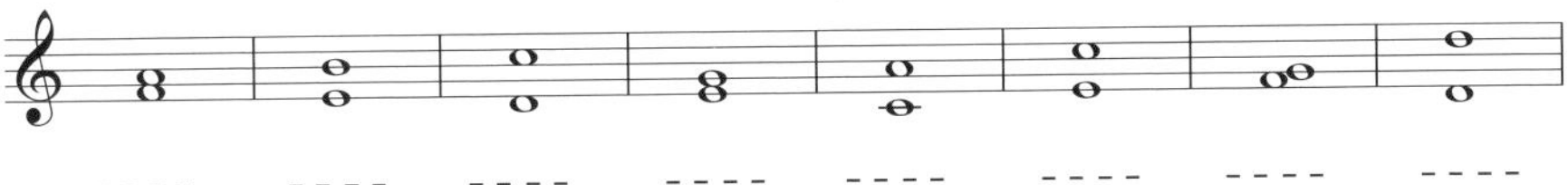

---- ---- ---- ---- ---- ---- ---- ----

Übung 2 (mit Versetzungszeichen)

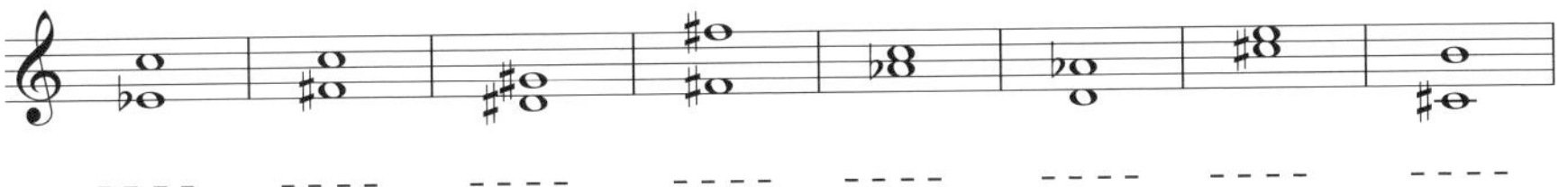

---- ---- ---- ---- ---- ---- ---- ----

37 Intervalle notieren

Auch beim ersten **Notieren von Intervallen** kann das Problem der enharmonisch richtigen Notation zurückgestellt werden. Die Aufgaben können zudem so gestellt werden, dass auch bei der chromatischen Zählmethode enharmonisch richtige Ergebnisse bei Noten mit Versetzungszeichen zu erwarten sind.

Notiere die Intervalle in der angegebenen Richtung.

- Bestimme den notierten Ton, und suche ihn auf der Tastatur.
- Zähle die Halbtonschritte des angegebenen Intervalls in der angegebenen Richtung ab:
  Intervall aufwärts (↑): nach rechts auf der Tastatur
  Intervall abwärts (↓): nach links auf der Tastatur
- Achtung: Der Anfangston selbst wird nicht als Schritt gezählt.
- Notiere den ermittelten Ton im Notensystem.
  Verwende nötigenfalls ein Versetzungszeichen.

Übung 1 (nur Stammtöne)

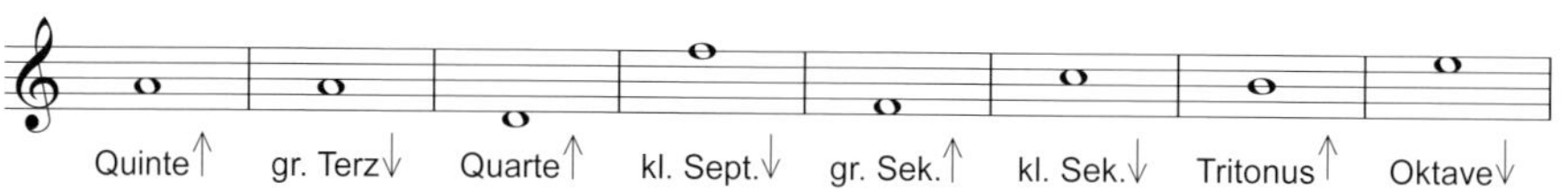

Übung 2 (mit Versetzungszeichen)

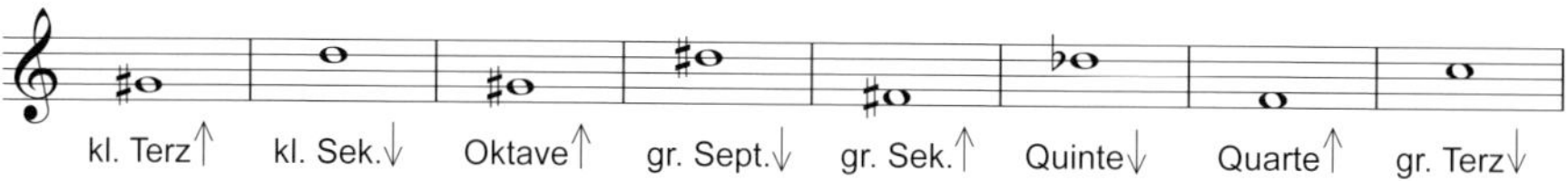

Melodierätsel mit Intervallanleitung

Es werden die **Intervalle einer Melodie** mit Richtungsangabe vorgegeben. Durch Notieren und anschließendes Spielen soll die Melodie erkannt werden – ein kniffliges **Rätsel zur Festigung der Intervallkenntnisse**, auch als Hausaufgabe geeignet, wenn die Schüler zu Hause über ein Instrument verfügen. Bei der Liedauswahl sollte darauf geachtet werden, dass die Melodie auch ohne Rhythmus, allein durch die Tonfolge erkannt werden kann.

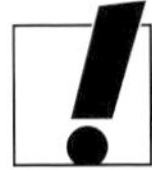

1) Erkennst du die Melodie? Notiere die Intervalle nacheinander in der jeweils angegebenen Richtung.

a) Beginne bei g: kl. Terz ↓ – kl. Terz ↑ – kl. Terz ↓ – gr. Sekunde ↓ – gr. Sekunde ↓ – gr. Sekunde ↑ – gr. Sekunde ↓

b) Beginne bei c: Prime – gr. Sekunde ↑ – gr. Sekunde ↓ – Quarte ↑ – kl. Sekunde ↓

c) Beginne bei c: gr. Sekunde ↑– Quinte ↓ – Oktave ↑ – gr. Sekunde ↓ – kl. Sekunde ↓ – gr. Sekunde ↓

Variante 1:
Diese Übung kann auch zur Anwendung der Versetzungszeichen durchgeführt werden. So könnte bei Melodie a) als Anfangston beispielsweise a gegeben werden.

Variante 2:
Im umgekehrten Weg können Schüler sich mit Liederbüchern gegenseitig selbst Melodienrätsel herstellen.

Lösungen:

a) Kuckucks-Lied

b) Happy birthday to you

c) My heart will go on

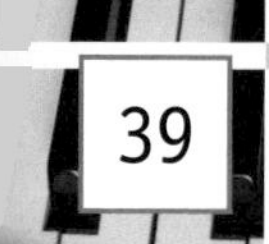

Liedanfänge als Merkhilfe

Bei einer umfangreicheren Beschäftigung mit Intervallen ist es für Schüler hilfreich, sie sich **mit Liedanfängen zu merken**. Nach und nach kann im Unterricht dazu eine Tabelle entstehen. Diese kann auch auf die behandelten Intervalle beschränkt werden. Zum Einsatz als Merkhilfe ist es wichtig, für jede Richtung des Intervalls jeweils einen Liedanfang zu finden.

Titel von Liedern werden in die folgende vorbereitete Tabelle eingetragen. Zur systematischen Vervollständigung kann gezielt in Liederbüchern gesucht werden (siehe Übung 40).

Intervalle an Liedanfängen (Merkhilfe)

Intervall	Liedanfang
kleine Sekunde ↑	
kleine Sekunde ↓	
große Sekunde ↑	
große Sekunde ↓	
kleine Terz ↑	
große Terz ↓	
Quarte ↑	
Quarte ↓	
Quinte ↑	
Quinte ↓	
kleine Sexte ↑	
kleine Sexte ↓	
große Sexte ↑	
große Sexte ↓	
Oktave ↑	
Oktave ↓	

Liedanfänge zu bestimmten Intervallen

Diese Aufgabe fördert das **Identifizieren notierter Intervalle.** Die Ergebnisse dienen auch als mögliche Merkhilfe. Der Suchauftrag kann auf einzelne Intervalle beschränkt oder zur systematischen Vervollständigung der Liedertabelle (siehe Übung 39) in Aufgabenteilung bearbeitet werden.

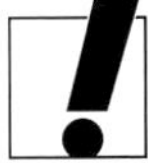

Suche aus einem Liederbuch Lieder heraus, die mit einer Quarte aufwärts (großen Terz, Quinte etc.) beginnen. Schreibe den Titel und die Seitenzahl heraus.

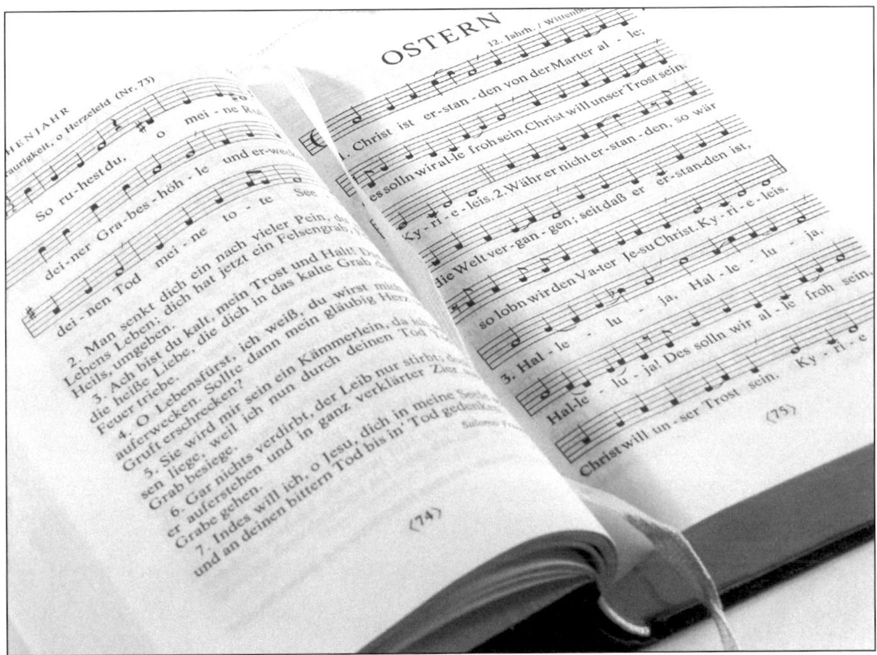

© VRD – stock.adobe.com

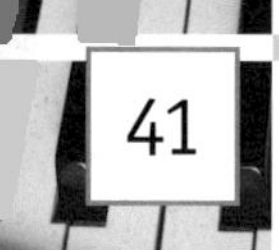

41

Hörübungen zu Intervallen

Abgesehen von der allgemeinen **Verbesserung des Hörvermögens,** bieten kurze Hörübungen von 5 bis 10 Minuten am Anfang der Stunde, zwischendurch oder am Ende des Unterrichts eine Oase ruhiger und konzentrierter Unterrichtsarbeit. Für alle Übungen eignet sich eine Folge von jeweils 10 Hörbeispielen, die jeweils unmittelbar im Anschluss ausgewertet werden.

1) In welche Richtung geht das Intervall?
Zwei Töne werden nacheinander gespielt. Die Schüler notieren die Richtung mit „↑" oder „↓".
In mittlerer Lage ist diese Übung leicht. Schwerer wird es, wenn in extremen Lagen gespielt wird. Auch bei manchen Intervallen, wie Septime oder None, ist die Richtung nicht immer leicht zu bestimmen.

2) Welcher Ton ist höher – der erste oder der letzte?
Mehrere Töne (zwei bis zehn) werden nacheinander gespielt. Die Schüler notieren, ob der erste („e") oder der letzte („l") der höhere ist. Die Zwischentöne haben dabei nur Ablenkungsfunktion. Der erste und letzte Ton sollte jeweils länger ausgehalten werden. Der Schwierigkeitsgrad dieser Übung kann gesteigert werden, indem die Zahl der Zwischentöne nach und nach bis auf zehn erhöht wird.

3) Zwei ausgewählte Intervalle unterscheiden
Zehn Intervalle werden gespielt, die Schüler notieren ein Intervallkürzel. Für das Erkennen von Intervallen wird die Anzahl der Lösungen anfangs auf zwei vorgegebene Intervalle reduziert. Diese Übungen eignen sich für simultan und sukzessiv gespielte Intervalle. Beispiele:

- Terz (T) oder Quinte (Q)?
- Quinte (Q) oder Oktave (O)?
- kleine Sekunde (kS) oder große Sekunde (gS)?
- Terz (T) oder Sexte (S)?
- kleine Terz (kT) oder große Terz (gT)?

Ein Intervalllied

Zu Intervallen gibt es einige **„didaktische Lieder"**, bei denen die Übereinstimmung von Text und Melodie als **mehrkanalige Merkhilfe** fungieren kann. Zumindest prägen sich bei auswendigem Singen des folgenden Liedes die Intervallbezeichnungen in aufsteigender Folge ein.

Das Lied „Kleine Sekunde" bekommt besonderen Reiz, wenn es mit dem herzzerreißenden Schmelz eines Liebesliedes gesungen wird.

Kleine Sekunde

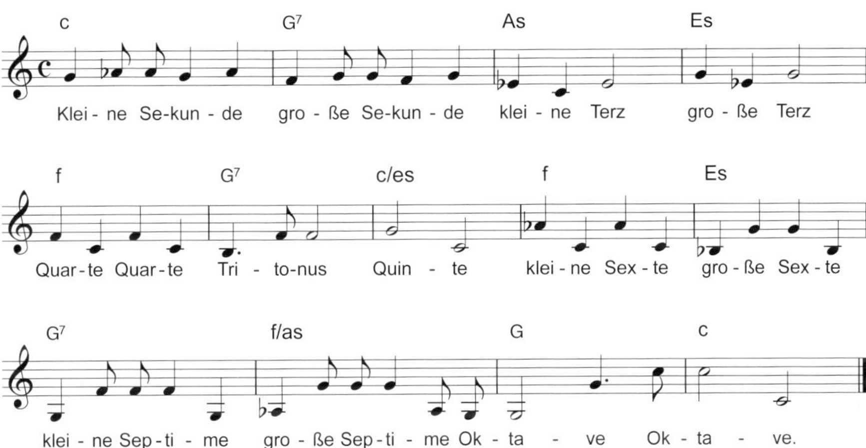

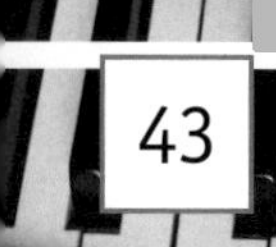

43

Dur-Tonleitern auf Keyboards spielen

Die **Intervallstruktur von Tonleitern** lässt sich am besten in Verbindung mit Keyboardspiel anwendungsorientiert vermitteln. Wenn auf die Verwendung eines Fingersatzes Wert gelegt wird, können gleichzeitig instrumentale Fertigkeiten erworben werden.

1) Erläuterung zum Fingersatz (Daumen = 1, Zeigefinger = 2 usw.) und Demonstration des Daumenuntersatzes nach dem 3. Finger. Üben der C-Dur-Tonleiter auf dem Keyboard.

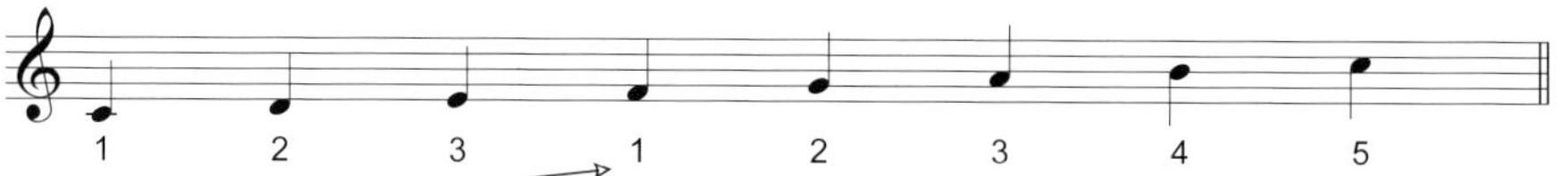

2) Die Schüler versuchen, die D-Dur-Tonleiter mit demselben Fingersatz nach Gehör zu spielen.

3) Das Bauprinzip von Dur-Tonleitern kann selbstständig erarbeitet werden, indem die Schüler die Anzahl der Halbtonschritte zwischen den Stufen zählen und aufschreiben. **(Lösung:)** Grundton – 2 – 2 – 1 – 2 – 2 – 2 – 1

Merklied

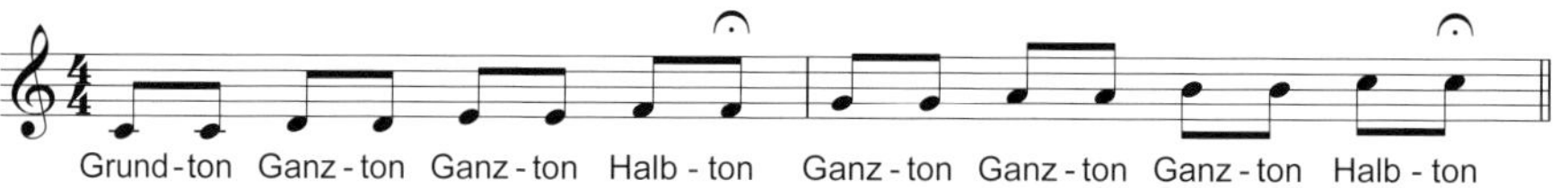

4) Spielen weiterer Dur-Tonleitern. Dabei verwenden die Schüler den Fingersatz der C-Dur-Tonleiter und notieren, wie viele schwarze Tasten sie beim Spielen verwenden.

E-Dur-Tonleiter: ______ schwarze Tasten
G-Dur-Tonleiter: ______ schwarze Tasten
A-Dur-Tonleiter: ______ schwarze Tasten
H-Dur-Tonleiter: ______ schwarze Tasten

5) **Weiterführung:** Spielen einer einfachen Melodie in einer anderen Tonart nach Gehör (siehe Übungen 45, 50). Sehr gut für den Anfang: „Alle meine Entchen“.

Dur-Tonleitern notieren

Zum **schriftlichen Konstruieren von Tonleitern** gibt es mehrere Methoden. Das Ausgehen von Stammtönen ist die sicherste und umgeht das Problem enharmonischer Verwechslungen.

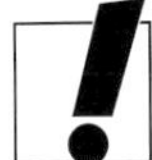

1) So gehst du beim Notieren von Dur-Tonleitern vor:

- Notiere zuerst den Grundton, nötigenfalls mit Versetzungszeichen, anschließend die Tonleiter nur mit Stammtönen (ohne Versetzungszeichen), bis du beim 8. Ton wieder den Grundton erreichst.

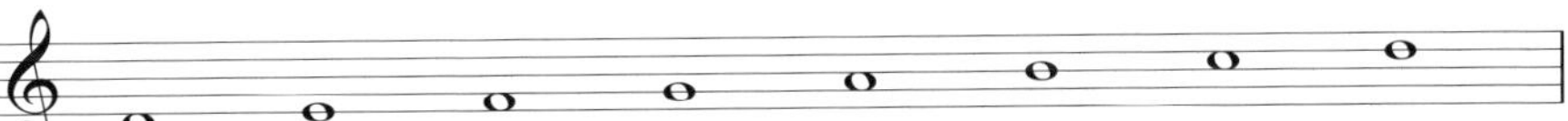

- Kennzeichne die Töne, zwischen denen die Halbtonschritte liegen müssen. Bei der Dur-Tonleiter zwischen den Tonleiterstufen 3/4 und 7/8. Alle restlichen Abstände sind Ganztonschritte.

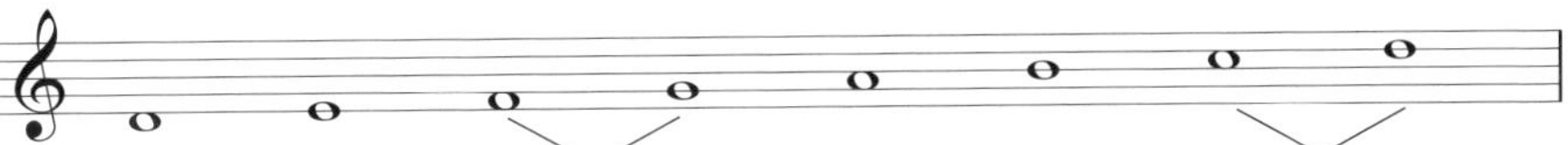

- Überprüfe von unten nach oben, ob die Abstände zwischen den notierten Tönen dem Aufbau der Dur-Tonleiter entsprechen. Ist der Abstand zu klein, schreibe ein # vor die obere der beiden Noten. Ist er zu groß, notiere ein b.

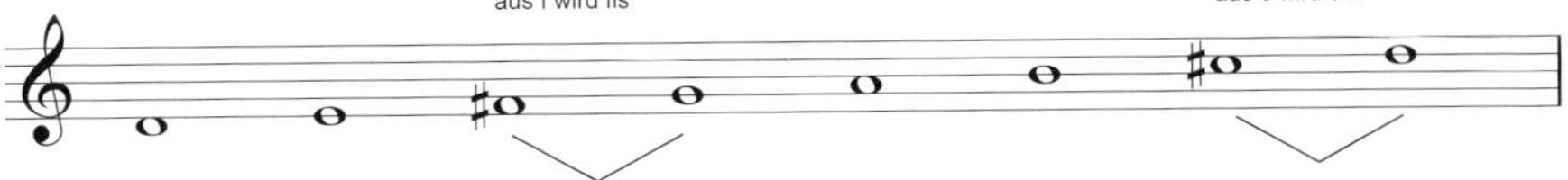

2) Notiere die folgenden Dur-Tonleitern.

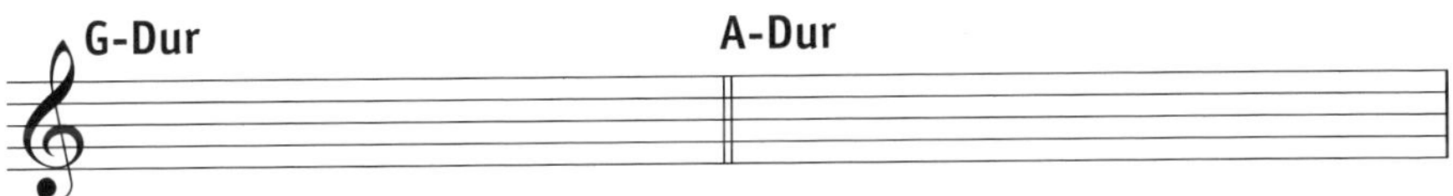

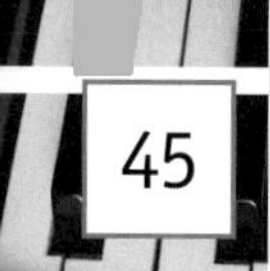

Einführen der Moll-Tonleiter

Zur ersten Erfahrung mit dem **Charakter des Tongeschlechts Moll** ist eine Annäherung über die Intervallstruktur der Moll-Tonleiter zu abstrakt. Der Unterschied wird hingegen greifbar, wenn eine Melodie in Dur gegenüberstellend in Moll gespielt wird.

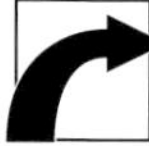

1) Einstudieren des Liedes in C-Dur auf Keyboards mit dem angegebenen Fingersatz. Ein Notenbild an der Tafel ist ausreichend.

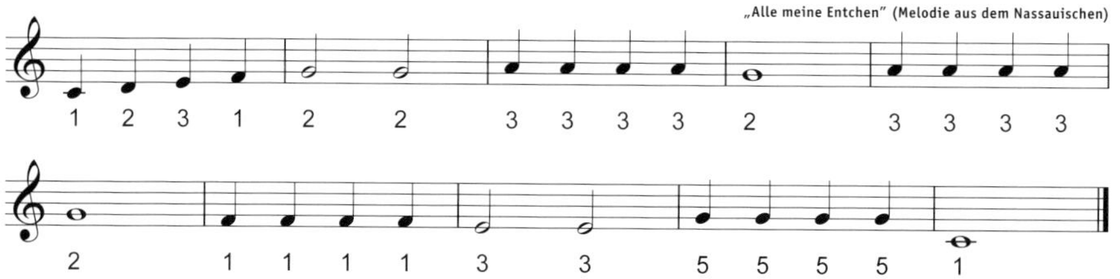

2) Gemeinsames Musizieren in C-Dur mit Klavierbegleitung.
Begleitakkorde:

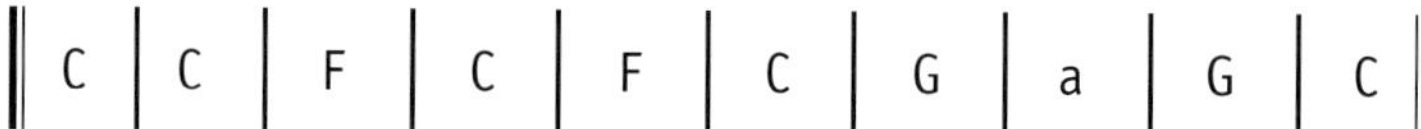

3) Kurze Erläuterung zum Tongeschlecht Moll. Eintragen der Versetzungszeichen (es und as). Üben des Liedes in c-Moll mit gleichem Fingersatz.

4) Musizieren der Melodie in c-Moll mit Klavierbegleitung.
Begleitakkorde:

‖ c | c | f | c | f | c | G | As | G | c ‖

5) Erläuterungen zur Intervallstruktur der Moll-Tonleiter. Notieren der c-Moll-Tonleiter. Spielen von C-Dur- und c-Moll-Tonleiter im Wechsel.

6) **Hörübung:** Vorspielen von zehn Tonleitern in Dur und Moll. Die Schüler notieren jeweils „D" oder „M".

Notieren von Moll-Tonleitern

Wenn die Schüler das Notieren von Dur-Tonleitern beherrschen, bedarf es für **Moll-Tonleitern** nur kurzer zusätzlicher Erläuterungen. Die folgende Übung, bei der die Methode noch einmal schrittweise dargestellt wird, ist daher zur Wiederholung und Festigung geeignet.

1) Beim Notieren von Moll-Tonleitern gehst du genauso vor wie bei Dur-Tonleitern. Verschieden ist lediglich die Lage der Halbtonschritte.
- ➲ Notiere zuerst den Grundton, nötigenfalls mit Versetzungszeichen.
- ➲ Notiere die Tonleiter nur mit Stammtönen (ohne Versetzungszeichen), bis du beim 8. Ton wieder den Grundton erreichst.
- ➲ Kennzeichne die Töne, zwischen denen die Halbtonschritte liegen: Bei der Moll-Tonleiter zwischen den Tonleiterstufen 2/3 und 5/6. Alle restlichen Abstände sind Ganztonschritte.
- ➲ Überprüfe von unten nach oben, ob die Abstände zwischen den notierten Tönen dem Aufbau der Moll-Tonleiter entsprechen. Ist der Abstand zu klein, schreibe ein # vor die obere der beiden Noten. Ist er zu groß, notiere ein b.

2) Notiere die folgenden Moll-Tonleitern.

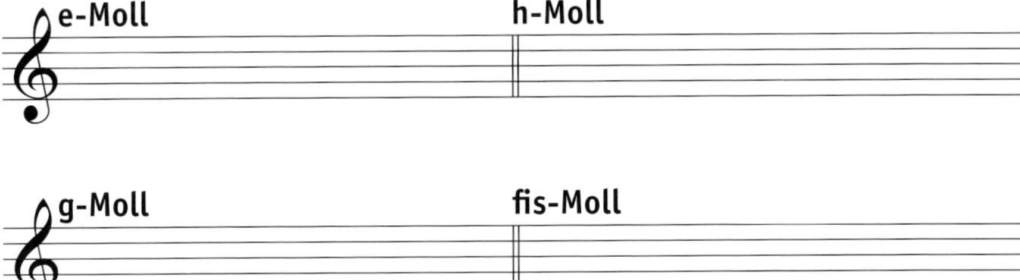

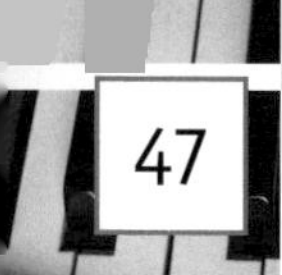

Notieren von Dur- und Moll-Tonleitern

Die Aufgabe kann zur **zusammenfassenden Übung oder als Test** zum Notieren von Dur- und Moll-Tonleitern durchgeführt werden. Zur Hilfe sollte eine Tastaturskizze vorgegeben oder als zusätzliche Aufgabe selbst angefertigt werden.

Tastaturskizze

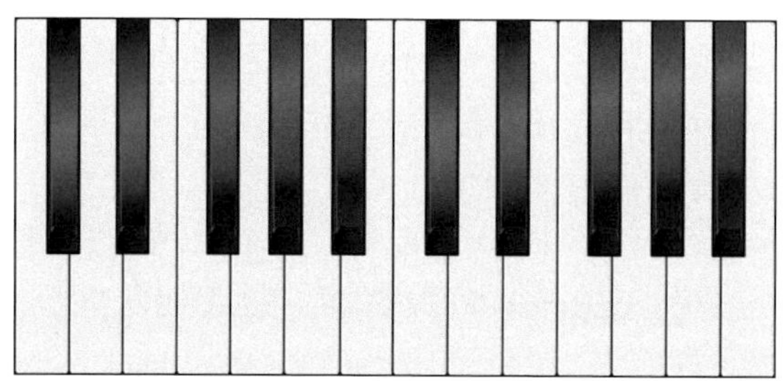

Notiere die folgenden Tonleitern.

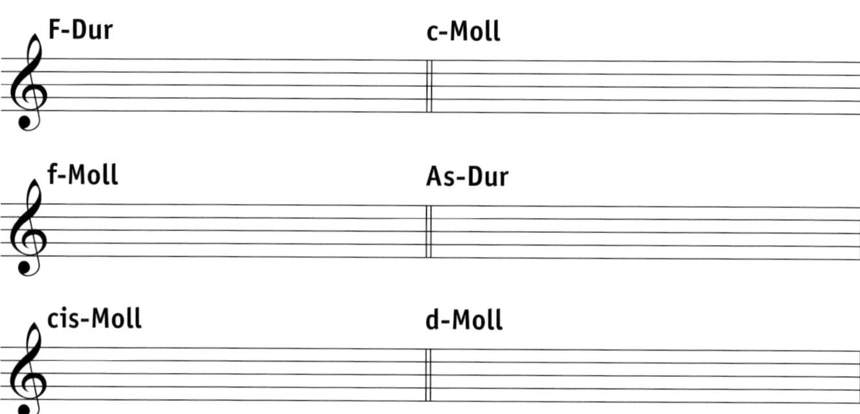

Bewertung: Für jede richtig notierte Tonleiter werden insgesammt 4 Punkte vergeben.

- Stammtöne richtig notiert: 1 Punkt
- Tonleitertöne richtig notiert: 3 Punkte; für jeden falschen Ton wird je 1 Punkt abgezogen.

Geschlechtsumwandlung eines Liedes

Ein Lied statt in Dur in Moll oder umgekehrt zu spielen und zu singen, macht den charakterlichen Unterschied der Tongeschlechter auf einfachste Weise erfahrbar. Dabei klingen die **tongeschlechtlich veränderten Versionen** manchmal sogar reizvoller als die Originale.

Wenn man ein Lied tausendmal gesungen hat, wird es möglicherweise langweilig. Das ist der richtige Zeitpunkt, um über eine Geschlechtsumwandlung des Liedes nachzudenken. Spiele das Lied im Original und schreibe es anschließend nach Moll um.

Marie Nathusius: „Alle Vögel sind schon da"

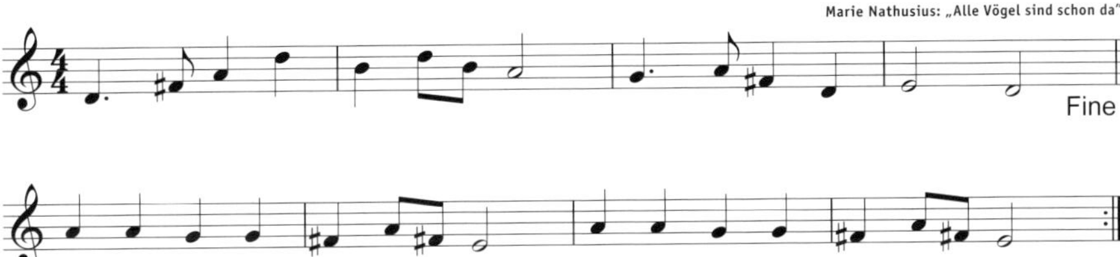

➲ Schreibe die Tonleiter der Tonart auf, in der das Lied steht. In diesem Beispiel **D-Dur**.

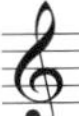

➲ Schreibe anschließend die gleichnamige Moll-Tonleiter darunter. In diesem Beispiel **d-Moll**.

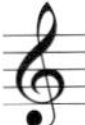

➲ Beim Vergleich der Tonleitern siehst du, welche Töne für einen Wechsel des Tongeschlechts geändert werden müssen. Schreibe die Änderungen in die Noten. Streiche Versetzungszeichen durch oder setze neue – fertig!

➲ Spiele das Lied mit seinem neuen Tongeschlecht. Welche Version gefällt dir besser?

Chromatische Tonleiter

Die Kenntnis der **chromatischen Tonleiter** ist für die Musizierpraxis zwar unerheblich, sie dokumentiert aber das Verständnis des 12-tönigen Tonsystems bzw. des Aufbaus der Tastatur. Das Beherrschen der Halbtonschrittskala ist die Voraussetzung für das Bestimmen und Notieren von Intervallen, Tonleitern und Dreiklängen ohne Hilfsmittel.

1) Die chromatische Tonleiter enthält alle zwölf Töne der Tastatur in aufsteigender Folge. Sie besteht nur aus Halbtonschritten. Da die Töne der schwarzen Tasten jeweils zwei Namen haben, wird eine chromatische Tonleiter immer entweder nur mit Kreuzen (♯) oder nur mit Bs (♭). notiert.

a) Notiere eine chromatische Tonleiter nur mit Kreuzen (♯).

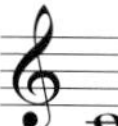

b) Notiere eine chromatische Tonleiter nur mit Bs (♭).

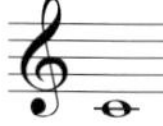

2) Singe die chromatische Tonleiter auf Tonnamen mit folgender Klavierbegleitung.

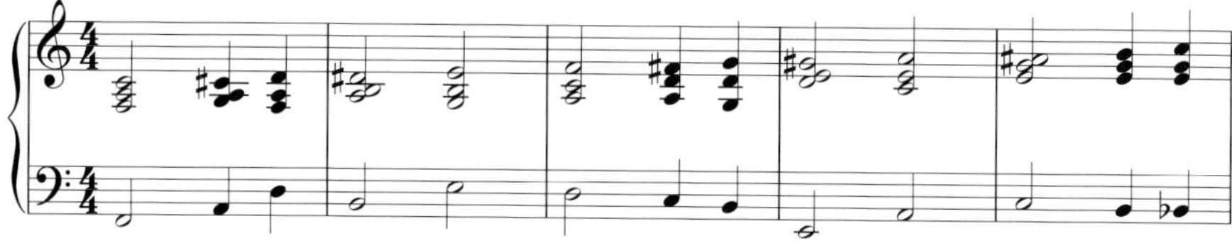

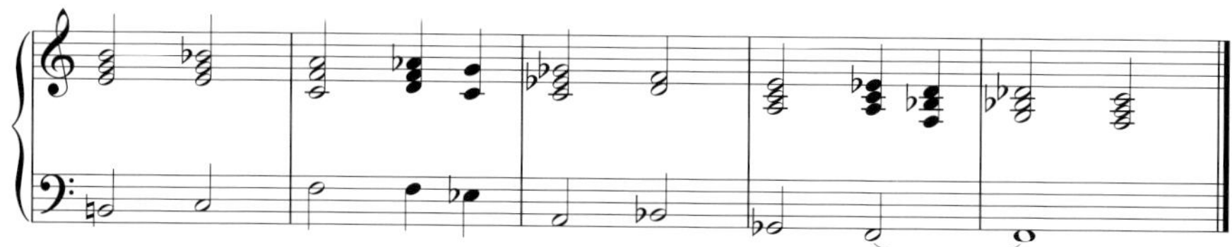

Melodien in einer anderen Tonart spielen

Beim **transponierenden Spielen einer Melodie** vermittelt sich der Erfolg unmittelbar durch das Klangergebnis. Deshalb ist es reizvoller, das transponierende Spielen vor dem schriftlichen Transponieren zu behandeln. Hierfür sollten Lieder ausgewählt werden, die den Schülern bereits bekannt oder leicht zu merken sind: überwiegend Stufenbewegung, einfacher Rhythmus, möglichst mit dem Grundton c beginnend.

1) Die Schüler üben die zu transponierende Melodie zunächst in der Originaltonart (C-Dur) auf Keyboards oder Stabspielen. Beim Keyboard sollte das Spielen mit vorgegebenem Fingersatz zum Übungsauftrag dazugehören.

2) Anschließend transponieren die Schüler die Melodie nach Gehör in die Tonarten D-Dur (E-Dur, A-Dur). Das transponierende Spielen nach Gehör gelingt bei bereits bekannten Melodien umso leichter. Als Hilfestellung könnten ggf. die zu verwendenden schwarzen Tasten genannt werden.

„Fuchs, du hast die Gans gestohlen" **(volkstümliche Melodie)**

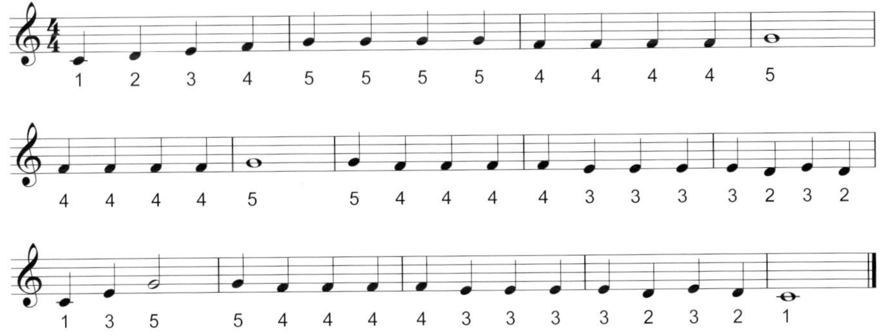

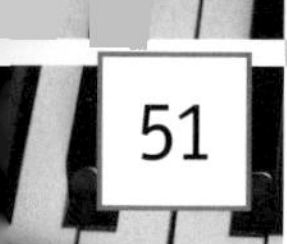

Schriftliches Transponieren 1

Bei dieser Methode wird das **Notieren von Tonleitern wiederholt** (Originaltonart und Zieltonart). Anschließend werden die Töne der Originaltonart systematisch durch die der Zieltonart ersetzt und die Melodie z. B. von Dur nach Moll umgeschrieben.

1) Das Lied ist in D-Dur notiert.
Transponiere die Melodie in die Tonart F-Dur.

„Winter ade" (volkstümliche Melodie)

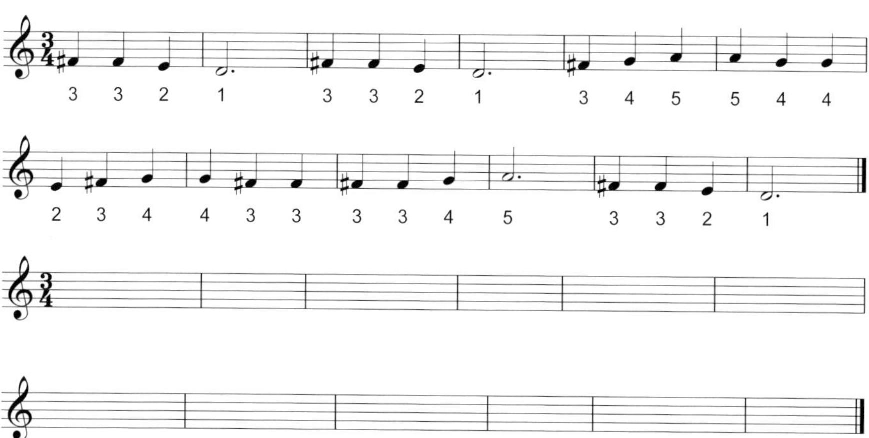

- Notiere zuerst die Tonleiter der Tonart, in der die Melodie steht (Ausgangstonart), anschließend die Tonleiter der Tonart, in die du transponieren möchtest (Zieltonart). Achte beim Schreiben darauf, dass die Töne beider Tonleitern jeweils genau untereinander stehen.
- Suche den Melodieton in der Tonleiter der Ausgangstonart und notiere den entsprechenden Ton der Zieltonart (d wird zu f, e wird zu g etc.). Achte auf die Melodierichtung!

2) Spiele die transponierte Melodie auf einem Instrument und überprüfe, ob du sie fehlerfrei notiert hast.

Schriftliches Transponieren 2

Diese Methode ist dem transponierenden Spielen am ähnlichsten: **Jedes Intervall** eines Melodieschritts muss ermittelt und **auf andere Töne übertragen** werden. Nachteil: Einmalige Fehler haben Auswirkungen auf den gesamten Rest. Daher sollte hier nach kürzeren Abschnitten eine Hörkontrolle am Instrument erfolgen.

1) Transponiere das Lied von F-Dur nach A-Dur.

Johann Christian Heinrich Rinck: „Abend wird es wieder"
Text: Hoffmann von Fallersleben

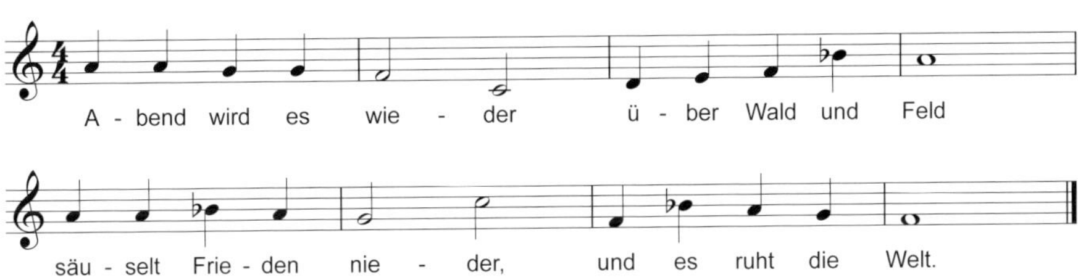

➲ Bestimme das Intervall für jeden Melodieschritt. Zähle hierzu die Halbtonschritte mit Hilfe der Tastatur.

➲ Notiere dasselbe Intervall über dem jeweiligen transponierten Ton. Die Richtung des Intervalls muss dem Original entsprechen.

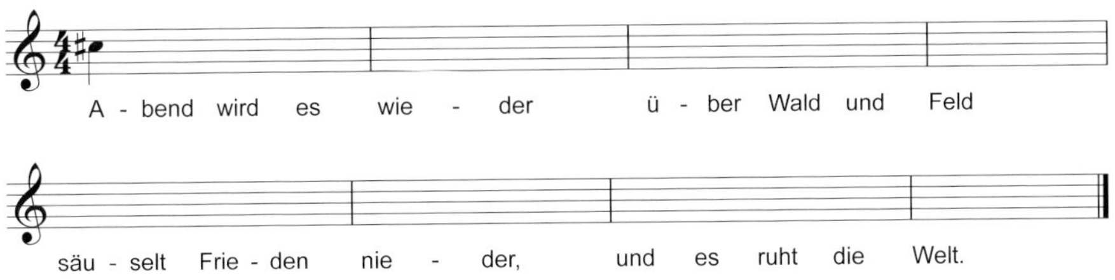

2) Spiele die transponierte Melodie nach jeweils zwei Takten auf einem Instrument und überprüfe, ob du sie fehlerfrei notiert hast.

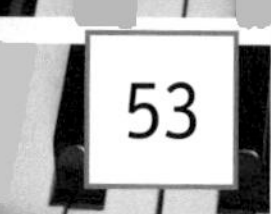

53 Schriftliches Transponieren 3

Bei dieser Methode wird die **Kenntnis des Quintenzirkels** bei den Schülern vorausgesetzt. Nachteil dieser Methode: Es bleibt bei einem relativ einfachen Abzählen und Reproduzieren von Gelerntem.

Wenn man die Vorzeichen der Tonarten kennt, kann ein Lied recht schnell in eine andere Tonart transponiert werden. Transponiere das Lied nach A-Dur.

- Ermittle anhand der Vorzeichen die Tonart, in der das Lied steht. Hierzu hilft dir der Quintenzirkel.
- Notiere die Vorzeichen der Tonart, in die du transponieren möchtest.
- Schreibe die Melodie versetzt auf. Beispiel: Von C-Dur nach F-Dur: Alle Töne im Notensystem um drei Stufen nach oben versetzen.
  Achtung: Wenn im Original ein zusätzliches Versetzungszeichen vor einer Note steht, musst du den entsprechenden Ton in der Transposition ebenfalls ändern.

Johann Friedrich Reichhardt: „Bunt sind schon die Wälder"

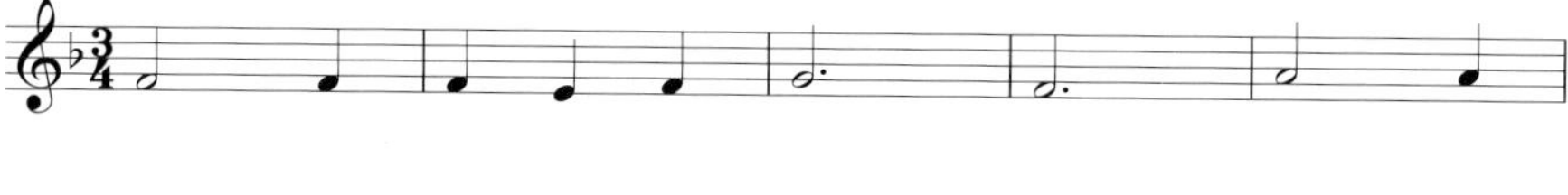

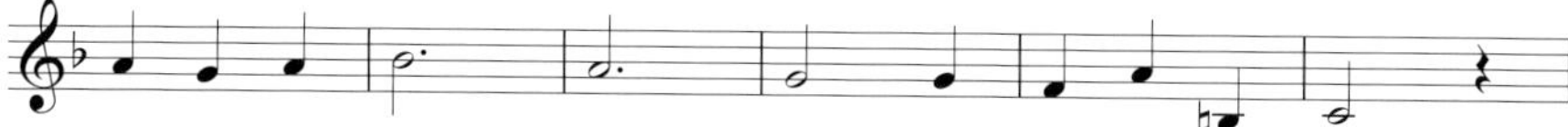

Transponiert in A-Dur:

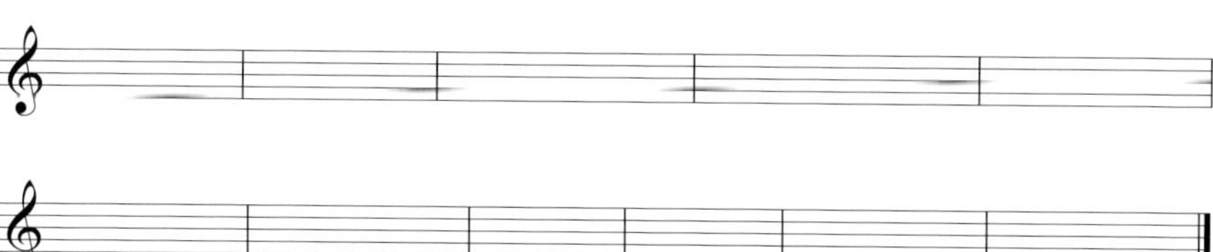

Lieder-Medley mit Transpositionsaufgabe (1/2)

Die Aufgabe, ein **Medley aus verschiedenen Liedern in einer Tonart** zusammenzustellen, lässt sich am besten in Gruppen durchführen. Jeder Schüler benötigt hierzu ein Liederbuch. Der Umgang mit der Transpositionstabelle sollte zuvor gemeinsam anhand eines Beispiels erläutert werden.

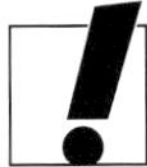

Bei einem Medley werden Strophen oder Refrains von verschiedenen Liedern zusammengestellt und als ein Lied gesungen.

Stellt ein Medley aus Abschnitten verschiedener Lieder aus einem Liederbuch zusammen.

- Probiert aus, ob sich die ausgewählten Abschnitte problemlos in der Folge singen lassen. Hierzu sollten die Lieder nahezu dasselbe Tempo haben und in derselben Taktart stehen.
- Schreibt den Text eures Medleys auf. Lasst zwischen den Zeilen jeweils eine Zeile für die Begleitakkorde frei.
- Bringt alle Liedabschnitte durch Transposition in dieselbe Tonart. Als Tonart des gesamten Medleys könnt ihr die Tonart des ersten Liedes wählen. Schreibt die Begleitakkorde des gesamten Medleys über den Text.
- So geht ihr mit der Transpositionstabelle um:
  - **a)** Seht euch den letzten Akkord des Liedes an, aus dem ihr einen Abschnitt verwendet. Ist dieser zum Beispiel „E", dann steht dieses Lied in E-Dur.
  - **b)** Sucht die in eurem Liedabschnitt verwendeten Begleitakkorde in der Zeile E-Dur. Ersetzt sie durch den Akkord aus der Tonart eures Medleys. Steht euer Medley in D-Dur, wird aus E = D, aus fis = e usw.

Lieder-Medley mit Transpositionsaufgabe (2/2)

Transpositionstabelle für Dur-Tonarten

C-Dur	C	d	e	F	G	a
G-Dur	G	a	h	C	D	e
D-Dur	D	e	fis	G	A	h
A-Dur	A	h	cis	D	E	fis
E-Dur	E	fis	gis	A	H	cis
H-Dur	H	cis	dis	E	Fis	gis
F-Dur	F	g	a	B	C	d
B-Dur	B	c	d	Es	F	g
Es-Dur	Es	f	g	As	B	c
As-Dur	As	b	c	Des	Es	f
Des-Dur	Des	es	f	Ges	As	b
Fis-Dur	Fis	gis	ais	H	Cis	dis

Das Quintenzirkel-Spiel (1/3)

Beim **Quintenzirkel-Spiel** (ca. eine Stunde) entdecken die Schüler die Logik des Zirkels in Bezug auf Vorzeichen und harmonische Funktionen. Alle Fragen können durch logisches Kombinieren beantwortet werden.

1) Gespielt wird in Gruppen von vier bis sechs Schülern. Jede Gruppe benötigt einen **Würfel**, ein **Spielfeld**, ein Blatt mit **Tonartenkarten** zum Ausschneiden, einen **Spielstein** pro Spieler (z.B. Radiergummi). Ziel des Spiels ist es, durch richtiges Beantworten der Fragen möglichst viele Tonartenkarten zu gewinnen.
2) Jede Gruppe fertigt ein Spielfeld an. Die Tonartenkarten werden ausgeschnitten und verdeckt auf die markierten Felder gelegt. Alle Spielsteine werden zum Beginn auf C gestellt.
3) Die Schüler würfeln reihum, sie ziehen den Spielstein entsprechend der Wurfzahl in eine beliebige Richtung vorwärts.
4) Ein Spieler bekommt die Tonartenkarte, wenn er die Frage 1 richtig beantworten kann. Beantwortet er falsch, bleibt die Karte auf dem Spielfeld.

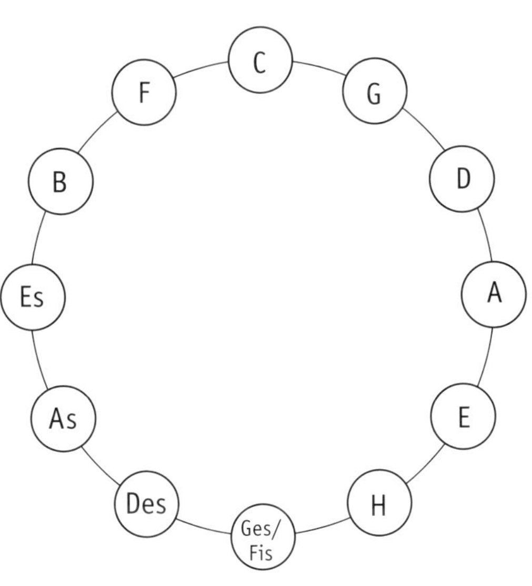

5) Kommt ein Spieler auf ein Feld, bei dem die Tonartenkarte bereits fehlt, kann er diese dem Besitzer abnehmen. Hierzu muss er jetzt aber Frage 1 und 2 richtig beantworten. Das Kartenklauen wird immer schwieriger, denn bei jedem Besitzerwechsel kommt eine weitere Frage hinzu.
6) Spielende: Das Spiel endet nach der vereinbarten Zeit, z.B. nach 30 Minuten. Jeder Spieler addiert die Punktwerte seiner Karten. Gewonnen hat der Spieler mit den meisten Punkten.

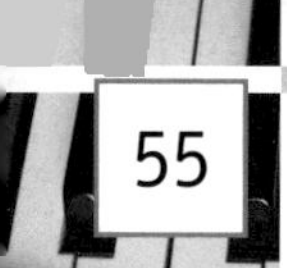

Das Quintenzirkel-Spiel (2/3)

C-Dur	G-Dur	D-Dur
1. Wie viele Vorzeichen? *0* **2.** Vorzeichen für welche Töne? *keines* **3.** Welche ist die parallele Moll-Tonart? *a-Moll* **4.** Wie heißt die Dominante? *G-Dur* **5.** Wie heißt die Subdominante? *F-Dur* **1 Punkt**	**1.** Wie viele Vorzeichen? *1* **2.** Vorzeichen für welche Töne? *fis* **3.** Welche ist die parallele Moll-Tonart? *e-Moll* **4.** Wie heißt die Dominante? *D-Dur* **5.** Wie heißt die Subdominante? *C-Dur* **2 Punkte**	**1.** Wie viele Vorzeichen? *2* **2.** Vorzeichen für welche Töne? *fis, cis* **3.** Welche ist die parallele Moll-Tonart? *h-Moll* **4.** Wie heißt die Dominante? *A-Dur* **5.** Wie heißt die Subdominante? *G-Dur* **3 Punkte**
A-Dur **1.** Wie viele Vorzeichen? *3* **2.** Vorzeichen für welche Töne? *fis, cis, gis* **3.** Welche ist die parallele Moll-Tonart? *fis-Moll* **4.** Wie heißt die Dominante? *E-Dur* **5.** Wie heißt die Subdominante? *D-Dur* **4 Punkte**	**E-Dur** **1.** Wie viele Vorzeichen? *4* **2.** Vorzeichen für welche Töne? *fis, cis, gis, dis* **3.** Welche ist die parallele Moll-Tonart? *cis-Moll* **4.** Wie heißt die Dominante? *H-Dur* **5.** Wie heißt die Subdominante? *A-Dur* **5 Punkt**	**H-Dur** **1.** Wie viele Vorzeichen? *5* **2.** Vorzeichen für welche Töne? *fis, cis, gis, dis, ais* **3.** Welche ist die parallele Moll-Tonart? *gis-Moll* **4.** Wie heißt die Dominante? *Fis-Dur* **5.** Wie heißt die Subdominante? *E-Dur* **6 Punkte**

Das Quintenzirkel-Spiel (3/3)

Fis-Dur (Ges-Dur)	Des-Dur	As-Dur
1. Wie viele Vorzeichen? *6* **2.** Vorzeichen für welche Töne? *fis, cis, gis, dis, ais, eis (b, es, as, des, ges, ces)* **3.** Welche ist die parallele Moll-Tonart? *dis-Moll (es-Moll)* **4.** Wie heißt die Dominante? *Cis-Dur (Des-Dur)* **5.** Wie heißt die Subdominante? *H-Dur (Ces-Dur)* **7 Punkte**	**1.** Wie viele Vorzeichen? *5* **2.** Vorzeichen für welche Töne? *b, es, as, des, ges* **3.** Welche ist die parallele Moll-Tonart? *b-Moll* **4.** Wie heißt die Dominante? *As-Dur* **5.** Wie heißt die Subdominante? *Ges-Dur* **6 Punkte**	**1.** Wie viele Vorzeichen? *4* **2.** Vorzeichen für welche Töne? *b, es, as, des* **3.** Welche ist die parallele Moll-Tonart? *f-Moll* **4.** Wie heißt die Dominante? *Es-Dur* **5.** Wie heißt die Subdominante? *Des-Dur* **5 Punkte**
Es-Dur **1.** Wie viele Vorzeichen? *3* **2.** Vorzeichen für welche Töne? *b, es, as* **3.** Welche ist die parallele Moll-Tonart? *c-Moll* **4.** Wie heißt die Dominante? *B-Dur* **5.** Wie heißt die Subdominante? *As-Dur* **4 Punkte**	**B-Dur** **1.** Wie viele Vorzeichen? *2* **2.** Vorzeichen für welche Töne? *b, es* **3.** Welche ist die parallele Moll-Tonart? *g-Moll* **4.** Wie heißt die Dominante? *F-Dur* **5.** Wie heißt die Subdominante? *Es-Dur* **3 Punkte**	**F-Dur** **1.** Wie viele Vorzeichen? *1* **2.** Vorzeichen für welche Töne? *b* **3.** Welche ist die parallele Moll-Tonart? *d-Moll* **4.** Wie heißt die Dominante? *C-Dur* **5.** Wie heißt die Subdominante? *B-Dur* **2 Punkte**

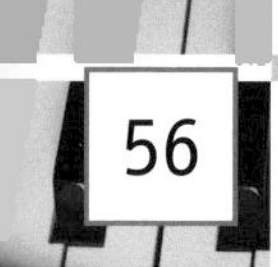

Tonartenbestimmung

Die in dieser Übung vorgeschlagene **Bestimmung der Tonart anhand des Tonvorrats**, der als Tonleiter notiert wird, fördert das Verständnis von Tonarten besser als mechanisches Ablesen im Quintenzirkel anhand der Vorzeichen.

Ermittle die Tonart folgender Melodien durch eine Analyse des Tonvorrats.

- Welche Töne kommen in der Melodie vor? Schreibe die vorkommenden Töne jeweils einmal heraus.
- Notiere die Töne von unten nach oben als Tonleiter. Beginne mit dem Schlusston der Melodie, dem Grundton der Tonart.
- Untersuche die Intervallstruktur der Tonleiter, und markiere die Halbtonschritte. Jetzt kannst du die Tonart der Melodie bestimmen: Dur = 3/4 + 7/8, Moll = 2/3 + 5/6.

Melodie 1

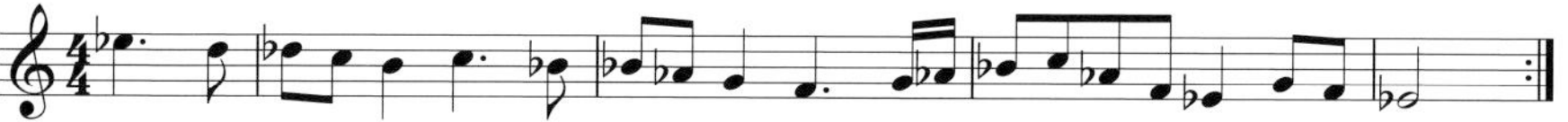

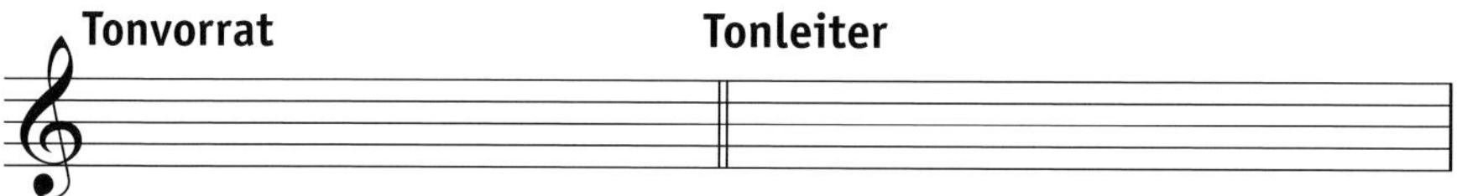

Melodie 2

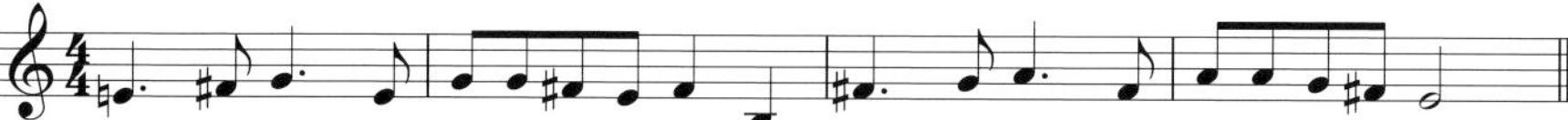

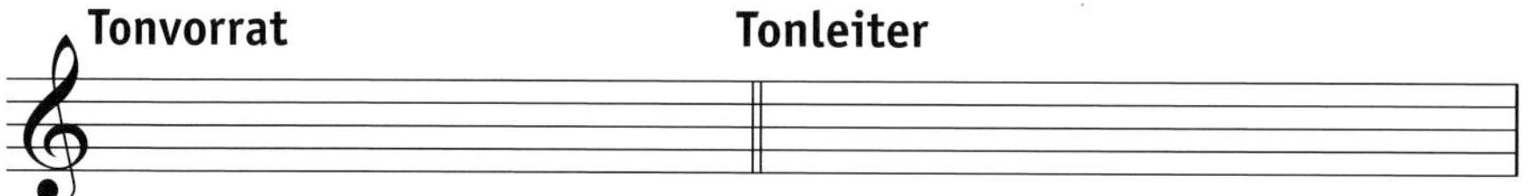

Erstes Spielen von Dreiklängen

Am Beginn der Beschäftigung mit Dreiklängen steht im besten Fall die **Musizierpraxis mit Keyboards** im halben oder ganzen Klassensatz. Mit den C-Dur-Dreiklängen bieten sich viele Möglichkeiten zum Spielen und Begleiten von Liedern. Durch das Verwenden von Dreiklängen anderer Tonarten entsteht später ein praktischer Anlass, die Intervallstruktur von Dur- und Moll-Dreiklängen zu erarbeiten.

1) Dreiklänge in C-Dur notieren. Um die Einfachheit zu betonen, darf ruhig vom „Dreiklänge-Malen" gesprochen werden.
Linie – Linie – Linie bzw.
Zwischenraum – Zwischenraum – Zwischenraum

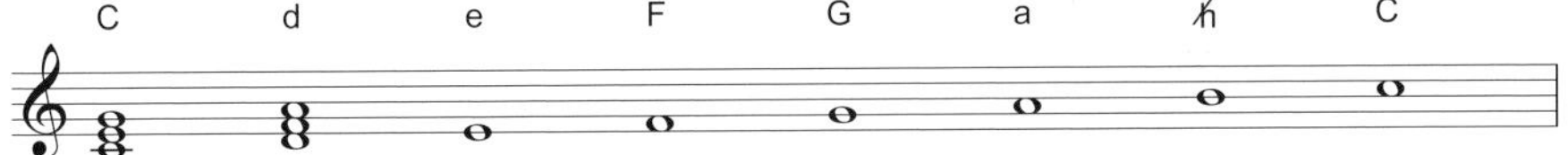

2) Erläuterung der Dreiklangsymbole:
Die Dreiklänge werden nach ihrem Grundton benannt. C bedeutet „Dreiklang über C"; d bedeutet „Dreiklang über d" usw.
Hinweis: Die Begriffe Dur-, Moll- und verminderter Dreiklang können an dieser Stelle bereits verwendet, müssen aber nicht notwendigerweise erläutert werden.

3) Spielen der Dreiklänge in Tonleiterfolge: Das Metrum wird angegeben, der Dreiklangwechsel erfolgt zunächst taktweise. Die Schüler spielen mit der rechten Hand (Fingersatz 1–3–5).

4) Dreiklänge rhythmisieren: Die Dreiklänge werden in Tonleiterfolge mit mehreren Rhythmusmustern gespielt.

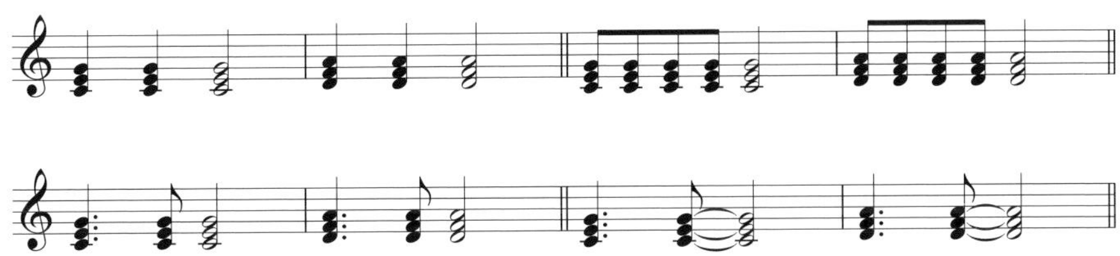

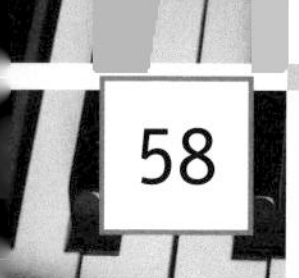

Tonleiter-Walzer auf Keyboards

Schon nach kurzer Übung mit der rechten Hand können Schüler mit beiden Händen eine **einfache Walzerbegleitung** spielen. Dabei spielt die linke Hand oktavversetzt den Grundton, die rechte Hand die Dreiklänge. Auch dies gelingt mit zwei Spielern an einem Keyboard, am Klavier auch zu dritt. Das Spielen von Walzerbegleitungen ermöglicht den Schülern schon nach wenigen Übungsminuten, „richtige Musik" zu machen.

1) Das Spielschema wird anhand eines Tafelanschriebs erläutert und am Klavier demonstriert.

2) Das Spielen des Walzer-Schemas wird zunächst nur mit dem C-Dur-Dreiklang gemeinsam geübt.

Spielhinweise:
- ➲ Wenn die rechte Hand anschlägt, geht die linke hoch.
- ➲ Die Dreiklänge auf den Zählzeiten 2 und 3 werden kurz (staccato) gespielt.

3) Das Walzer-Schema wird in Tonleiterstufen geübt, aufwärts und abwärts. Jeder Dreiklang wird über zwei Takte gespielt. Die linke Hand kann durchgängig mit dem Zeigefinger spielen. Nach Bedarf erfolgt eine kurze Einzelübung.

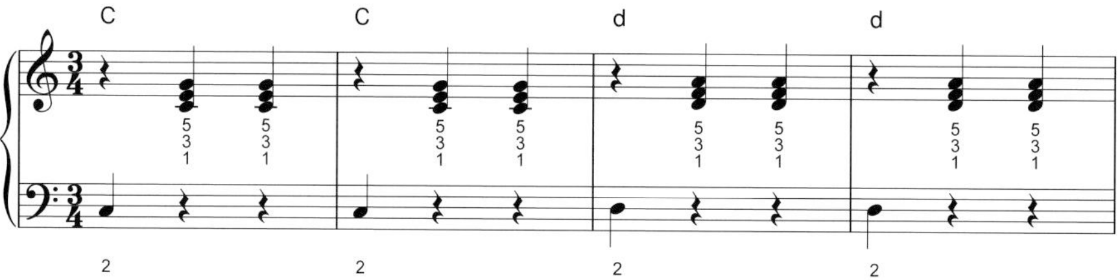

4) Weiterführung: Spielen von Walzern mit verschiedenen Dreiklangfolgen (siehe Übung 59).

Walzer mit mehreren Dreiklängen

Wenn die Schüler das Spielschema der Walzerbegleitung beherrschen, können nun **verschiedene Dreiklangfolgen** geübt werden. Da beide Hände springen müssen, sind in jedem Fall Einzelübungen notwendig.

1) Eine Dreiklangfolge wird mit Dreiklangsymbolen an der Tafel notiert. Meist gilt die Regel: Der nächste Dreiklang sollte auf dem kürzesten Weg erreicht werden. Die Bewegungsrichtung der Hände kann mit kleinen Pfeilen unter den Taktstrichen deutlich gemacht.

2) Üben und gemeinsames Spielen von Walzer 1.

3) Es werden weitere Walzer vorgegeben, die die Schüler entsprechend ihrem Lerntempo nach und nach einüben.

4) Die Walzer werden gemeinsam und als Solovortrag gespielt. Eine besondere Herausforderung besteht darin, möglichst viele Walzer in Folge zu spielen.

5) **Kreativ:** Die Schüler komponieren einen eigenen Walzer, indem sie am Keyboard selbstständig eine eigene achttaktige Dreiklangfolge erfinden, aufschreiben und einüben.

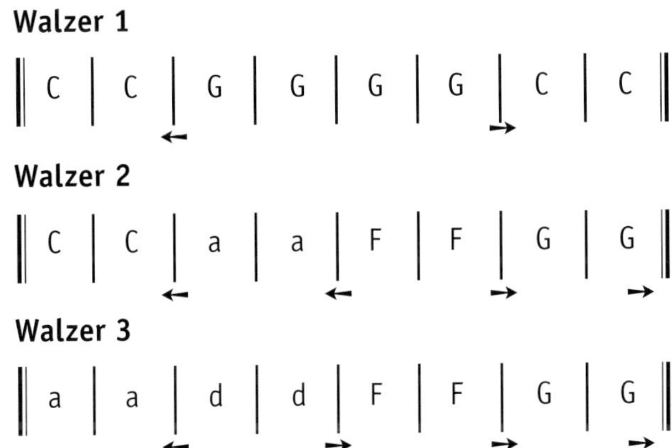

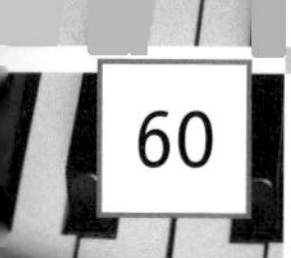

Liedbegleitung mit Dreiklängen aus C-Dur

Schon nach wenigen Spielübungen mit Dreiklängen (siehe Übungen 57 – 59) können viele **Lieder mit rhythmisierten Dreiklängen** begleitet werden. Zum Abschluss bietet sich an, E-Bass und Drumset hinzuzunehmen.

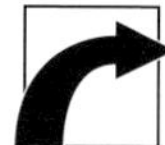

1) Singen bzw. Erarbeiten des zu begleitenden Liedes.

2) Gemeinsames Üben des Begleitrhythmus anhand der ersten beiden Dreiklänge.

3) Üben der Dreiklangbegleitung des Liedes als Einzelübung, anschließend gemeinsames Spielen. Fortgeschrittene Schüler können außerdem den Grundton mit der linken Hand oktavversetzt mitspielen.

4) Singen und Begleiten in zwei Gruppen. Die eine Hälfte singt, die andere begleitet. Der Wechsel kann auch innerhalb des Liedes abschnittweise erfolgen.

Akkorde und Dreiklänge zu „Let It Be" von Paul McCartney (The Beatles)

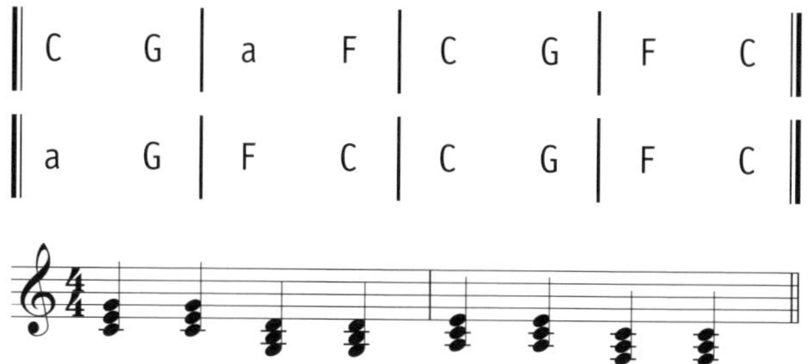

Akkorde und Dreiklänge zu „Stand By Me" von Jerry Leiber, Mike Stoller und Ben E. King

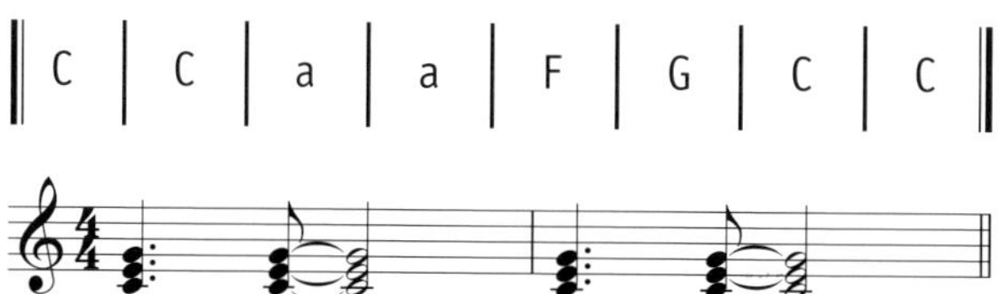

Dreiklänge in Dur und Moll

Die **Einführung von Dur- und Moll-Dreiklängen** kann mit der Liedbegleitung (siehe Übung 62) verbunden werden. Als Vorübung werden Dreiklänge vorgegeben, bei denen schwarze Tasten verwendet werden müssen. Die zu spielenden Töne werden dabei durch Abzählen von großer Terz (4 Halbtonschritte) und kleiner Terz (3 Halbtonschritte) ermittelt.

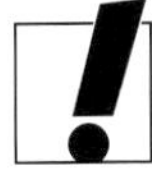

1) Dreiklänge bestehen aus einem Grundton, über dem zwei Terzen gespielt werden. Der Unterschied zwischen Dur- und Moll-Dreiklang besteht in der Reihenfolge von großer und kleiner Terz.

Dur-Dreiklang

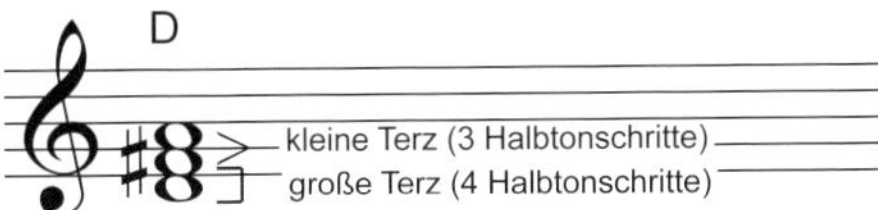

Moll-Dreiklang

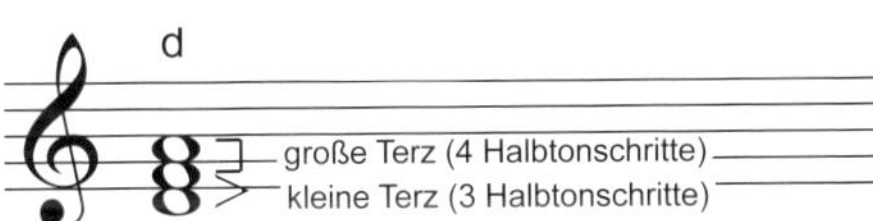

So spielst du Dur- und Moll-Dreiklänge auf der Tastatur:

- Spiele den Grundton mit dem Daumen (rechte Hand).
- Zähle beim Dur-Dreiklang (großer Buchstabe) zuerst 4 Halbtonschritte auf der Tastatur (große Terz) und danach 3 Halbtonschritte (kleine Terz).
- Zähle beim Moll-Dreiklang (kleiner Buchstabe) zuerst 3 Halbtonschritte (kleine Terz), danach 4 Halbtonschritte (große Terz).

2) Spiele folgende Dreiklänge auf der Tastatur. Schreibe auf, wie viele schwarze Tasten verwendet werden müssen.

E	A	f	H	g	h	B	cis
___	___	___	___	___	___	___	___

62

Liedbegleitung in verschiedenen Tonarten

Nach relativ wenigen Vorübungen zum Spielen von Dreiklängen in Dur und Moll (siehe Übung 61) können Schüler **einfache Begleitungen zu vielen Liedern** aus Liederbüchern mit Akkordangaben selbstständig erarbeiten.

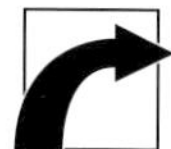

1) Singen bzw. Erarbeiten des Liedes.

2) Erarbeitung der Dreiklänge am Keyboard. Beim Üben wird jeder Dreiklang zunächst nur einmal gespielt. Die Schüler gehen beim Üben etappenweise vor: Sie üben erst den Wechsel von Dreiklang 1 zu Dreiklang 2 so oft, bis er mühelos klappt. Anschließend den Wechsel von Dreiklang 2 zu Dreiklang 3. Dann überprüfen sie, ob die Dreiklänge 1 bis 3 fehlerfrei gelingen usw.

3) Demonstrieren des Begleitrhythmus mit Einzelübung, anschließend Einzelvorspiel und gemeinsames Spielen. Fortgeschrittene Schüler können zusätzlich den Grundton mit der linken Hand spielen.

4) Singen und Begleiten in Gruppenteilung. Dabei kann auch strophenweise ohne Unterbrechung zwischen Sängern und Begleitern gewechselt werden.

Akkorde und Dreiklänge zu „Sailing" von Gavin Sutherland

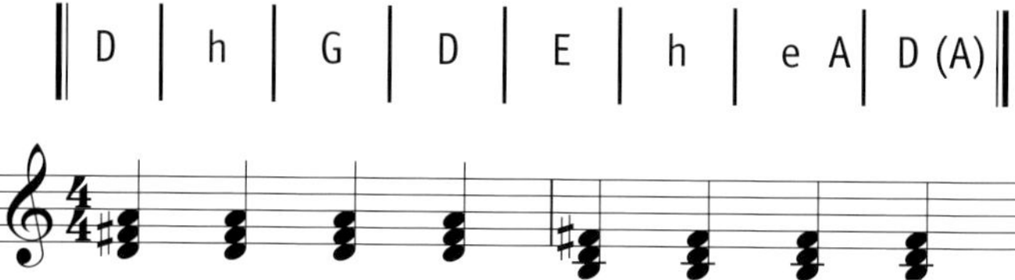

Akkorde und Dreiklänge zu „Feliz Navidad" von José Feliciano

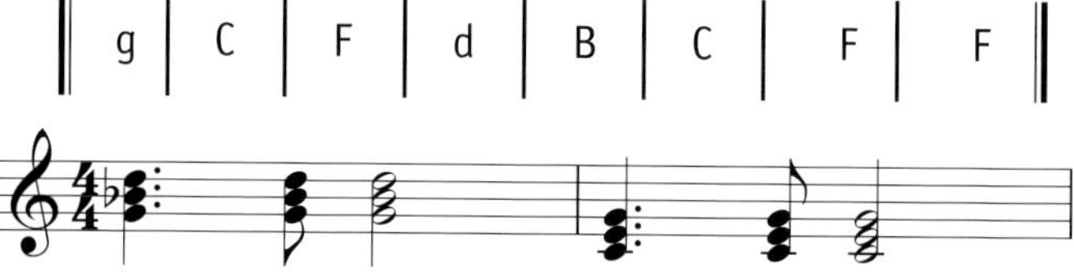

Dreiklänge bestimmen und notieren

Wenn das Spielen von Dur- und Moll-Dreiklängen am Instrument geübt wurde, ist es zur **Notation und Bestimmung von Dreiklängen** nur noch ein kleiner Schritt.

1) Notiere die als Dreiklangsymbol angegebenen Dreiklänge.

- ➲ Notiere zuerst den Dreiklangsgrundton, nötigenfalls mit Versetzungszeichen. Notiere anschließend Terz und Quinte nur als Stammtöne (ohne Versetzungszeichen).
- ➲ Bestimme das Intervall zwischen Grundton und der notierten Terz. Bei Dur müsste es eine große Terz sein, bei Moll eine kleine Terz. Schreibe nötigenfalls ein # vor die Terz, um sie zu vergrößern, ein b, um sie zu verkleinern.
- ➲ Bestimme das Intervall zwischen Terz und Quinte. Bei Dur müsste es eine kleine Terz sein, bei Moll eine große Terz. Schreibe nötigenfalls ein # vor die Terz, um sie zu vergrößern, ein b, um sie zu verkleinern.

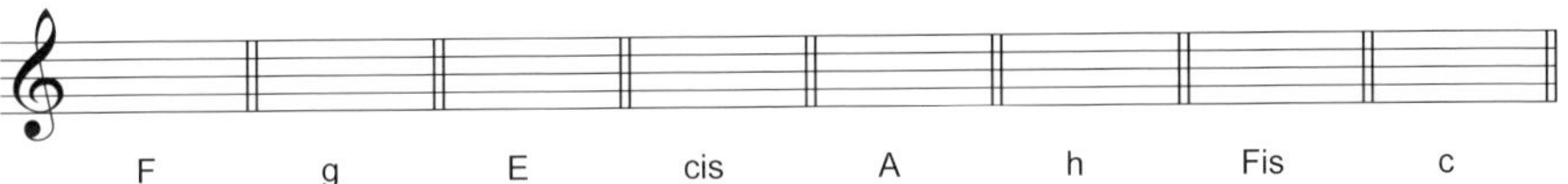

2) Bestimme die notierten Dreiklänge.

- ➲ Schreibe die Tonnamen des Dreiklangs über die Noten.
- ➲ Ermittle die Intervalle zwischen den Dreiklangstönen. Markiere eine große Terz (4 Halbtonschritte) mit einer eckigen Klammer (]) und die kleine Terz (3 Halbtonschritte) mit einer spitzen Klammer (>).
- ➲ Bestimme anhand der Intervallfolge das Tongeschlecht des Dreiklangs. Schreibe das Dreiklangsymbol auf (großer Buchstabe = Dur, kleiner Buchstabe = Moll).

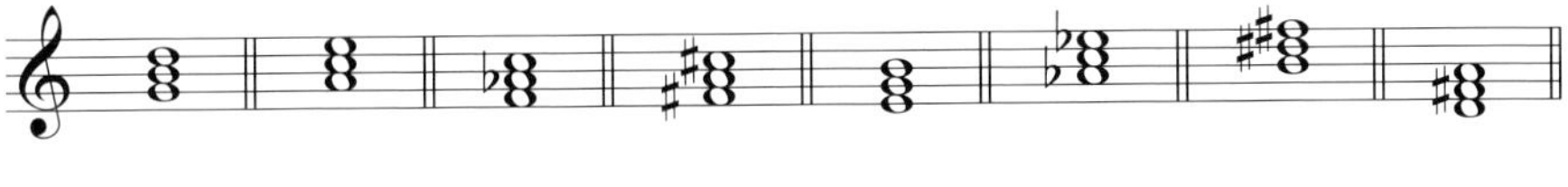

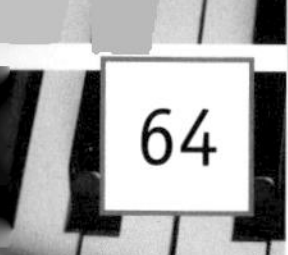

Voicing/Dreiklangsumkehrungen

Durch **Oktavieren von Außentönen** lernen Schüler, eine Dreiklangfolge nach Stimmführungsregeln zu notieren. Das Spielen eines **Voicings** auf der Tastatur ist für Anfänger allerdings sehr viel schwieriger als das Spielen von Grundstellungen. Die so geschaffenen Grundlagen erleichtern jedoch später das Bestimmen von notierten Dreiklängen in Umkehrungen.

Das Spielen von Dreiklängen in Grundstellung erfordert auf der Tastatur häufiges Springen und klingt nicht homogen. Beim Begleiten werden die Dreiklänge daher auch in Umkehrungen gespielt und so zu einem Voicing verbunden. Hierzu werden die Außentöne des folgenden Dreiklangs so oft nach oben oder unten oktaviert, bis die Töne aufeinanderfolgender Dreiklänge möglichst nah beieinanderliegen.

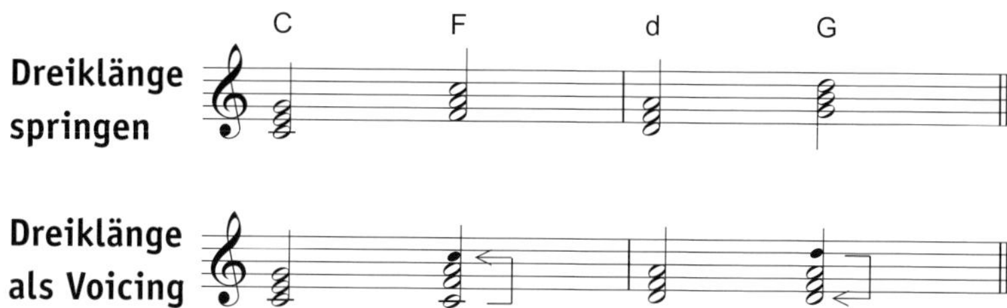

Schreibe für die Dreiklangverbindung von „Let it be" ein Voicing.

- Notiere in der oberen Zeile die angegebenen Dreiklänge zunächst in Grundstellung.
- Oktaviere die Außentöne des folgenden Dreiklangs so oft nach oben oder unten, bis die beiden Dreiklänge möglichst dicht beieinanderliegen.
- Spiele das Voicing auf dem Keyboard. Durch Einzeichnun von Bewegungspfeilen erkennst du leichter, wie sich die Finger bewegen müssen.

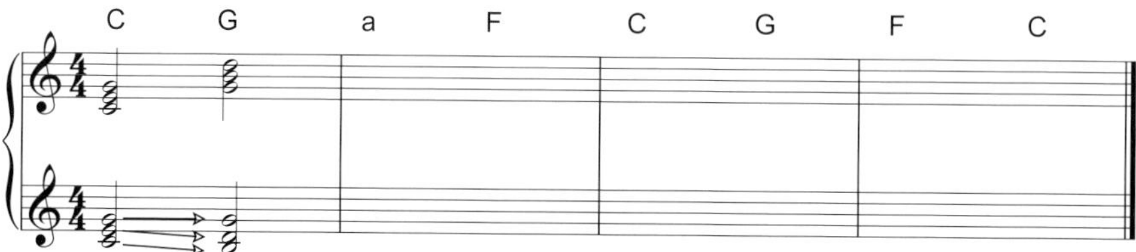

Umgekehrte Dreiklänge bestimmen

Durch Oktavierung der Außentöne werden **umgekehrte Dreiklänge** in enger und weiter Lage **in die visuell leicht erkennbare Grundstellung gebracht:** Linie – Linie – Linie bzw. Zwischenraum – Zwischenraum – Zwischenraum. Anschließend wird der Dreiklang nach Grundton und Tongeschlecht bestimmt (siehe Übung 63).

Um einen umgekehrten Dreiklang bestimmen zu können, musst du ihn zuerst in die Grundstellung bringen.

- ➲ Hierzu oktavierst du die Außentöne nach unten oder oben, bis du das Bild der Grundstellung erkennst: Linie – Linie – Linie bzw. Zwischenraum – Zwischenraum – Zwischenraum.
- ➲ Bestimme anschließend den Dreiklang nach Grundton und Tongeschlecht.
  Dur-Dreiklang: große Terz (4 HTS) + kleine Terz (3 HTS)
  Moll-Dreiklang: kleine Terz (3 HTS) + große Terz (4 HTS)
- ➲ Schreibe das Dreiklangsymbol auf die Linie.
  Dur = großer Buchstabe
  Moll = kleiner Buchstabe

Bestimme die Dreiklänge und schreibe das Dreiklangsymbol auf.

Übung 1 (Stammtöne)

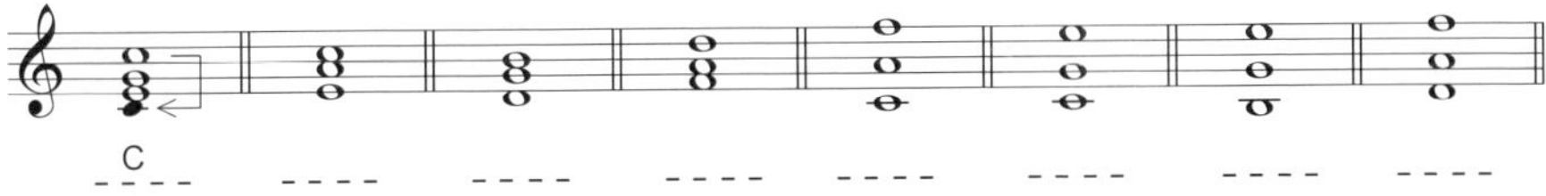

Übung 2 (mit Versetzungszeichen)

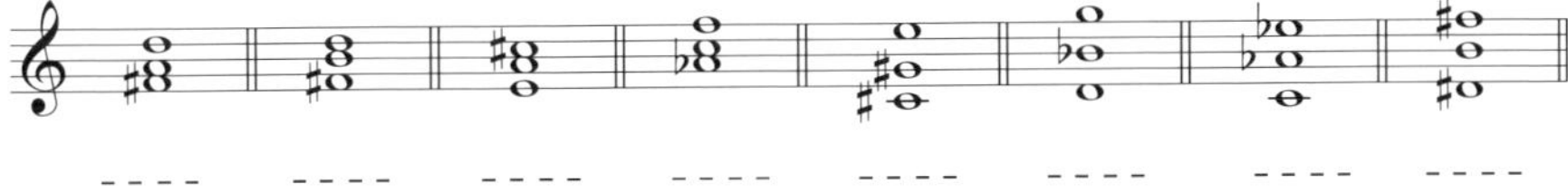

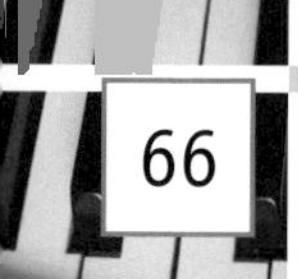

Spielen mit Sequenzmodellen

Durch das **Spielen von Sequenzmodellen** am Keyboard lernen die Schüler häufig verwendete Akkordverbindungen vom Barock bis zur Popmusik kennen. Mit Drumset und E-Bass oder Keyboardband (siehe Übung 101) können sie gemeinsam als Loop im Ensemble gespielt werden.

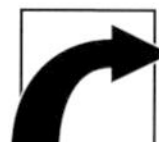

1) Anhand des Stufensystems der Dreiklänge in C-Dur wird der Begriff Sequenzmodell erläutert: *Eine Akkordfolge wird nach einem mathematischen Prinzip ermittelt. Zum Beispiel: 3 Stufen abwärts, 1 Stufe aufwärts. Dieses Muster wird ausgehend vom letzten Akkord wiederholt.*

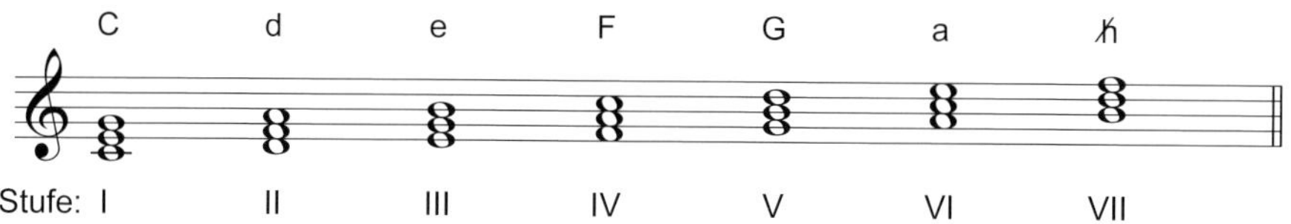

2) Die Schüler nennen spontan ein Sequenzmodelle z.B.: *x Stufen aufwärts/abwärts – x Stufen abwärts/aufwärts.* Die Dreiklangsymbole dieses Modells werden als 8-taktige Akkordfolge an der Tafel notiert und auf Keyboards musiziert.

3) In Einzelarbeit überlegen sich die Schüler ein eigenes Sequenzmodell, notieren hierzu eine 8-taktige Akkordfolge und üben das Spielen auf dem Keyboard.
Hinweis: Die Richtung der Sequenz dient nur zur Ermittlung des Dreiklangs. Auf der Tastatur werden sie innerhalb eines Raums von etwa anderthalb Oktaven gespielt.

Sequenzmodell	Dreiklänge	Tonleiterstufen
3 Stufen ↓ – 1 Stufe ↑	C–G, a–e, F–C, d–a	I–V, VI–III, IV–I, II–VI
4 Stufen ↓	C–F, h–e, a–d, G–C	I–IV, VII–III, VI–II, V–I
2 Stufen ↓	C–a, F–d, h–G, e–C	I–VI, IV–II, VII–V, III–I

Fantasie mit aufgelösten Dreiklängen

Eigene **Kompositionen mit aufgelösten Dreiklängen** in Grundstellung sind im Rahmen eines Keyboard-Lehrgangs schon nach wenigen Unterrichtsstunden realisierbar. Das Erfolgserlebnis kann dementsprechend groß sein und kann für einige Schüler auch eine Initialzündung zum Instrumentalspiel oder zum Komponieren sein.

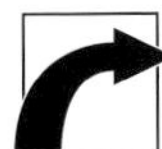

1) Der Lehrer spielt eine Fantasie mit aufgelösten Dreiklängen am Klavier vor, ruhig mit viel Pedal. Am leichtesten zu spielen ist das triolische Auflösungsmuster von unten nach oben.

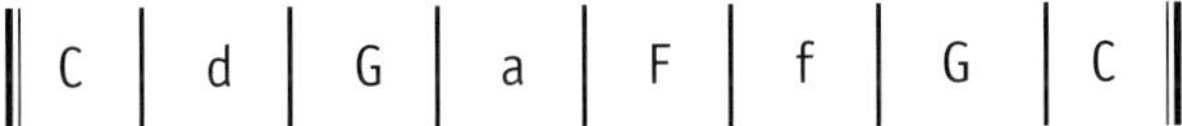

2) Gemeinsam wird das Spielen des Auflösungsmodells mit der rechten Hand geübt. Zunächst mit dem C-Dur-Dreiklang, anschließend in Tonleiterfolge von c bis c und wieder abwärts.

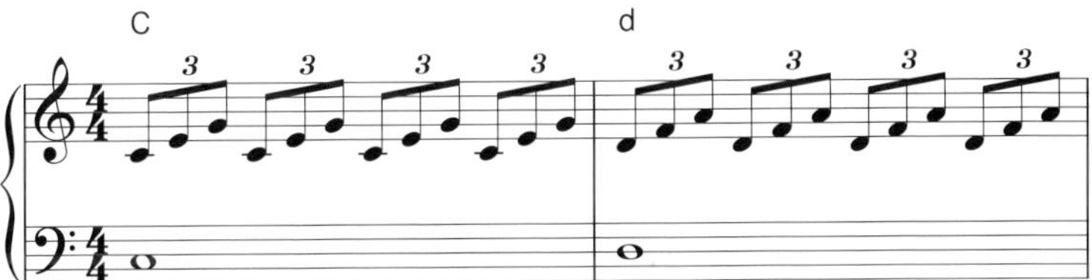

3) In Tonleiterfolge werden zusätzlich mit der linken Hand ganztaktig die Grundtöne gespielt.

4) Als Zwischenschritt zur eigenen Komposition kann eine an der Tafel gemeinsam entwickelte viertaktige Dreiklangfolge gemeinsam geübt und musiziert werden.

5) Die Schüler erproben am Keyboard eine eigene Dreiklangfolge über 8 Takte und üben das beidhändige Spielen.

6) Präsentation am Klavier: Hier klingt das Stück natürlich besser, erfordert allerdings für die Schüler eine Umstellung.

7) Die eigene Komposition kann als Hausaufgabe im Klaviersystem notiert werden.

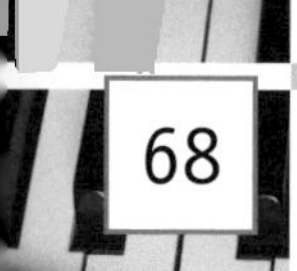

Harmonisieren einer Melodie

Das **Harmonisieren von Melodien** schult den Umgang mit Dreiklängen. Zunächst werden gemeinsam für einen Liedanfang passende Dreiklänge gefunden und dabei die wichtigsten Regeln beim Harmonisieren erläutert. Die jeweils möglichen ein bis drei Akkorde werden vermerkt und zum Gesang im Vergleich erprobt. Es erfolgt die Festlegung auf einen Akkord, dabei wird deutlich gemacht, dass bei mehreren Möglichkeiten der Geschmack entscheidet.

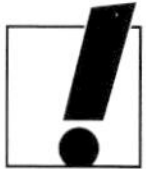

Regeln zum Harmonisieren von Melodien:

- In C-Dur stehen folgende Dreiklänge zur Verfügung:

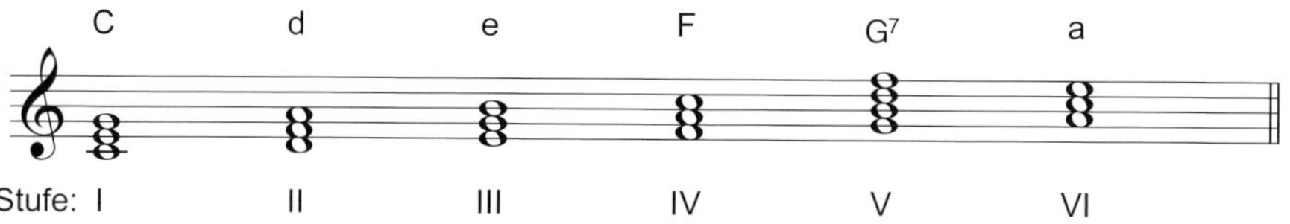

- Im gewählten Dreiklang müssen die wichtigsten Melodietöne enthalten sein. Wichtige Melodietöne sind solche, ...
  a) die am Taktanfang stehen,
  b) die länger sind als die anderen,
  c) die mehrmals im Takt vorkommen.
- Der erste und letzte Akkord ist immer der Dreiklang der Stufe I, der vorletzte ist oft der Dreiklang (Septakkord) der Stufe V.

Finde passende Dreiklänge zur Begleitung des Liedes, und schreibe die Dreiklangsymbole über die Noten.

Auld Lang Syne (schottische Volksweise), Text: Robert Burns, transponiert

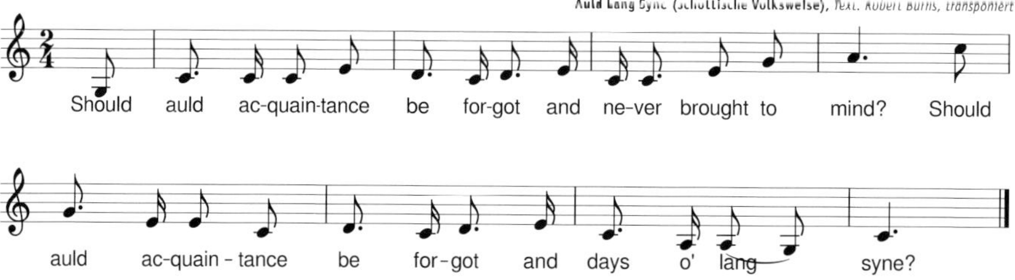

Melodiebausteine

Damit das **Zusammenstellen von fertigen Melodietakten** zu einer Herausforderung wird, sollten zusätzliche Anreize gesetzt werden. Zum Beispiel ein Kompositionswettbewerb: Wer komponiert die schönste Melodie? Das Spielen der einzelnen Melodiebausteine sollte ggf. zuvor im Klassenverband von 1 bis 12 geübt werden.

Was ist eigentlich wichtiger bei einem Musikstück? Dass die Melodie selbst gut klingt – oder kommt es mehr auf die Akkordfolge an?

Stellt aus den Melodiebausteinen ein Musikstück zusammen.

➲ Schneidet die Melodiebausteine aus, und setzt sie so zusammen, wie es euch gefällt. Ihr müsst nicht alle verwenden.

➲ Probiert zu zweit am Keyboard aus: Einer spielt die Melodie, der andere begleitet mit den angegebenen Dreiklängen.

➲ Übt euer Stück, bis ihr es zu zweit fehlerfrei spielen könnt.

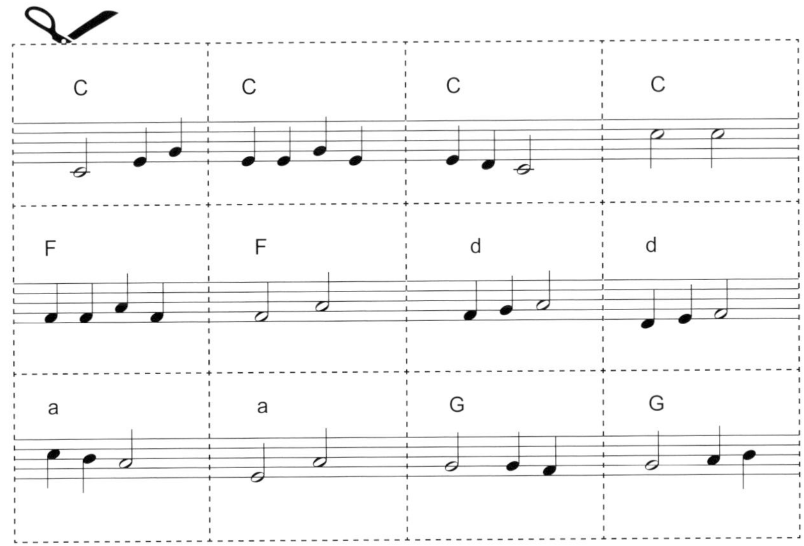

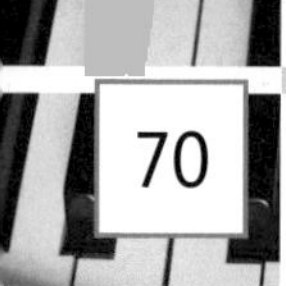

Lieder umtextieren (1/2)

Die Fähigkeit, **einen eigenen Text zu einer bekannten Melodie zu schreiben,** macht es möglich, Gelegenheitslieder zu verschiedenen Anlässen zu verfassen. Vorübungen zur Metrik erleichtern später auch das Komponieren von Liedern mit eigenem Text.

1) Um die metrisch richtige Zuordnung von Silbe und Zählzeit zu erläutern, ist eine gemeinsame Vorübung an der Tafel sinnvoll, mindestens anhand eines Verses. **Falsch:**

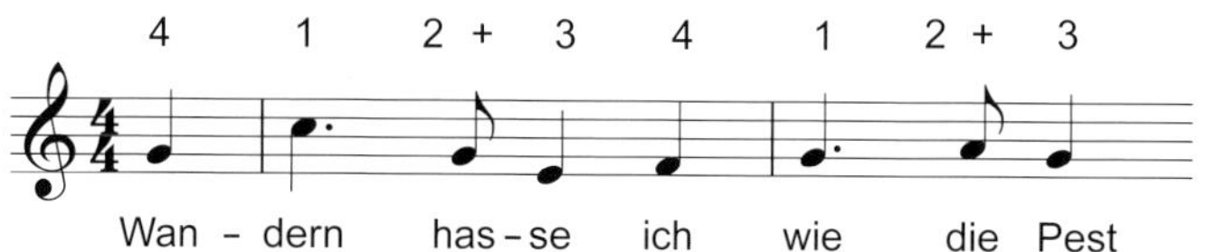

Erläuterung: Die betonte Silbe „Wan-" steht hier auf der unbetonteren Zählzeit. Ebenso die Silbe „-se". Der Text ist holprig und nur schwer zur Melodie singbar. **Richtig:**

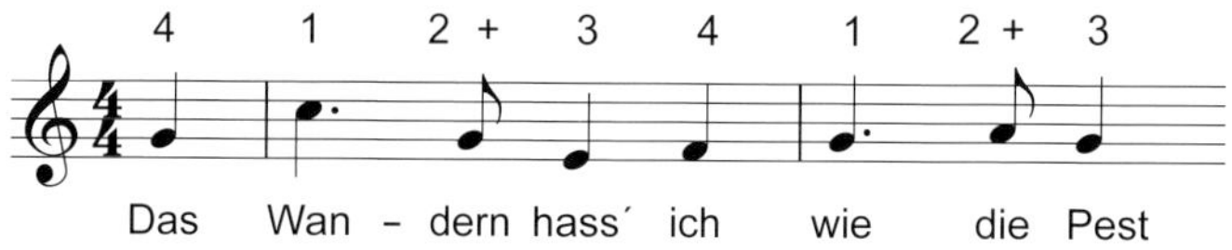

Erläuterung: Durch Einfügen eines einsilbigen Wortes („das") kann die betonte Silbe „Wan-" an die richtige Stelle im Takt geschoben werden. Überzählige Silben können apostrophiert werden („hass'").

2) Für das Umtextieren bieten sich folgende Themen an:

- persönliches Geburtstagslied (z.B. nach „Happy birthday")
- Schulhymne (z.B. nach „Lied der Deutschen")
- Lied zum Schulabschluss (z.B. nach „We Are The Champions")
- Anti-Weihnachtslied (z.B. nach „Alle Jahre wieder")
- Anti-Winterlied (z.B. nach „Leise rieselt der Schnee")
- Anti-Wanderlied (z.B. nach „Das Wandern ist des Müllers Lust")

Lieder umtextieren (2/2)

Erfinde für die beiden Lieder einen neuen Text. Schreibe unter jede Note nur eine Silbe. Schreibe in Sil-ben-trenn-schrift.

Mildred J. Hill: „Happy Birthday"

Ein Geburtagslied für: ______________________

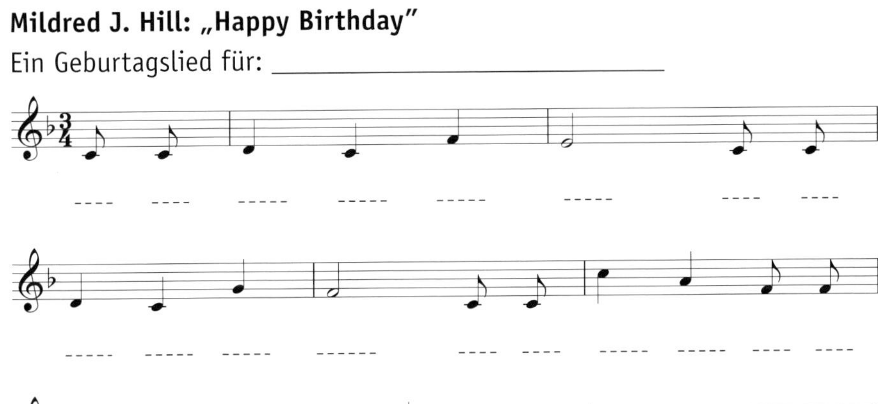

Ein Anti-Weihnachtslied (nach Friedrich Silcher: „Alle Jahre wieder")

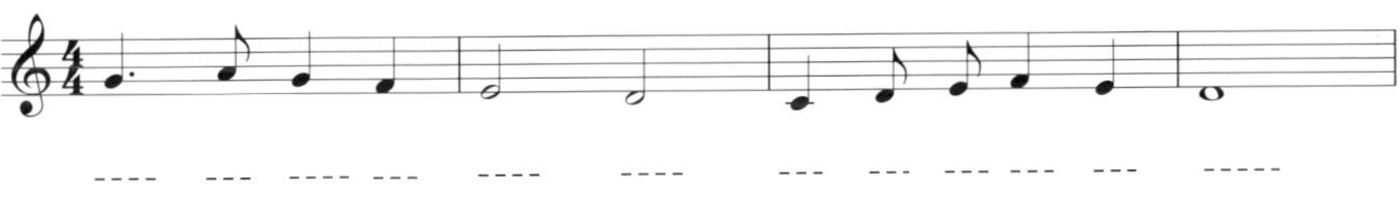

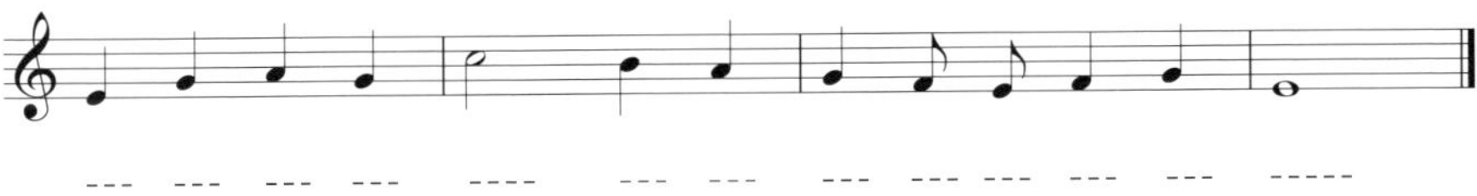

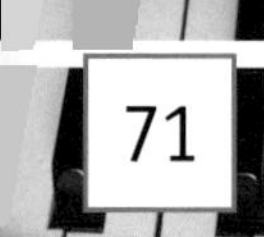

Melodien komponieren und notieren

Das **Komponieren und Notieren am Instrument** ist neben der kreativen Arbeit vor allem eine sehr konzentrierte Tätigkeit, welche die Verbindung von Taste, Tonname und Note schult. Zur Erleichterung des Komponierens kann dabei zunächst der Melodierhythmus vorgegeben werden. Diese Aufgabe ist hinsichtlich der Melodik relativ frei und bietet den Schülern die Möglichkeit, losgelöst von allgemeinen Regeln der Melodieführung ans Werk zu gehen und selbst ästhetische Prinzipien zu entdecken. Auf der Grundlage der Ergebnisse können gemeinsam Tipps gesammelt werden, was eine Melodie zu einer schönen Melodie macht.

1) Der Rhythmus für die Melodie wird zunächst gemeinsam durch Klatschen eingeübt, anschließend auf einem Ton gemeinsam am Instrument geprobt.

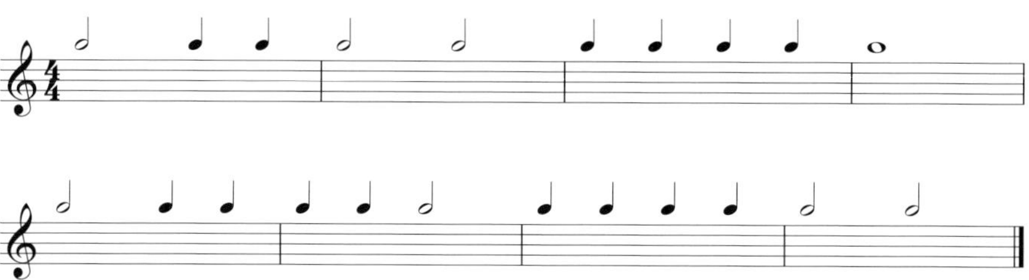

2) Die Schüler komponieren eine 8-taktige Melodie und schreiben sie auf. Dabei verwenden sie den angegebenen Rhythmus.

3) Die Schüler üben, ihre Melodie fehlerfrei zu spielen und präsentieren ihre Ergebnisse.

4) Gemeinsam werden Tipps gesammelt und anschließend als Regeln formuliert.

➲ Was macht eine schöne Melodie aus?

➲ Welche Ratschläge würdest du einem Komponisten geben?

Gedichte vertonen

Das größte Problem beim Komponieren besteht im **Notieren eines taktgemäßen Rhythmus,** der zum Metrum der Verse passt. Daher kann zur Erleichterung der Rhythmus vorgegeben und die Arbeit auf die Melodik beschränkt werden. Keyboards oder Stabspiele sollten zur Verfügung stehen.

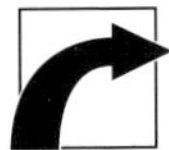

1) Vorbereitend kann das Gedicht im notierten Rhythmus gesprochen werden.

2) Die Schüler komponieren eine Melodie zum Gedicht „Erinnerung“ von J. W. Goethe.

- ➲ Sie verwenden dabei den angegebenen Rhythmus.
- ➲ Sie probieren beim Komponieren am Instrument aus, ob sich die Melodie gut singen lässt.
- ➲ Sie üben die Melodie, bis sie sie fehlerfrei spielen (und singen) können.

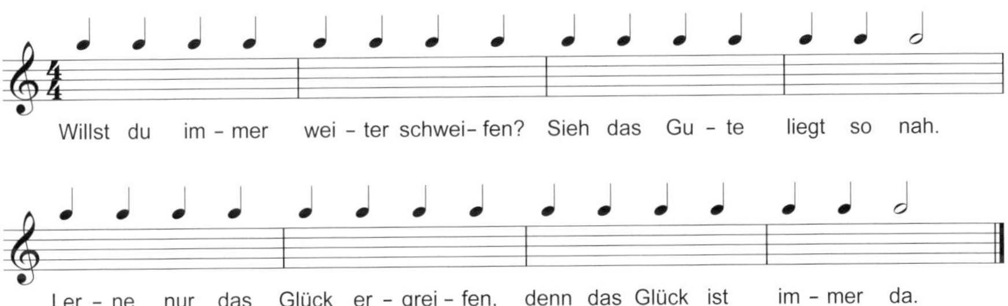

3) Auswertung: Im Idealfall können die Schüler ihre Komposition einzeln oder zu zweit vorsingen. Vier bis sechs Kompositionen können auch auf einem Blatt vervielfältigt und in der nächsten Stunde gesungen und verglichen werden. Hieran lassen sich Merkmale einer gelungenen Melodie aufzeigen.

Was macht eine gute Melodie aus?

- ➲ Sie muss zum Text passen,
- ➲ nicht zu viele große Sprünge verwenden,
- ➲ viele benachbarte Töne verwenden (Stufenbewegung),
- ➲ nicht zu hohe Töne benutzen (höchstens e'').

Lieder nach dem Periodenschema 1

Die Kenntnis des **8-taktigen Periodenschemas** ist eine Hilfe beim Komponieren von Liedern zu Gedichtstrophen mit vier Versen (siehe Übung 72). Zur Einführung kann ein Vordersatz aus vier Takten vorgegeben werden, der zu Ende komponiert werden soll. Hierbei greifen einige Schüler meist intuitiv auf dieses Schema zurück. In der Folge mehrerer Übungen werden die Vorgaben nach und nach reduziert.

1) Die Schüler erhalten die ersten vier Takte eines Liedes, die zusammen gesungen werden, um es ihnen bekannt zu machen. Sie bekommen die Aufgabe, Melodie und Text zu Ende zu schreiben. Hierzu müssen keine weiteren Hilfen gegeben werden.
Es geht vielmehr darum, dass die Schüler möglichst von selbst eine Lösung finden. Allenfalls kann der Tipp gegeben werden, denselben Rhythmus der ersten vier Takte zu verwenden.

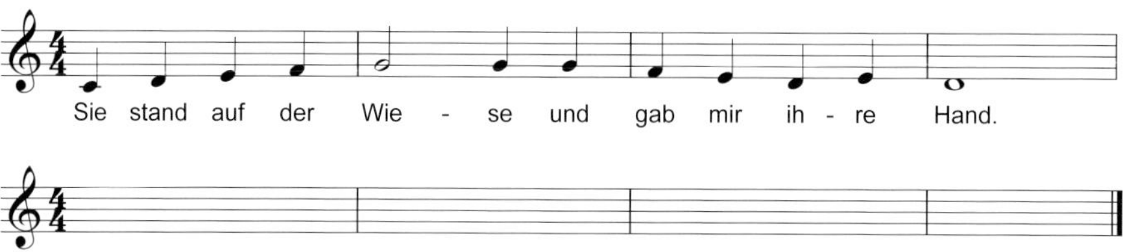

2) Zwei bis drei Schüler, die zügig fertig sind, übertragen ihre Lösung auf eine Folie oder an die Tafel. Die Lieder werden gesungen, beschrieben und verglichen. Melodien, die dem Schema nahekommen, werden in der Regel von den meisten als bessere Lösung beurteilt.

3) Das Periodenschema kann als Möglichkeit erläutert werden, „ökonomisch“ ein eingängiges Lied zu komponieren:

Das Melodieschema der 8-taktigen Periode

Vordersatz			
Phrase (Vers 1)		Gegenphrase (Vers 2)	
Takt 1	Takt 2	Takt 3	Takt 4

Nachsatz			
Phrasenwiederholung (Vers 3)		Schlussphrase (Vers 4)	
Takt 5	Takt 6	Takt 7	Takt 8

Lieder nach dem Periodenschema 2

Der **Aufbau einer Melodie im Periodenschema** kann den Schülern auch ohne vorheriges Komponieren (siehe Übung 73) nahegebracht werden.

Viele Lieder und Melodien sind nach einem einfachen Schema aus 8 Takten komponiert, dem **Periodenschema**. Nach vier Takten wird der Melodieanfang wiederholt und die Schlusswendung geändert, sodass die Melodie auf dem Grundton endet. Eine Gedichtzeile entspricht dabei einer Melodiephrase aus zwei Takten. Die „Gegenphrase" (Takte 3 + 4) unterscheidet sich oft vom Rhythmus oder der Melodieführung der ersten Phrase (Takte 1 + 2).

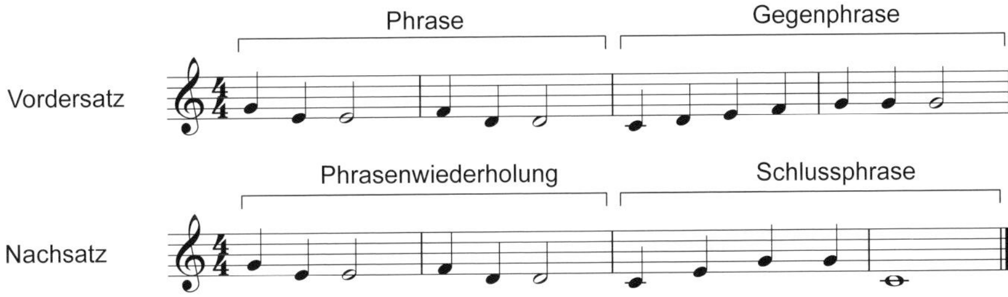

Komponiere das Lied nach dem Periodenschema zu Ende.

➲ Die Schlussphrase (Takt 7 + 8) soll auf dem Ton c (Grundton) enden.

➲ Ergänze den Text, und schreibe ihn in Sil-ben-trenn-schrift unter die Noten.

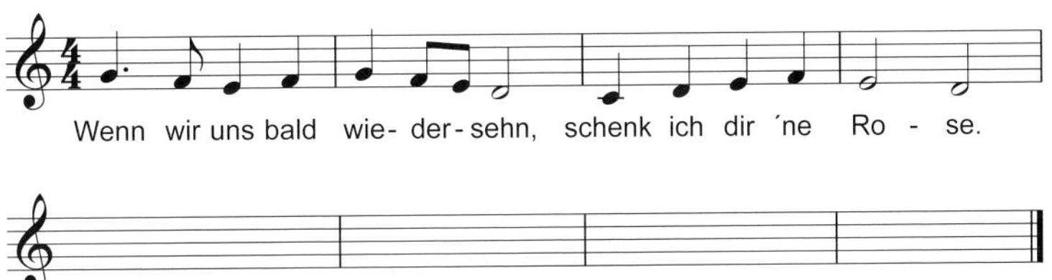

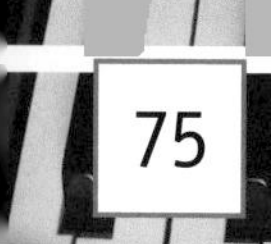

Lieder nach dem Periodenschema 3

Durch Reduzierung der Vorgaben kann sukzessiv der Eigenanteil vergrößert werden. Die Vorgabe von Rhythmusbausteinen erleichtert das Komponieren.

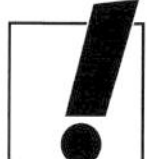

1) Schreibe das Lied nach dem Periodenschema zu Ende.
- ➲ Verwende in der Gegenphrase (Takt 3 + 4) einen anderen Rhythmus als in der ersten Phrase.
- ➲ Der letzte Ton aller Phrasen sollte einen längeren Notenwert als Ruhepunkt haben (Halbe oder Ganze).
- ➲ Schreibe den Text in Sil-ben-trenn-schrift unter die Noten.

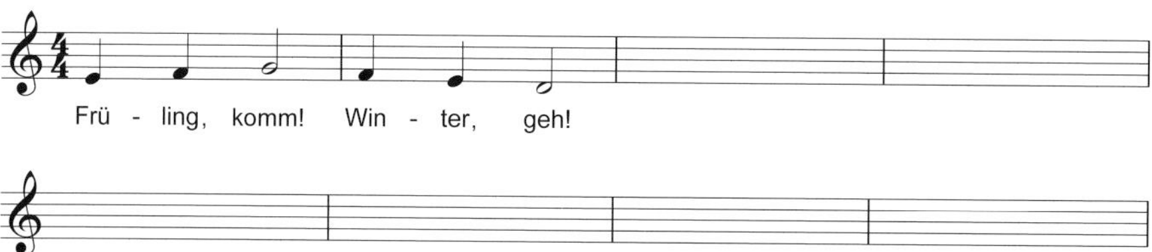

2) Komponiere, und texte ein eigenes Lied nach dem Periodenschema.
- ➲ Schreibe erst die Melodie und dann den Text.
- ➲ Für den Melodierhythmus kannst du auch die Rhythmusbausteine verwenden.

Rhythmusbausteine im 4/4-Takt

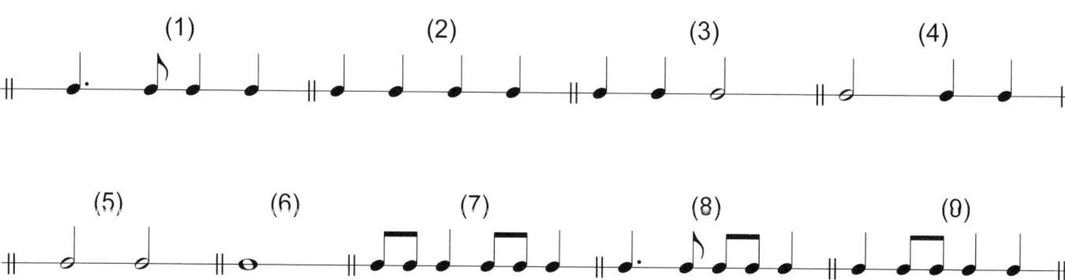

Melodien mit Durchgangstönen

Ein wichtiges Ziel beim **Komponieren** ist die Erkenntnis, dass sich durch das Beachten einfacher Regeln eine gut klingende Melodie hervorbringen lässt. Die Kompositionsregeln lassen sich am besten anhand einer Gemeinschaftskomposition an der Tafel verdeutlichen. Beim Komponieren kann dabei bewusst zunächst auf ein Instrument verzichtet werden.

1) Komponiere eine Melodie, die zu den Dreiklängen passt. Beachte die folgenden Regeln:

- Auf der Zählzeit 1 jedes Taktes muss ein Ton des angegebenen Dreiklangs stehen (auch eine Oktave höher oder tiefer).
- Ein dreiklangsfremder Ton muss durch Stufenbewegung erreicht und in Stufenbewegung weitergeführt werden (Durchgangsnoten oder Wechselnoten). Das Springen in einen dreiklangsfremden Ton oder von ihm weg ist nicht erlaubt.

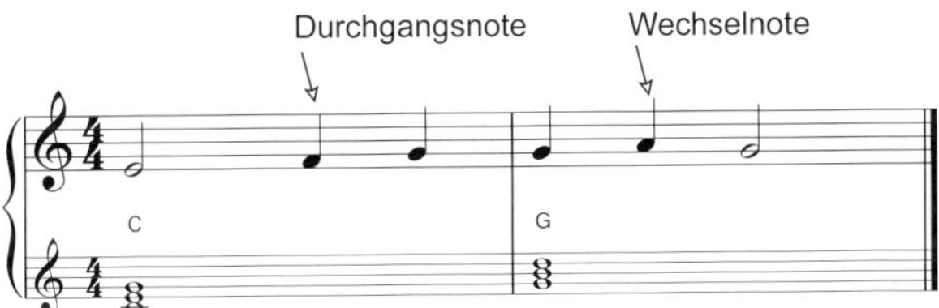

- Der Schlusston muss ein dreiklangseigener Ton sein und sollte einen großen Notenwert haben (Halbe oder Ganze).

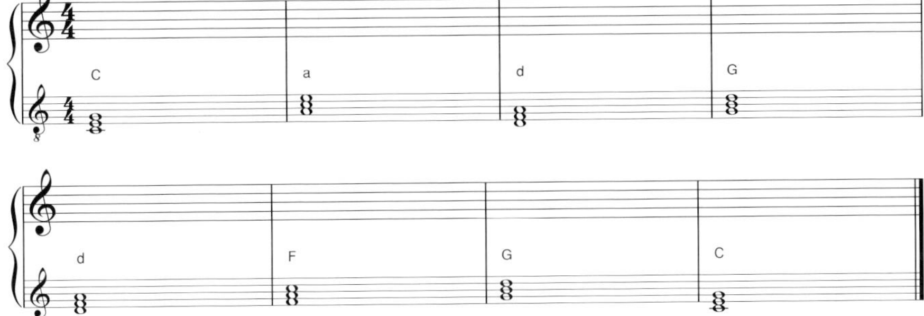

2) Spielt eure Komposition zu zweit am Keyboard. Einer spielt die Dreiklänge (auch rhythmisiert), der andere die Melodie, z.B. mit Streicher-Sound.

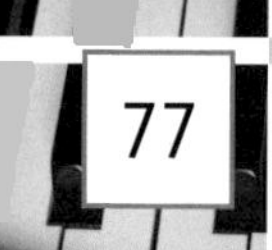
77

Kanons komponieren

Zum Verständnis des Vorgehens und der Kompositionsregeln kann in einem ersten Schritt gemeinsam **ein Kanon an der Tafel komponiert** und anschließend gesungen werden.

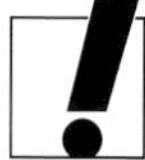

Komponiere einen 3-stimmigen Kanon. Gehe in folgenden Schritten vor:

- ➲ Lege eine Dreiklangfolge für 2 Takte fest.
- ➲ Schreibe eine Melodie für die Takte 1 und 2.
  Beachte dabei folgende Regeln:
  1) Verwende auf den Hauptzählzeiten (1 und 3) Melodietöne, die im jeweiligen Dreiklang enthalten sind.
  2) Dreiklangsfremde Töne dürfen nur verwendet werden, wenn sie stufenweise eingeführt und weitergeführt werden.
- ➲ Schreibe eine Melodie für die Takte 3 und 4. Die untereinander stehenden Takte klingen im Kanon gleichzeitig.
  Beachte Regel 3 und 4, damit der Kanon effektvoll klingt.
  3) Zwei Stimmen dürfen nicht gleichzeitig denselben Dreiklangston haben. Verwende jeweils noch fehlende Töne.
  4) Verwende in den untereinander stehenden Takten verschiedene Rhythmen.
- ➲ Schreibe eine Melodie für die Takte 5 und 6.
  Beachte dabei die Regeln 1 bis 4.
- ➲ Schreibe einen Text für den Kanon.

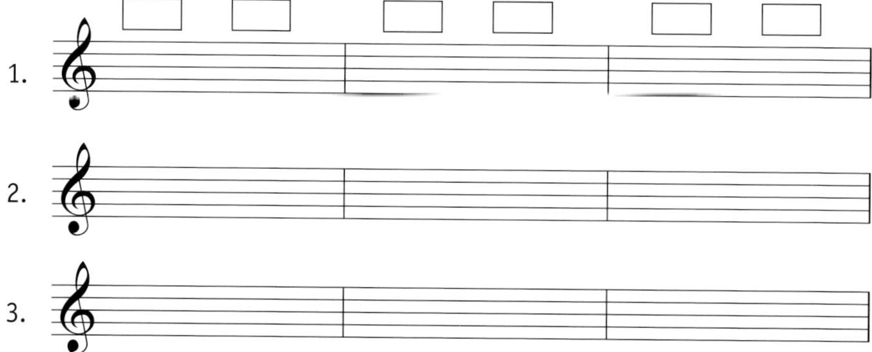

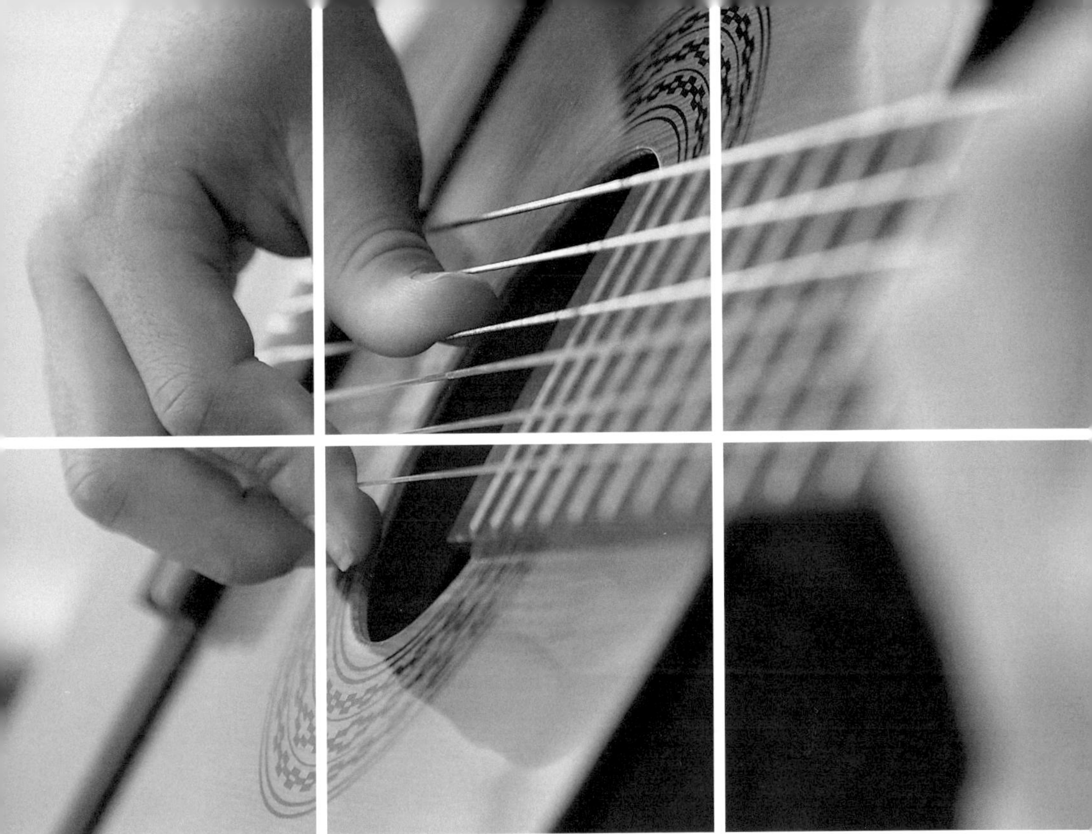

Instrumentalspiel

- Drumset
- Gitarre und E-Bass
- Keyboard

Drumpatterns mit Bodypercussion (1/2)

Nahezu jeder Schüler kann nach Anleitung und mit wenig Übung in kurzer Zeit ein **einfaches Pattern auf dem Drumset** lernen. Die Koordination zum Spielen von Hi-Hat, Bass- und Snaredrum kann weitestgehend mit Trockenübungen vorbereitet werden. Damit der Umstieg auf das Schlagzeug leichter gelingt, sollte bereits bei den Trockenübungen darauf geachtet werden, das Spielgefühl am Drumset möglichst gut zu simulieren. Hierzu sollte man auf eine bewusste Sitzhaltung achten, damit die Bewegungen mit der nötigen Körperspannung geübt werden. Beim Sitzen im Kreis kann der Lehrer die Ausführung am besten beobachten.

1) Üben der **Sitzhaltung:**

- Möglichst weit vorne auf dem Stuhl sitzen, damit die Beine aus dem Hüftgelenk frei bewegt werden können. Der Oberkörper ist aufrecht und gerade.
- Beide Beine werden auf die Fußballen gestellt.
- Die linke Hand (Snaredrum) wird auf den rechten Schenkel gelegt, die rechte Hand (Hi-Hat) über die linke auf den linken Schenkel.

Drumpattern (Tafelanschrieb)

	1	+	2	+	3	+	4	+
Hi-Hat	x	x	x	x	x	x	x	x
Snaredrum			x				x	
Bassdrum	x				x			

2) Bassdrum und Snaredrum: Zunächst wird der Wechsel von Bassdrum und Snaredrum geübt. Dabei wird laut in Achtelzählzeiten mitgezählt. Anstelle der Zählzeiten kann zwischendurch mit Instrumentennamen (Bass + Snare + ...) oder Gliedmaßen (Fuß + Hand + ...) gezählt werden. Wichtig bei dieser einfachen Übung ist, dass die Bassdrum aus dem Bein gespielt wird und nicht aus dem Fußgelenk, der Druckpunkt liegt im Fußballen und nicht auf der ganzen Sohle.

Drumpatterns mit Bodypercussion (2/2)

3) **Bassdrum und Hi-Hat:** Es wird kurz die Hi-Hat allein unter Mitzählen geübt. Zum Verdeutlichen kann auch in Achteln „Hi-Hat-Hi-Hat-Hi-Hat …" gezählt werden. Anschließend werden Bassdrum und Hi-Hat gespielt und dazu laut mitgezählt. Dies ist auch im mittleren Tempo noch recht einfach.
Übungstipp: Diese Zweierkombination sollte „im Schlaf" beherrscht werden. Die Schüler können ausprobieren, ob es gelingt, sich beim gleichmäßigen Spielen mit dem Nachbarn zu unterhalten.

4) **Dreistimmig in Zeitlupe:** Der sicherste Weg ist das Üben in Super-Zeitlupe. Beim Spielen und Zählen in langsamstem Tempo mit Blick auf die tabellarische Notation an der Tafel machen sich die Schüler bewusst, auf welchen Zählzeiten die Körperteile in Aktion treten.
ZZ 1: rechte Hand + rechter Fuß
ZZ 1+: nur rechte Hand
ZZ 2: beide Hände
ZZ 2+: nur rechte Hand usw.

   Wenn die Schüler das Prinzip verstanden haben, kann das Tempo langsam gesteigert werden.
Übungstipp: Wenn das Pattern in langsamem Tempo gelingt, bringt eine Klavierbegleitung mit ein paar Akkorden Abwechslung in die Übung.

5) Auch wenn nach der ersten Anleitung noch nicht alle Schüler das Pattern beherrschen, können einige bereits einen **Versuch am Drumset** wagen. Das sichere Beherrschen des Drumpatterns als Bodypercussion kann als Hausaufgabe aufgegeben werden.

79 Weitere Drumpatterns im 4/4-Takt

Wenn die Schüler das erste Achtelpattern (siehe Übung 78) und die Zeitlupen-Lernmethode bereits beherrschen, stellen **zusätzliche Bassdrum-Kicks** anderer Drumpatterns keine grundsätzliche Schwierigkeit mehr dar.

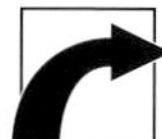

1) Das Drumpattern (1 oder 2) wird an der Tafel notiert und in Zeitlupe gemeinsam geübt. Es empfiehlt sich, die doppelte Bassdrum dabei isoliert zu üben. Hierbei wird bei lautem Mitzählen die Hi-Hat durchgängig geschlagen und die Bassdrum nur auf den Zählzeiten 3 und 3+ (bzw. 2+ und 3) gespielt.

Drumpattern 1

	1	**+**	**2**	**+**	**3**	**+**	**4**	**+**
Hi-Hat	x	x	x	x	x	x	x	x
Snaredrum			x				x	
Bassdrum	x				x	x		

Drumpattern 2

	1	**+**	**2**	**+**	**3**	**+**	**4**	**+**
Hi-Hat	x	x	x	x	x	x	x	x
Snaredrum			x				x	
Bassdrum	x			x	x			

2) Nur Bassdrum und Snaredrum, dazu in Achtel-Zählzeiten mitzählen.

3) Das volle Pattern wird mit der Zeitlupen-Methode erarbeitet und ggf. in zügigem Tempo als Hausaufgabe weitergeübt.

4) Schüler, die das Drumpattern beherrschen, können mit einem einfachen Band-Arrangement begleitet werden.

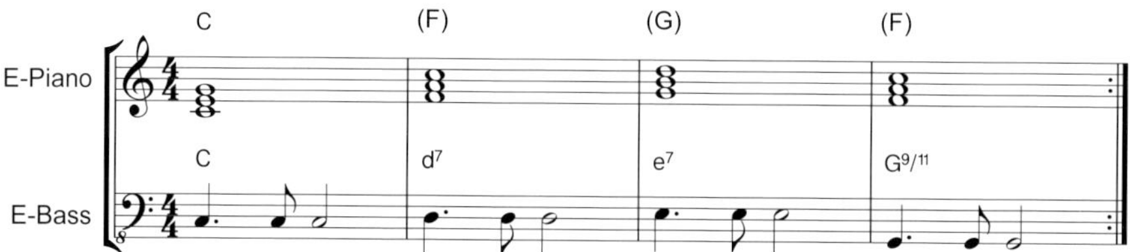

Drumpattern im 6/8-Takt

Das **6/8-Pattern mit wechselnder Bass- und Snaredrum** ist leicht zu erlernen, wenn die Schüler das 4/4-Pattern bereits beherrschen. Es bietet sich hierbei an, den Wechsel der rechten Hand von der Hi-Hat auf das Ride-Becken zu üben – alle 4 oder 8 Takte. Da bei diesem Pattern ein höheres Tempo leichter gelingt, kann nach kurzer Erarbeitung zu einem Musikstück geübt werden. Hierzu eignen sich auch Titel im 4/4-Takt mit triolischen Achteln oder im 12/8-Takt.

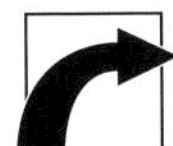

1) Hören/Erarbeiten/Singen eines Songs im 6/8-Takt.

2) Das 6/8-Pattern wird kurz in Zeitlupe erarbeitet, im Tempo erhöht und anschließend zu einem Musikstück von CD gespielt.

	1	2	3	4	5	6
Hi-Hat/Ride-Becken	x	x	x	x	x	x
Snaredrum				x		
Bassdrum	x					

3) Üben des Wechsels von Hi-Hat auf das Ride-Becken im Chorus. Bei der Trockenübung schlägt die rechte Hand die Achtel im Wechsel von linkem Schenkel zur rechten Stuhllehne. Anschließend wird zur laufenden Musik geübt.

4) Musizieren des Liedes im Ensemble (Drumset, E-Piano/Klavier, E-Bass). Ein Schüler spielt das Pattern am Drumset, eine Hälfte übt das Pattern weiter mit Bodypercussion, die andere Hälfte singt. Anstelle eines Liedes können begleitend zur Übung auch folgende Arrangements gespielt werden. Der Wechsel von Hi-Hat zum Ride-Becken erfolgt jeweils nach 4 oder 8 Takten.

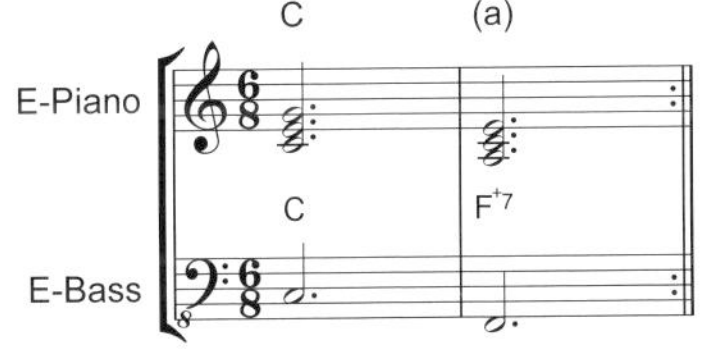

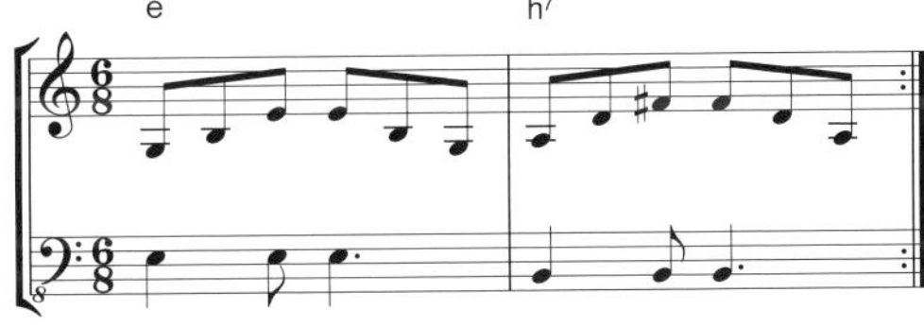

81

Hörübungen zu Drumpatterns

Analog zum Notieren einstimmiger Rhythmen ohne Noten (siehe Übung 7) können **schriftliche Hörübungen mit dreistimmigen Drumpatterns** durchgeführt werden. Nach gemeinsamem Einzählen und Mittippen mit dem Stift im Zählzeitenraster notieren die Schüler nacheinander die Einzelstimmen des Patterns durch Kreuze. Anschließend können sie einzelne Patterns einüben.

1) Übt die folgenden Drumpatterns, dies geht auch zu zweit. Einer spielt die Hi-Hat (Klopfen), der andere Bass- und Snaredrum (Stampfen/Klatschen). Wechselt euch ab.

Drumpattern 1	**1**	**+**	**2**	**+**	**3**	**+**	**4**	**+**
Hi-Hat	x	x	x	x	x	x	x	x
Snaredrum			x				x	
Bassdrum	x				x	x		

Drumpattern 2	**1**	**+**	**2**	**+**	**3**	**+**	**4**	**+**
Hi-Hat	x	x	x	x	x	x	x	x
Snaredrum			x				x	
Bassdrum	x			x		x		

Drumpattern 3	**1**	**+**	**2**	**+**	**3**	**+**	**4**	**+**
Hi-Hat	x	x	x	x	x	x	x	x
Snaredrum			x				x	
Bassdrum	x		x		x		x	

Drumpattern 4	**1**	**+**	**2**	**+**	**3**	**+**	**4**	**+**
Hi-Hat	x	x	x	x	x	x	x	x
Snaredrum			x				x	
Bassdrum	x					x		

Drumpattern 5	**1**	**+**	**2**	**+**	**3**	**+**	**4**	**+**
Hi-Hat	x	x	x	x	x	x	x	x
Snaredrum			x				x	
Bassdrum	x	x		x		x		

Notierte Drumpatterns

Von der tabellarischen Notation ist es nur ein kleiner Schritt zu **notierten Drumpatterns**. Die folgenden Patterns (analog zu Übung 81) können von fortgeschrittenen Schülern für das Ensemblespiel geübt werden.
Im Klassenverband bietet sich auch der Einsatz als Hörübung an oder zum Spielen in Partnerarbeit.

1) Du hörst nacheinander fünf Drumpatterns. Schreibe die Nummern der Drumpatterns in der gehörten Reihenfolge auf.

2) Übt die Drumpatterns zu zweit. Einer spielt die Hi-Hat (Klopfen), der andere Bass- und Snaredrum (Stampfen/Klatschen). Wechselt euch ab.

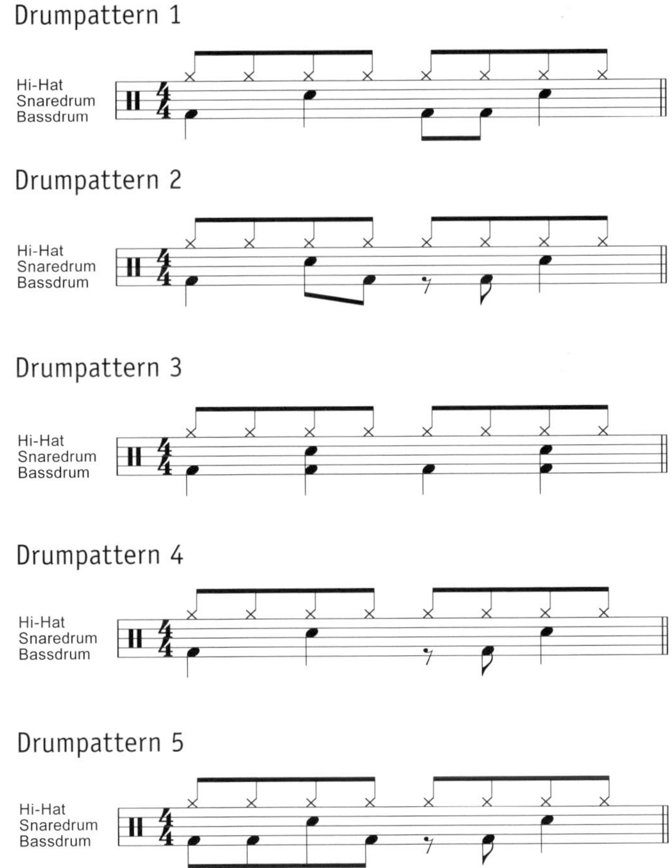

Einfache Drum-Fills

Schüler mit einem Faible für das Schlagzeug wollen nach den ersten Erfolgen meist auch die Toms und das Crash-Becken bedienen. **Einfache Drum-Fills** können nach wenigen Bodypercussion-Übungen meist von vielen auf dem Drumset gespielt werden.

Ein einfaches 4/4-Drumpattern wird über drei Takte gespielt. Im jeweils vierten Takt wird ein Drum-Fill gespielt, das mit einem Crash auf Zählzeit 1 abschließt. Zuvor wird das Drum-Fill isoliert geübt. Ausführung der Bodypercussion:

Snaredrum: auf den linken Schenkel
Hi-Tom: auf die linke Hüfte
Mid-Tom: auf den rechten Schenkel
Low-Tom: auf die rechte Hüfte
Crash: mit der rechten Hand in die Luft

Beim Spielen sollte mitgesprochen werden:
Instrumentennamen, Zählzeiten oder die Abfolge der Hände.

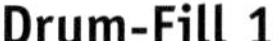

Drum-Fill 1

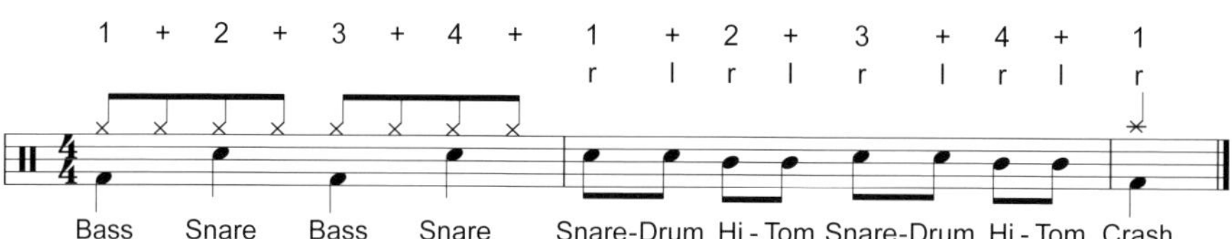

Drum-Fill 2

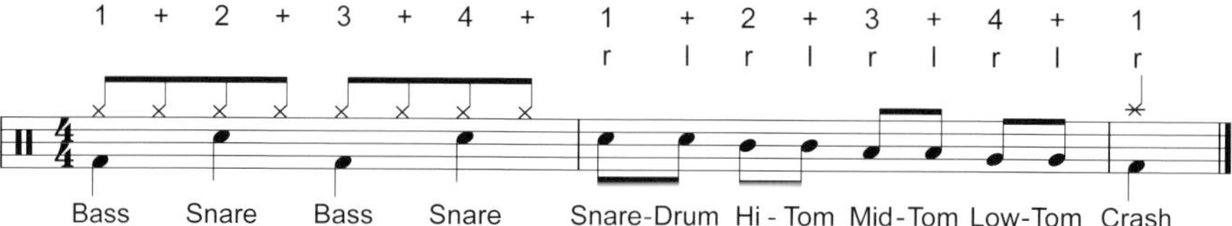

Drum-Fill 3

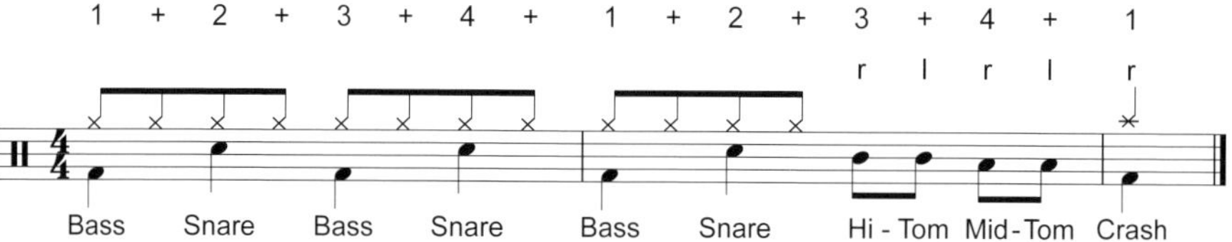

Die Instrumente des Drumsets (1/2)

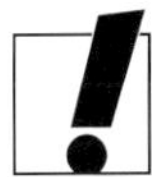

Drumsticks: Kurz auch einfach „Sticks“ genannt. Es gibt sie in verschiedenen Stärken. Je dicker bzw. schwerer die Sticks, desto lauter der Klang. Manche Schlagzeuger lieben es, die Sticks beim Spielen zu Show-Zwecken artistisch zwischen den Fingern zu drehen.

Besen: Besen werden verwendet, wenn das Schlagzeug leise und dezent klingen soll. Beim Jazz wird häufig mit Besen gespielt, weil meist in kleinen Räumen musiziert wird und nicht verstärkte Instrumente im Ensemble mitspielen. Das Reiben des Besens auf der Snaredrum erzeugt das jazztypische Schlurfgeräusch.

Snaredrum [1]: Die kleine Trommel hat auf der unteren Seite eine Schnarrenkette mit kleinen Metallkügelchen. Durch die Resonanz werden sie in Schwingungen versetzt und erzeugen das schnarrende Geräusch.

Hi-Hat [2]: Das Doppelbecken wird durch ein Gestänge mit der Fußmaschine gesteuert. Meist wird die Hi-Hat geschlossen gespielt. Wird sie zwischendurch leicht geöffnet, entsteht das typische Zischen.

Bassdrum [3]: Die große Trommel wird mit der Fußmaschine bedient. Viele Schlagzeuger legen in die Trommel ein Kissen, dadurch wird der Klang kürzer und dumpfer.

Fußmaschine [4]: Manche Schlagzeuger verwenden eine doppelte Fußmaschine, die mit beiden Füßen abwechselnd bedient wird. Dadurch können viele Bass-Kicks in kurzen Abständen gespielt werden (Double Bass).

Ride-Becken [5]: Das größte Becken wird immer auf der Oberseite mit der Spitze des Sticks geschlagen. Oft wird es im Chorus anstatt der Hi-Hat in Achteln gespielt.

84 Die Instrumente des Drumsets (2/2)

Crash-Becken [6]: Ein kräftiger Schlag an die Kante erzeugt einen Crash, meist am Ende eines Drum-Fills. Zum Schlussakkord eines Songs wird oft ein Wirbel auf dem Crash-Becken gespielt. Bei härterem Rock (Punk, Heavy-Metal) wird das Crash-Becken gerne auch in Vierteln geschlagen.

Tom-Toms: Die Tom-Toms kommen häufig bei Drum-Fills zum Einsatz, die das Drumpattern alle 4 oder 8 Takte unterbrechen. Die wahre Kunst des Schlagzeugers besteht darin, interessante und abwechslungsreiche Drum-Fills zu spielen. Drum-Fills enden meist mit einem Crash auf dem Beginn des nächsten Taktes. Ein Standard-Drumset hat drei Tom-Toms: Zwei Hänge-Toms: **High Tom [7]** und **Middle Tom [8]** sowie eine Stand-Tom (**Low Tom [9]**).

Beschrifte die Instrumente des Drumsets mit den richtigen Ziffern.

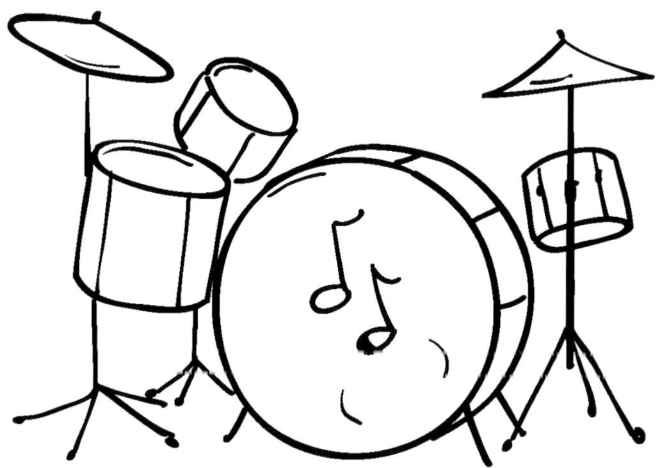

Bass-Riffs auf der Gitarre

Mit einem Bass-Riff kann ein **Lehrgang zum Gitarrespielen** sinnvoll eröffnet werden. Hierbei lassen sich die Grundlagen der Grifftechnik leicht erlernen, der Transfer auf den E-Bass ist unproblematisch, schneller Spielerfolg wird erreicht. Für die Methoden 85 bis 92 sollte mindestens ein halber Klassensatz Gitarren zur Verfügung stehen.

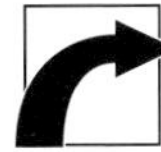

1) Zur Verständigung über die zu spielenden Töne wird zunächst das Griffbrett mit seinen Koordinaten Saite und Bund erläutert. Auf Tonnamen kann bei den ersten Übungen verzichtet werden, zur Verständigung dienen die Koordinaten der Töne, zum Beispiel: 2. Saite, 3. Bund.

Hinweis: Zum einfacheren Umstieg auf den E-Bass ist es, entgegen der üblichen Saitenzählung bei der Gitarre (von hoch nach tief), sinnvoller, die Zählung bei der tiefen E-Saite als 1. zu beginnen.

2) Das erste Riff wird in Abschnitten erarbeitet. Zum schnelleren Einprägen können die Bundziffern im Rhythmus gesungen werden.

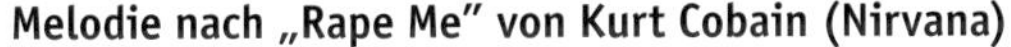

Melodie nach „Rape Me" von Kurt Cobain (Nirvana)

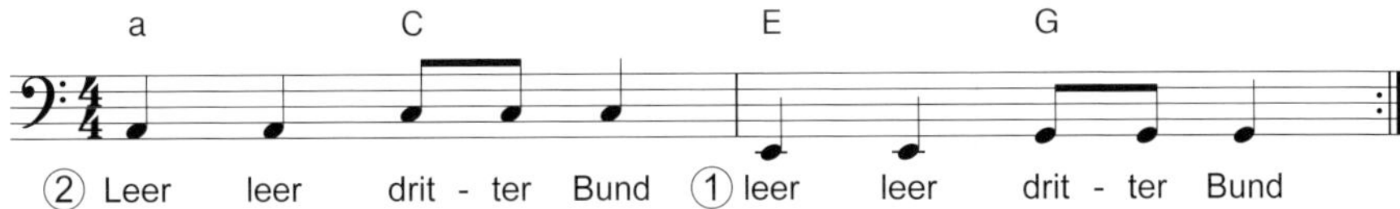

Melodie nach „Smells Like Teen Spirit" von Kurt Cobain, Dave Grohl und Krist Novoselić (Nirvana)

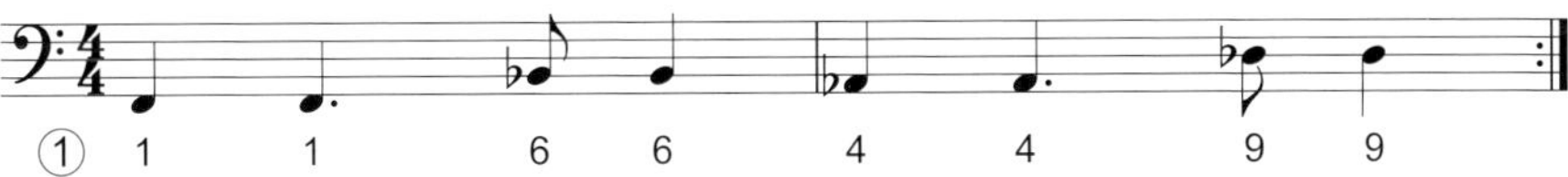

Melodie nach „Seven Nation Army" von Jack White (The White Stripes)

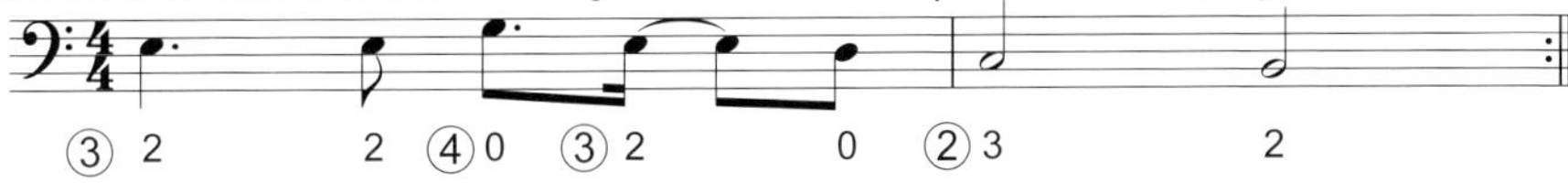

Bass-Riffs komponieren

Nachdem die Schüler einige Bass-Lines oder Riffs auf der Gitarre gespielt haben, können sie einen **eigenen zweitaktigen Bass-Riff komponieren** und üben.

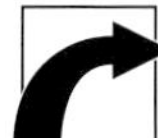

1) Die Schüler bekommen die Aufgabe, einen zweitaktigen Riff auf den beiden tiefen Saiten zu erfinden. Dabei kommt es auf eine originelle Melodie und Rhythmus an.

2) Das Spielen des Riffs wird geübt und anschließend in einfacher Tabulatur aufgeschrieben. Der Rhythmus muss hierbei nicht präzise erfasst werden, lediglich die Saiten (eingekreist) und Bünde müssen dargestellt werden, z.B:

Mein Riff: ① 0 0 3 3 ② 3 3 2 2 2

3) Die Schüler spielen reihum ihre Riffs auf der Gitarre oder dem E-Bass vor. Gelungene Riffs werden an der Tafel notiert und von allen gespielt.

Beispiele:

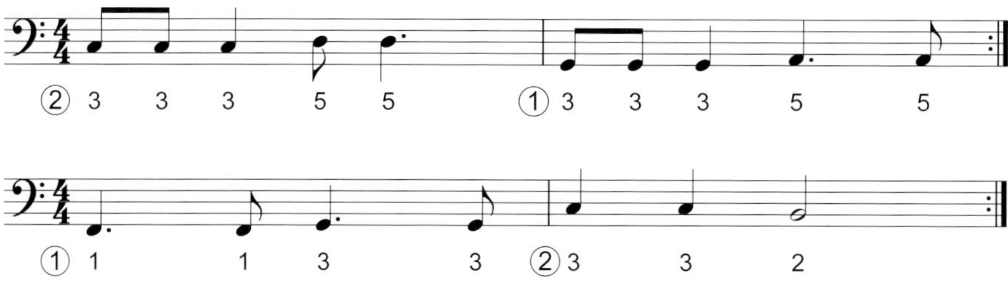

4) Mit Band-Besetzung klingt der Riff schon fast wie ein Song.
- ➲ Riff: E-Bass, E-Gitarre (verzerrt), Keyboard (Orgel)
- ➲ Drumset und ggf. Schellenkranz in Sechzehnteln

5) **Weiterführung:** Das Komponieren von Bass-Riffs kann zum Schreiben eines Rocksongs ausgebaut werden und zum Musizieren eine Songmelodie improvisiert werden (siehe Übung 108).

Die Töne auf dem E-Bass (mit Gitarren)

Das **Beherrschen des Grundtonspiels** auf dem E-Bass ist für das Ensemblespiel im Musikunterricht eine nützliche Sache. So können Leadsheets auch für den E-Bass-Spieler als Spielvorlage verwendet werden.

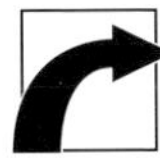

1) Die Schüler erhalten eine mit Stammtönen beschriftete Abbildung des Griffbretts.

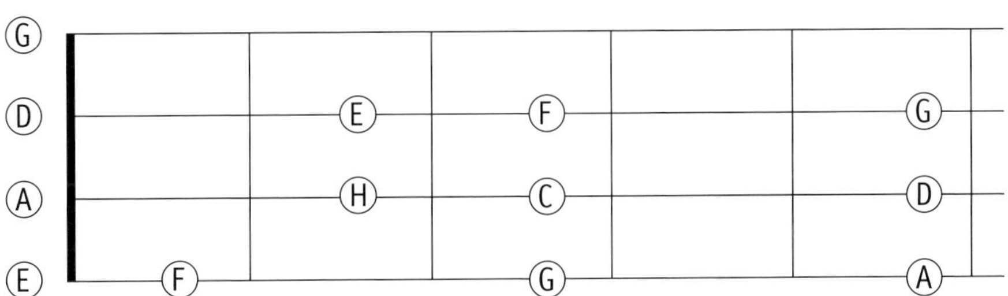

2) Die Akkorde eines Liedes werden vorgegeben. Nach kurzer Präsentation der Basslinie durch den Lehrer erarbeiten sich die Schüler die Bassstimme selbstständig mit Hilfe der Griffbrettskizze. Dabei wird jeder Ton zunächst nur einmal angeschlagen.

3) Nach gemeinsamem Spielen wird die Rhythmisierung der Basslinie demonstriert und geübt.

Akkorde zu „Stand By Me" von Jerry Leiber, Mike Stoller und Ben E. King

C	C	a	a	F	G	C	C

Akkorde zu „Bella Ciao" (italienisches Protestlied, bekannt als „Partisanen-Lied" der Resistenza)

e	e	e	E	a	e	H	e

Akkorde zu „We Are the World" von Michael Jackson und Lionel Richie (USA for Africa)

A H	E	A H	E	cis	gis	A H	E

88 Melodien auf der e-Saite improvisieren

Einen raschen Spielerfolg können die Schüler auch mit **Melodien in gleich bleibendem Rhythmus auf der hohen e-Saite** erreichen. Dabei kann die Tonfolge ohne „Umweg" über Noten oder Tonnamen anhand der Bundzahlen gespielt werden. Für eine Begleitung eignen sich die Akkorde e-Moll und a-Moll (auch im Finger-Picking, siehe Übung 92).

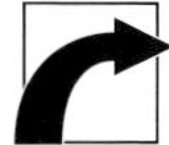

1) Zunächst wird der Melodierhythmus auf einem Ton geübt, z.B. auf h im 7. Bund. Gut geeignet ist der 6/8-Takt.
Spieltechnik: Damit die Töne kräftiger klingen, kann der angelegte Anschlag geübt werden, auch im Wechselschlag. Hierbei wird die Saite nicht mit gebeugten Fingern gezupft, sondern mit gestrecktem Zeige- bzw. Mittelfinger angeschlagen, sodass der Finger nach dem Anschlag auf der nächsttieferen Saite zur Ruhe kommt.

2) Als Tonvorrat wird die e-Moll-Tonleiter verwendet.
Bünde: leer, 2, 3, 5, 7, 8, 10, 12.
Der Wechsel der Töne erfolgt zunächst alle zwei Takte, dann auch taktweise. Hierzu wird die Bundzahl rechtzeitig auf Zählzeit 4 im 6/8-Takt angesagt.

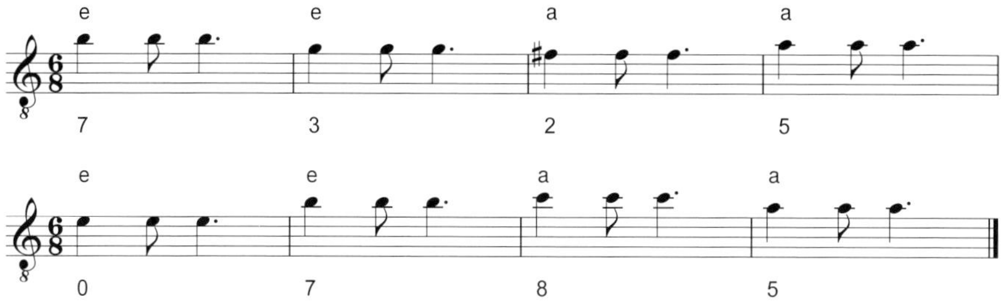

Die Akkordbegleitung übernimmt zunächst der Lehrer, später auch Schüler, die die Akkorde e-Moll und a-Moll spielen können. Die Begleitakkorde werden dabei ganz- oder halbtaktig oder mit Finger-Picking angeschlagen.

3) Schüler leiten die Improvisation an, indem sie spontan Bundzahlen ansagen.

Akkordspiel: die ersten zwei Akkorde

Das **Greifen und Umgreifen von Akkorden** ist für viele Schüler anfangs recht schwierig. Motivierend ist es, wenn mit den ersten zwei Akkorden möglichst schnell ein Lied begleitet werden kann. Hierauf sollte die Auswahl der ersten beiden Akkorde abgestimmt werden (siehe Übung 90).

1) Anhand eines Griffsymbols für den ersten Akkord (a-Moll) wird die Grifftechnik erläutert.

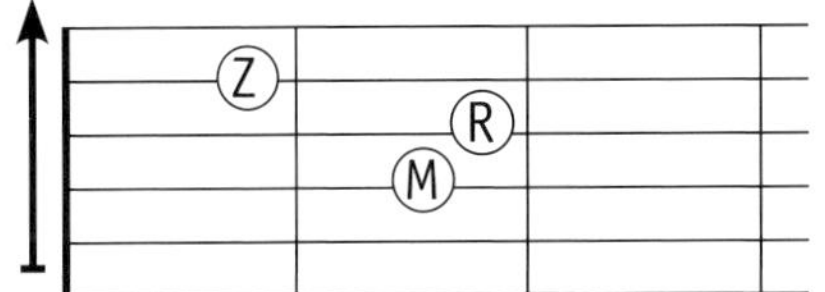

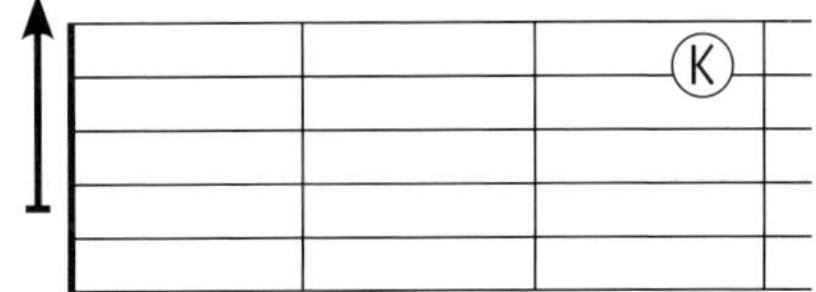

Hinweise zur Spieltechnik:

- Die Finger werden nacheinander aufgesetzt, die äußeren Fingerglieder greifen senkrecht auf das Griffbrett.
- Zur Kraftersparnis und zum Vermeiden von Schnarren wird die Saite möglichst dicht hinter dem Bundstäbchen gedrückt.
- Nach dem Greifen des Akkords werden mit dem Daumen die Saiten langsam angeschlagen (Kontrollanschlag). Das Ohr kontrolliert, ob alle Saiten frei schwingen. Ggf. muss die Finger-oder Handstellung korrigiert werden.

2) Nach einer Einzelübung schlagen alle Schüler der Reihe nach den Akkord mit einem Kontrollanschlag an.

3) Der zweite Akkord (G-Dur) ist wesentlich einfacher zu greifen und muss nur kurz geübt werden. Der Lehrer sollte darauf achten, dass der kleine Finger beim Greifen nicht gestreckt wird.

4) Nach kurzer Einzelübung wird der Akkordwechsel gemeinsam geübt. Dabei werden die Bewegungsabläufe nach folgendem Schema zunächst im Zeitlupentempo ausgeführt.

1	2	3	4	1	2	3	4
Akkord anschlagen		Hand ausschütteln		nächsten Akkord locker aufsetzen		greifen	

90 Akkordspiel: Lieder mit 2–3 Akkorden

Das Repertoire an realisierbaren **Liedern/Songs mit zwei oder drei Akkorden** ist recht klein. Es vergrößert sich, wenn Schüler nur einen Abschnitt begleiten (Strophe oder Refrain) und akkordreichere Abschnitte vom Lehrer übernommen werden, während die Schüler singen oder die Grundtöne spielen (siehe Übung 87).

1) Zum Lernen der Akkordfolge des Liedes wird jeder Akkord zunächst nur einmal angeschlagen. Auch beim selbstständigen Üben sollten die Schüler auf die Lockerung der Hand beim Akkordwechsel achten (siehe Übung 89).

2) **Variante:** Um zügiger zur Liedbegleitung zu kommen, können die einzelnen Akkorde auch auf 2 bis 3 Gruppen aufgeteilt werden. Die Herausforderung besteht hierbei darin, den Akkord zur richtigen Zeit anzuschlagen, wofür Mitzählen und Mitverfolgen der Akkorde notwendig ist.

Lieder mit 2 leichten Akkorden	**Akkorde (Alternative)**
Lady In Black (Uriah Heep)	a + G (e + D)
Tom Dooley (trad.)	D + A (G + D)
Rock My Soul (Kanon)	C + G (D + A)
Die Gedanken sind frei (trad.)	G + D (A + E)
Falling (Alicia Keys)	a + e
Mull Of Kintyre (Wings)	G + D

Lieder mit 3 leichten Akkorden	**Akkorde (Alternative)**
Amazing Grace (trad.)	D + G + A
Rise (Gabrielle) Knocking On Heavens Door (Bob Dylan)	G + D + a′
Oh Susanna (trad.)	D + A + G (A + E + D)
Swing Low (Spiritual)	A + D + E (G + C + D)
Marmor, Stein und Eisen bricht (Drafi Deutscher)	D + A + G
Ein bisschen Frieden (Nicole)	G + D + a (C + G + d)

Akkordspiel: Schlagtechnik

Wenn der Wechsel der Akkorde gelingt, kann ein **einfacher Schlagrhythmus** eingeführt und auf ein bereits erarbeitetes Lied angewendet werden.

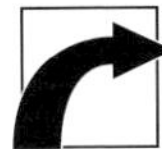

1) Erläuterung der Schlagtechnik. Der Oberarm liegt auf der Zarge, sodass sich der Unterarm frei bewegen kann. Angeschlagen wird mit dem Zeigefinger, der vom Daumen etwa am letzten Fingergelenk gestützt wird. Die rechte Hand bewegt sich beim Anschlagen möglichst parallel zur Decke.

2) Zunächst wird nur der Abschlag geübt.

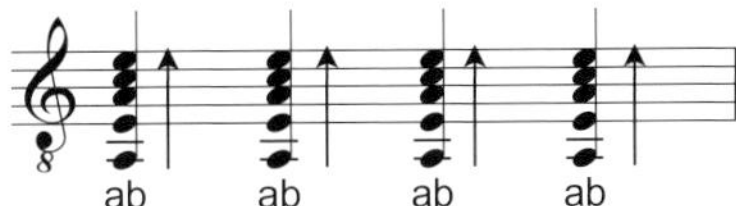

3) Beim Aufschlag (von unten nach oben) werden nicht alle Saiten angeschlagen, sondern nur die 2 bis 3 höchsten. Geachtet werden muss darauf, dass der Zeigefinger weiter vom Daumen geführt wird. Die Finger müssen dabei locker bleiben, sonst bleibt der Zeigefinger in den Saiten hängen.

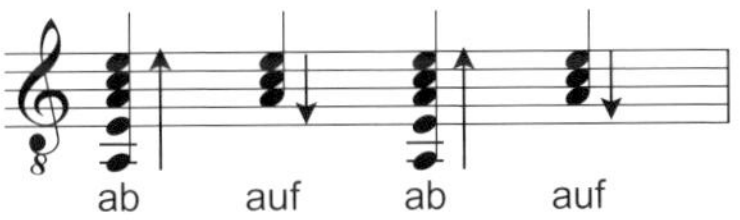

4) Zunächst sollten die Schüler das Schlagmuster langsam und ohne Akkordwechsel üben. Durch Mitsprechen wird das Einprägen des Bewegungsablaufs unterstützt.

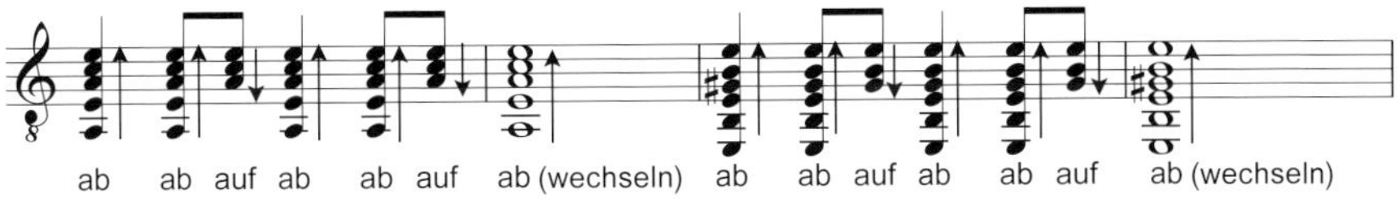

5) Bei der Verbindung von Schlagrhythmus und Akkordwechsel wird vor dem Wechsel eine Schlagpause gemacht. Fortgeschrittene Schüler spielen den Schlagrhythmus während des Akkordwechsels weiter.

92 Akkordspiel: Finger-Picking

Die **Akkord-Zupftechnik** setzt voraus, dass mindestens zwei Akkorde einigermaßen zügig im Wechsel gegriffen werden können. Andernfalls kann Finger-Picking zur Binnendifferenzierung dienen: Während fortgeschrittene Schüler die Zupftechnik lernen, üben die anderen weiter den Akkordwechsel und schlagen beim gemeinsamen Musizieren ganztaktig an.

1) Erläuterung der Spieltechnik:

- Die Finger der rechten Hand sind locker gebeugt und liegen auf den Saiten: der Daumen auf der jeweiligen Basssaite, Zeige-, Mittel- und Ringfinger auf den drei hohen Saiten.
- Die Hand wird kaum bewegt und bleibt beim Zupfen der Finger in stabilem Abstand zu den Saiten. Eine bessere Fixierung der Hand wird erreicht, wenn der Oberarm auf der Zarge aufliegt.

2) Finger-Picking im 6/8-Takt kann in Verbindung mit einer einfachen Akkordfolge gut mit einer Melodieimprovisation auf der e-Saite kombiniert werden (siehe Übung 88).

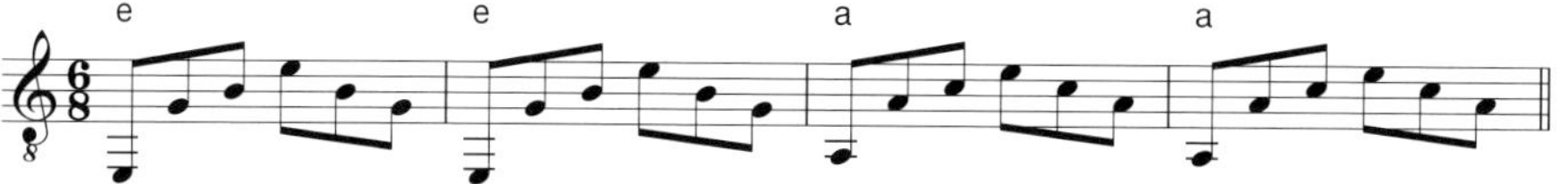

3) Das folgende Finger-Picking-Muster im 4/4-Takt kann zur Begleitung von langsamen Liedern mit wenigen Akkorden verwendet werden.

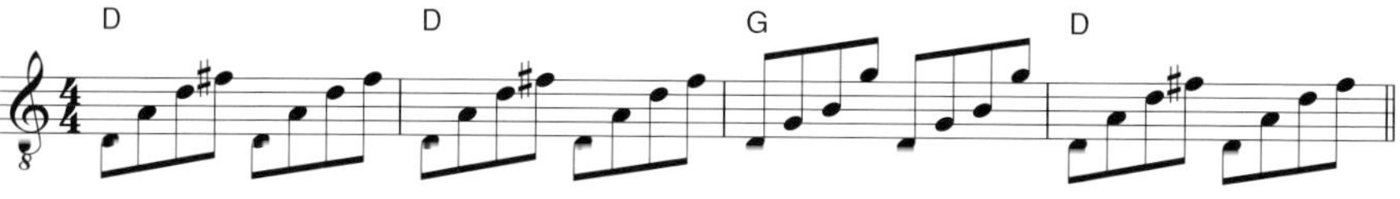

Akkorde zu „Amazing Grace" (traditionelle Melodie)

D	D	G	D	D	D	A	A
D	D	G	D	D	A	D	D

Die Teile der Gitarre

Die **Teile der Gitarre** durch Vokabelpauken zu lernen, kann entfallen, wenn die Begriffe zur Verständigung beim Gitarrespielen möglichst oft verwendet werden. Sofern im Unterricht ein Lehrgang im Gitarrenspiel durchgeführt wird, müssen also nur noch wenige Teile gesondert benannt werden. Eine sinnvollere Variante zur Beschriftung einer vorgegebenen Skizze besteht darin, die Schüler das **Instrument selbst zeichnen** zu lassen. Hierzu wird eine Gitarre gut sichtbar aufgestellt. Die Beschriftung der Teile erfolgt zunächst auf der Grundlage des aktiven Sprachschatzes. Zur Lösungshilfe kann in der zugeklappten Tafel eine Musterlösung vorbereitet werden; die Schüler vervollständigen ihr Schaubild nach der Methode des **Laufdiktates**.

- Zeichne eine Konzertgitarre möglichst groß auf ein Blatt.
- Beschrifte die Bauteile nach deinem Wissen.
- Wenn dir nicht alle Teile bekannt sind, gehe nach vorne und sieh dir die Musterlösung auf der Innenseite der Tafel an.

Musterlösung

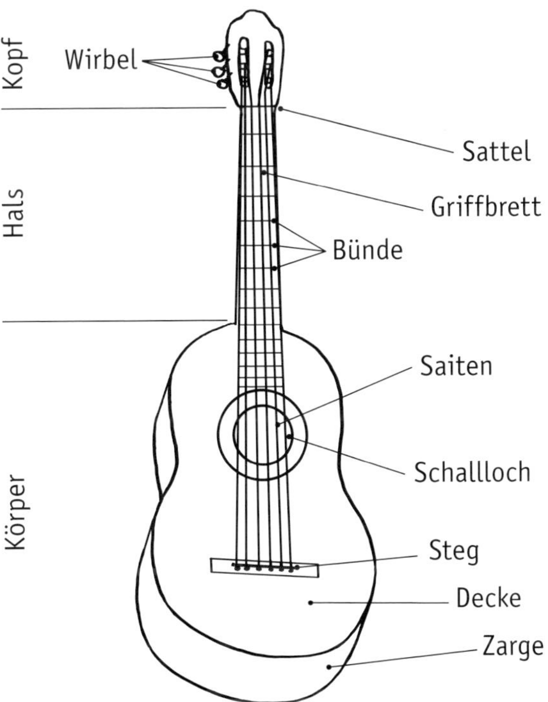

94 Verschiedene Gitarrenarten vergleichen

Verschiedene **Gitarrenarten** zu **vergleichen**, bereitet auch auf das hörende Unterscheiden von Gitarren und ihren Spieltechniken vor (siehe Übung 95). Dabei werden zugleich Begriffe aus der Instrumentenkunde wiederholt.

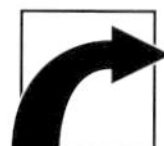

1) Alle verfügbaren Gitarren verschiedener Arten werden sichtbar nebeneinandergestellt. Problematisierend kann folgende Situation geschildert werden:
Lea wünscht sich zu ihrem Geburtstag eine Gitarre. Der Händler zeigt Leas Mutter eine ganze Reihe: Soll es eine E-Gitarre sein, eine Westerngitarre, eine Konzertgitarre, ein E-Bass ...? – Welche könnte Lea gemeint haben?

2) Die Schüler begründen ihre Vermutungen. Im Gespräch wird geklärt, was im Allgemeinen unter einer „normalen" Gitarre verstanden wird.

3) Die Schüler beschreiben die Unterschiede der Gitarren möglichst mit Fachbegriffen. Der Lehrer demonstriert die bauartbedingten klanglichen Besonderheiten.

4) Die Besonderheiten der Gitarren werden tabellarisch festgehalten.

Verschiedene Gitarren und ihre Besonderheiten

Gitarrenart	Saiten	Korpus	Sonstiges	Klang
Konzertgitarre	Nylonsaiten	hohler Korpus	verziertes Schallloch	weich
Westerngitarre	Stahlsaiten	großer hohler Korpus	Schlagbrett auf der Decke	metallisch, lauter als Konzertgitarre
E-Gitarre	Stahlsaiten	massiver Korpus	Tonabnehmer	ohne Verstärker sehr leise
Halbakkustik-Gitarre	Stahlsaiten	flacher hohler Korpus	Tonabnehmer	mittellaut
E-Bass	vier lange, dicke Stahlsaiten	massiver Korpus	sehr langer Hals, Tonabnehmer	sehr tief, ohne Verstärker sehr leise

Spieltechniken der Gitarren

Das **Unterscheiden verschiedener Spieltechniken** beim Hören kann auch im Rahmen einer Unterrichtsreihe zur Instrumentenlehre oder Popmusik geübt werden. Kurze Hörbeispiele befinden sich auf CDs vieler Schulbücher. Eine Live-Demonstration ist jedoch eindrucksvoller.

1) Die Schüler erhalten eine tabellarische Übersicht über die Spieltechniken und Effekte verschiedener Gitarrenarten.

2) Die Spieltechniken bzw. Effekte werden am besten live nacheinander demonstriert, ggf. in einer Auswahl.

3) Es werden mehrere Ausschnitte aus Musikstücken vorgespielt, bei denen Gitarrenart und Spieltechnik deutlich heraushörbar sind. Die Schüler notieren zum Hörbeispiel die Gitarrenart, Spieltechnik und ggf. den verwendeten Effekt.

4) Nach der Auswertung kann die Spalte Musikbeispiel durch das gehörte Stück ergänzt werden. Als Hausaufgabe können die Schüler aber auch selbstständig nach Beispielen recherchieren.

Gitarren: Verschiedene Spieltechniken und Effekte

Gitarrenart	Spieltechniken/Effekt	Musikbeispiel
Konzertgitarre	Akkorde geschlagen	
	Akkorde gezupft	
	Melodie-Solo, gezupft	
Westerngitarre	Akkorde geschlagen	
	Akkorde gezupft	
E-Gitarre	Akkorde geschlagen (verzerrt)	
	Akkorde geschlagen (clean)	
	Akkorde gezupft (clean)	
	Melodie-Solo (clean)	
	Melodie-Solo (verzerrt)	
	Akkorde (Wah-Wah-Effekt)	
E-Bass	gezupft	
	geslappt	

Einstieg ins Keyboardspiel

Wenn die Schüler lediglich über rudimentäre Notenkenntnisse verfügen, sollte mit dem **Spiel der C-Dur-Tonleiter** (siehe Übung 43) begonnen werden, um hierbei die Grundlagen des Notensystems zu wiederholen. Wichtig für das fehlerfreie Melodiespiel ist das Vermerken des Fingersatzes in den Noten. Später kann das eigenständige Erarbeiten eines Fingersatzes Teil der Aufgabe sein (siehe Übung 98).

Spiele die folgenden Melodien.

- Schreibe zuerst die Namen der Töne über die Noten.
- Spiele mit dem angegebenen Fingersatz.
- Übe die Melodie in zweitaktigen Abschnitten. Erst wenn du einen Abschnitt fehlerfrei spielen kannst, übe den nächsten.

Ludwig van Beethoven: „Freude, schöner Götterfunken"

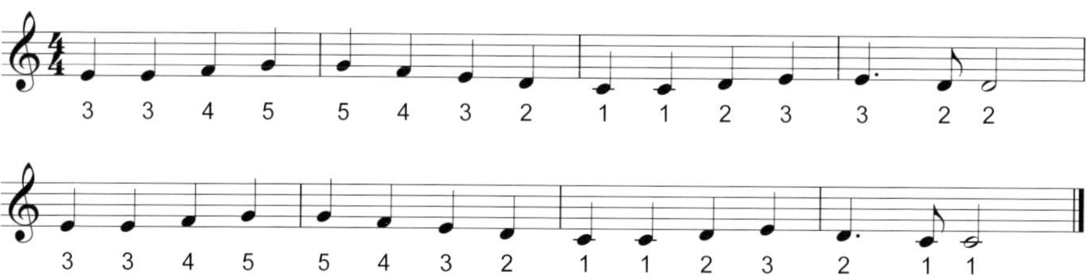

Johann Abraham Peter Schulz: „Der Mond ist aufgegangen"

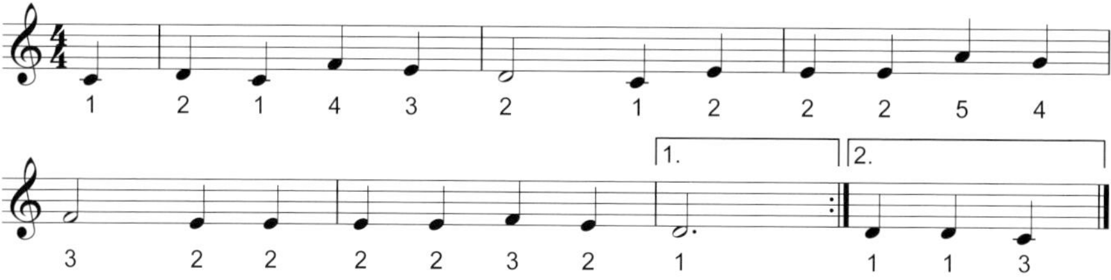

Joseph Pommer: „Im Märzen der Bauer" (Bauernlied aus Mähren)

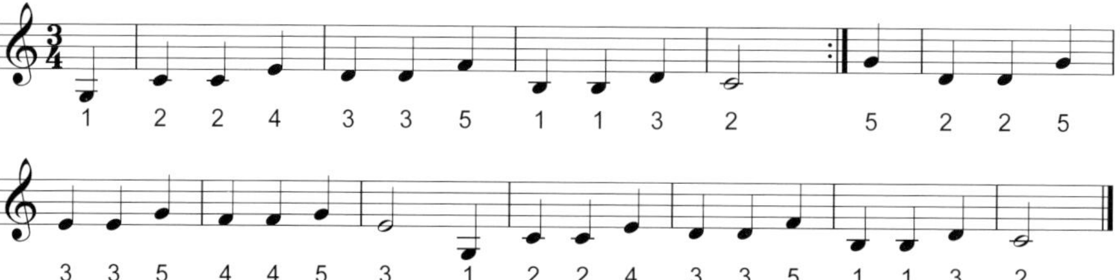

Kanons spielen

Kanons haben auch beim Keyboardspiel im Klassenverband den Vorteil, dass nach Erarbeitung einer Melodie mehrstimmig musiziert werden kann. Durch vorheriges Singen des Kanons prägen sich die Schüler den Rhythmus der Melodie ein und erleichtern sich die Umsetzung am Instrument. Durch Verwendung verschiedener Sounds für die Stimmen entsteht orchestrale Klangfülle.

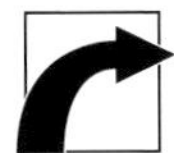

1) Die Schüler schreiben die Tonnamen über die Noten, der Kanon wird auf Tonnamen gesungen.

2) Erarbeitung der einzelnen Abschnitte des Kanons am Instrument. Abschnittweise erfolgen Sicherungen durch Einzelvorspiel und gemeinsames Spiel.

3) Einstimmiges Spielen des Kanons. Dabei ist besonders wichtig, auf den Grundschlag zu achten. Alle Schüler sollten zum Spielen den Fuß mitwippen.

4) Gruppenteilung und mehrstimmiges Spielen, auch mit verschiedenen Instrumentierungen, z.B. Streicher, Klarinette, Flöte.

„Bruder Jakob“ (Melodie aus Frankreich)
in Moll

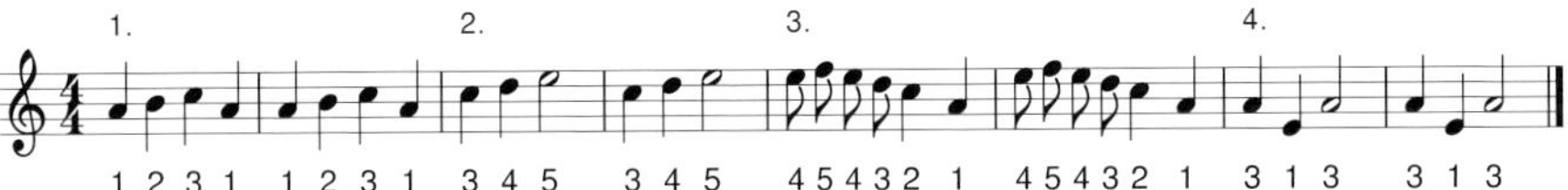

„Hejo, spann den Wagen an“ (Rundgesang aus England)
transponiert

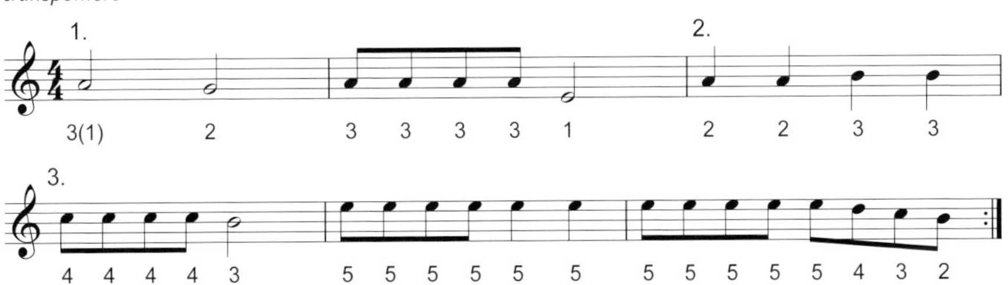

Fingersätze selbst erarbeiten

Einen **sinnvollen Fingersatz** zu finden, ist eine wichtige Fähigkeit, um sich eine Melodie eigenständig erarbeiten zu können. Das Üben einer Melodie mit immer denselben Fingern begünstigt schnelleres Lernen, denn die Finger helfen beim Merken der Tasten mit. Ein willkürlicher Fingersatz kostet beim Spielen Zeit und bindet unnötig Aufmerksamkeit.

1) Je nach Lernstand der Schüler können als Erstes die Tonnamen über die Noten geschrieben, vorgelesen und kontrolliert werden. Im Anschluss wird die Melodie zum Einprägen des Rhythmus auf Tonnamen gesungen. In jedem Fall sollte die Melodie vor dem eigenständigen Üben mehrfach erklingen.

2) Die Schüler erarbeiten am Instrument einen sinnvollen Fingersatz und schreiben die Ziffern unter die Noten. Anschließend üben sie das fehlerfreie Spielen.

„God Save The Queen" (brit. Nationalhymne)

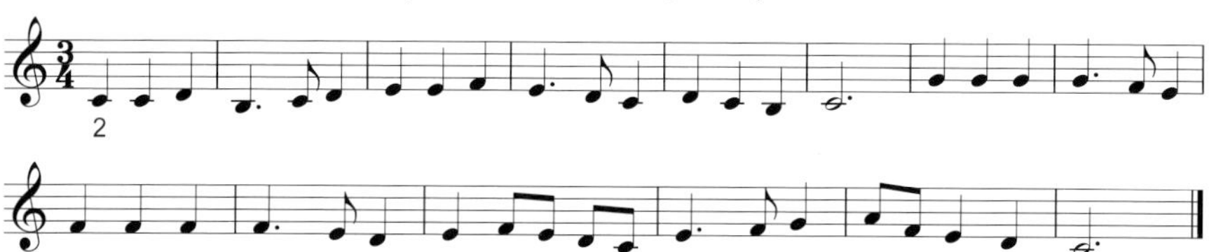

Muzio Clementi: Sonatine No. 5, op. 36, *Rondo*

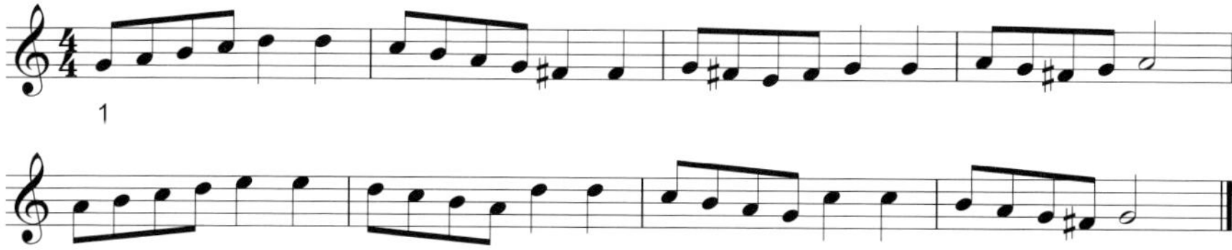

Walzermelodien improvisieren

Bei der **Improvisation** spielen zwei Schüler an einem Keyboard. Der links sitzende Schüler spielt eine Walzerbegleitung (siehe Übung 58/59), der andere improvisiert hierzu eine Melodie. Im Anschluss wird gewechselt.

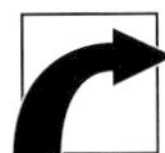

1) Das Spielen einer einfachen Walzerbegleitung wird wiederholt oder neu erarbeitet.

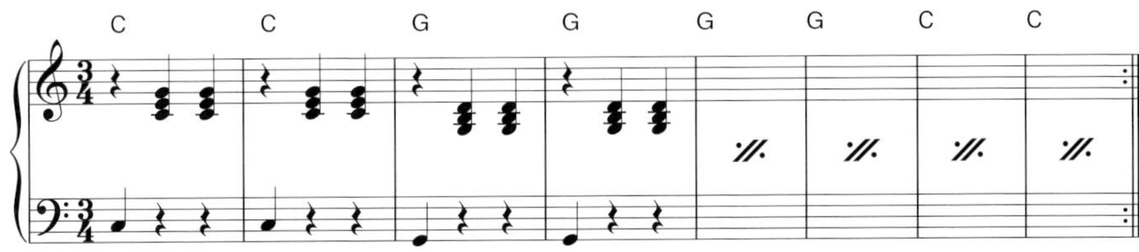

2) Als Improvisationshilfe wird ein viertaktiger Melodierhythmus am Keyboard geübt. Der Rhythmus wird zunächst nur auf einem Ton gespielt, ggf. kann die Vorübung im Anschluss auf zwei Töne erweitert werden. Der Rhythmus muss später nicht zwingend eingehalten werden, er soll nur den Einstieg ins Improvisieren erleichtern.

Rhythmus 1 und 2

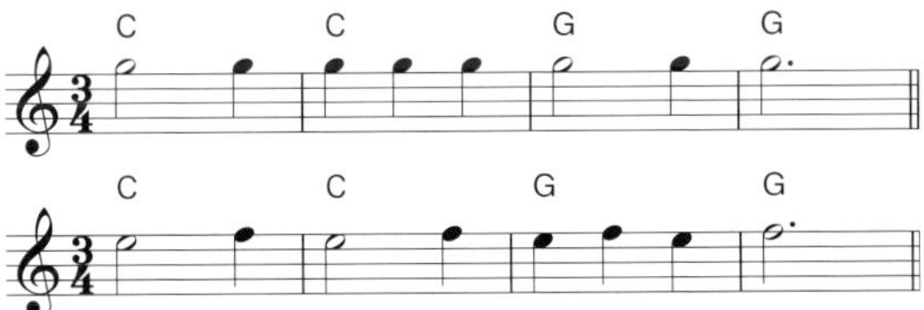

3) Die Schüler üben das Improvisieren zu zweit und wechseln nach einigen Minuten die Position.

4) Nach den ersten Übungen oder einem Vorspiel können Tipps zur Melodieimprovisation gegeben werden:
- ➲ Überwiegend benachbarte Töne spielen.
- ➲ Eintönige Wiederholungen vermeiden.
- ➲ Große Sprünge sparsam einsetzen.

5) Vorführung einzelner Improvisationen am Klavier.

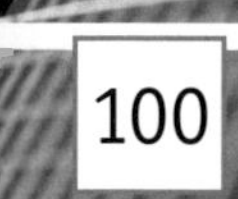

100 Mehrstimmiges Spiel

Wenn **mehrstimmig musiziert** werden soll, entsteht das Problem, dass die gemeinsame Erarbeitung aller Stimmen viel Zeit kostet. Die Fähigkeit zur eigenständigen Erarbeitung wird hier besonders wichtig. Der Melodierhythmus ist dabei die größte Herausforderung. Beim mehrstimmigen Arrangieren können verschiedene Schwierigkeitsgrade berücksichtigt werden.

Erarbeite deine Stimme.

- ➲ Schreibe die Tonnamen deiner Stimme über die Noten.
- ➲ Probiere am Instrument einen sinnvollen Fingersatz aus, und schreibe ihn unter die Noten.
- ➲ Übe deine Stimme in so langsamem Tempo, dass du beim Spielen gleichmäßig mitzählen kannst.

Edward Elgar: Trio aus „Pomp and Circumstance" No. 1, op. 39

Arrangement: Florian Buschendorff

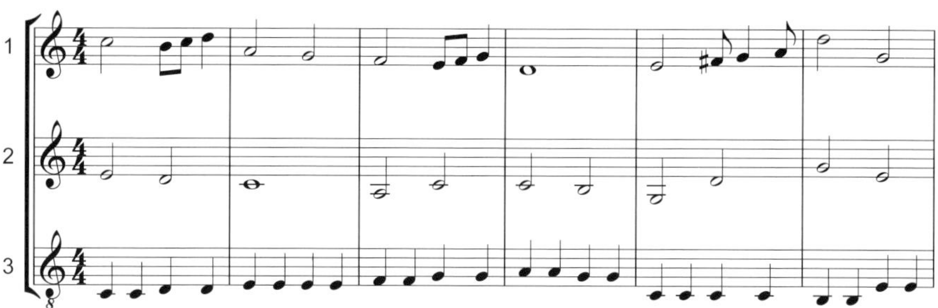

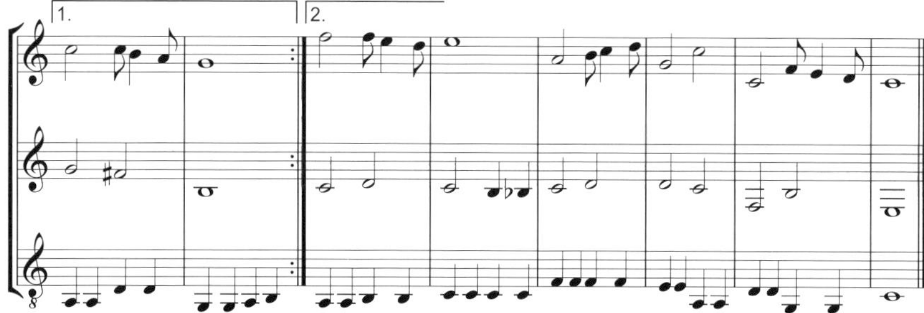

Pop-Arrangements mit Keyboard-Band

Auf dem **Keyboard** nicht nur Keyboard-Stimmen, sondern auch **E-Bass und Drumpatterns** zu spielen, ist manchmal notwendig, wenn außer Keyboards keine anderen Instrumente zur Verfügung stehen.

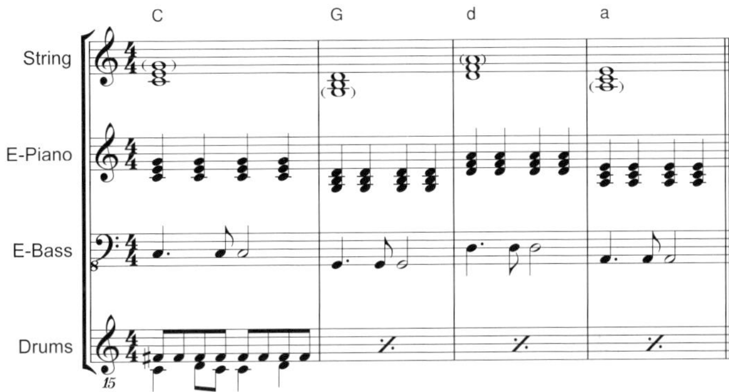

Strings: Streicher-Sounds, auch „Synth-Strings", lassen das Arrangement voll klingen. Die Dreiklänge der E-Piano-Stimme können verdoppelt werden, der Klang bleibt aber liegen. In den Strophen spielen die Streicher in mittlerer Lage, im Chorus eine Oktave höher. (Für weitere Spielmuster siehe Übung 109.)

E-Piano: Ein E-Piano-Sound klingt im Ensemble meist voller als ein Klavier-Sound. Gespielt werden sollte in der mittleren Lage. Die Akkorde können nach einem einfachen Muster rhythmisiert werden (siehe Übung 109).

E-Bass: Der E-Bass-Sound wird meist in der tiefsten Oktave der Keyboards gespielt. Die Akkordsymbole geben die zu spielenden Töne an. Der Rhythmus ist meist mit dem der Bassdrum identisch. (Für weitere E-Bass-Rhythmen siehe Übung 109.)

Drumset: Am Keyboard wird der Drumset-Modus eingestellt. Bassdrum, Snaredrum und Hi-Hat liegen in der tiefsten Oktave auf den Tasten c, d und fis. Bassdrum/Snaredrum und Hi-Hat können auch auf zwei Schüler aufgeteilt werden.

102 Pentatonik-Improvisation

Ohne spieltechnische Voraussetzung kann mit der **Fis-Pentatonik** (schwarze Tasten) orchestral musiziert werden. Dies bietet sich in verschiedenen Zusammenhängen an: Pentatonik, Einstieg ins Keyboardspiel, Kennenlernen der Orchestersounds des Keyboards oder Gestalten von Abläufen.

1) Zunächst wird das Improvisieren einer Melodie mit gleich bleibendem Rhythmus (Rhythmus 1) aber beliebigen Tönen geübt. Hierzu wird ein Streicher-Sound eingestellt. Gespielt wird nur mit schwarzen Tasten in mittlerer bis hoher Lage.

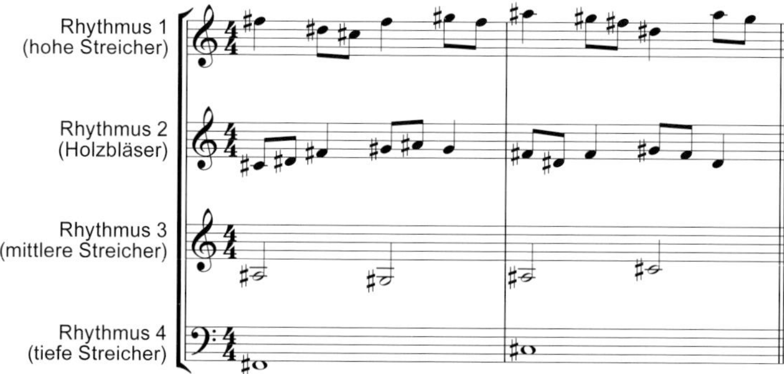

2) Das Improvisieren wird gemeinsam mit Rhythmus 2 wiederholt. Hierzu werden Holzbläser-Sounds eingestellt. Gespielt wird in mittlerer Lage.

3) Rhythmus 1 und Rhythmus 2 werden auf zwei Gruppen aufgeteilt. Bei der zweistimmigen Improvisation wird durch Mitzählen die rhythmisch exakte Ausführung unterstützt.

4) Die Klasse wird in vier Gruppen geteilt. Die einfachen Rhythmen 3 (mittlere Lage) und 4 (tiefe Lage) werden mit den jeweiligen Gruppen kurz einzeln und zweistimmig geprobt.

5) Ein Dirigent leitet die Improvisation und gibt einzelnen Gruppen Zeichen zum Einsetzen und Verstummen.

6) Gruppen aus jeweils vier Schülern improvisieren im Quartett.

Verschiedene Besetzungen

Ein **einfacher mehrstimmiger Satz** wird unter Ausnutzung des Soundspektrums des Keyboards in verschiedenen Besetzungen gespielt. Die Klangwirkung verschiedener Ensembles kann auch mit Kanons ausprobiert werden (siehe Übung 97).

Spielt das Stück mit verschiedenen Besetzungen.

- ➲ Bildet Vierergruppen, und verteilt die Stimmen.
- ➲ Übt eure Stimme.
- ➲ Probiert beim Zusammenspiel mehrere Besetzungen aus.

Langsame Hymne

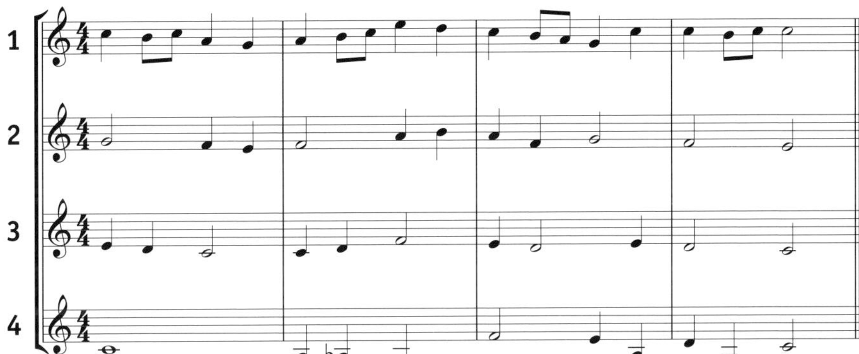

Besetzungen

Besetzung	Stimmenverteilung
Holzbläserensemble	**(1)** Flöte **(2)** Klarinette oder Oboe **(3)** Horn **(4)** Fagott
Streicherensemble	**(1) – (4)** Streichorchester oder **(1) + (2)** Violine **(3)** Viola **(4)** Cello oder Kontrabass
Zupforchester	**(1) + (2)** Konzertgitarre **(3) + (4)** Harfe
Orgel	**(1) – (4)** Kirchenorgel

104

Orchesterinstrumente-Erkennungsspiel

Zum **Erkennen von Orchesterinstrumenten** lassen sich als Alternative zu Hörbeispiel-CDs auch etwas bessere Keyboards in spielerischer Weise einsetzen. Hierbei prägen sich die Schüler den Instrumentenklang ein und lernen das Soundspektrum der Keyboards kennen.

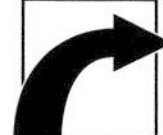

1) Jeder Schüler übt eine kurze Melodie auf dem Keyboard.

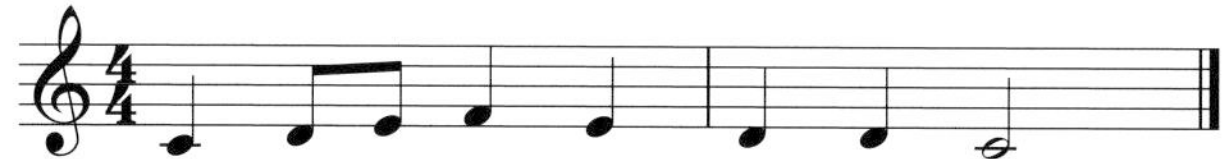

2) Die zu erkennenden Instrumente werden mit jeweiliger Soundnummer an der Tafel notiert oder als Liste ausgegeben. Dabei wird zusätzlich die Lage angegeben, in der die Instrumente ihren charakteristischen Klang haben. Entsprechend muss die Melodie 1 bis 2 Oktaven tiefer oder höher gespielt werden:

- Kontrabass: –2 Oktaven
- Violine (Solo): +1 Oktave
- Flöte: wie notiert
- Oboe: wie notiert
- Fagott: –1 Oktave
- Horn: wie notiert
- Tenorsaxofon: –1 Oktave
- Harfe: wie notiert

3) **Hörwettbewerb** mit zwei Mannschaften: Aus jeder Mannschaft geht abwechselnd je ein Schüler nach vorne. Fünf Spieler der Gegenmannschaft spielen die Melodie mit ihrem Instrumentalsound vor. Nach jedem Hörbeispiel benennt der Schüler das Instrument. An der Tafel wird eine Strichliste für die richtigen Nennungen jeder Mannschaft geführt.

4) Zum Abschluss kann ein Hörtest durchgeführt werden, bei dem alle Schüler zu zehn vom Lehrer gespielten Sounds Instrumentennamen notieren.

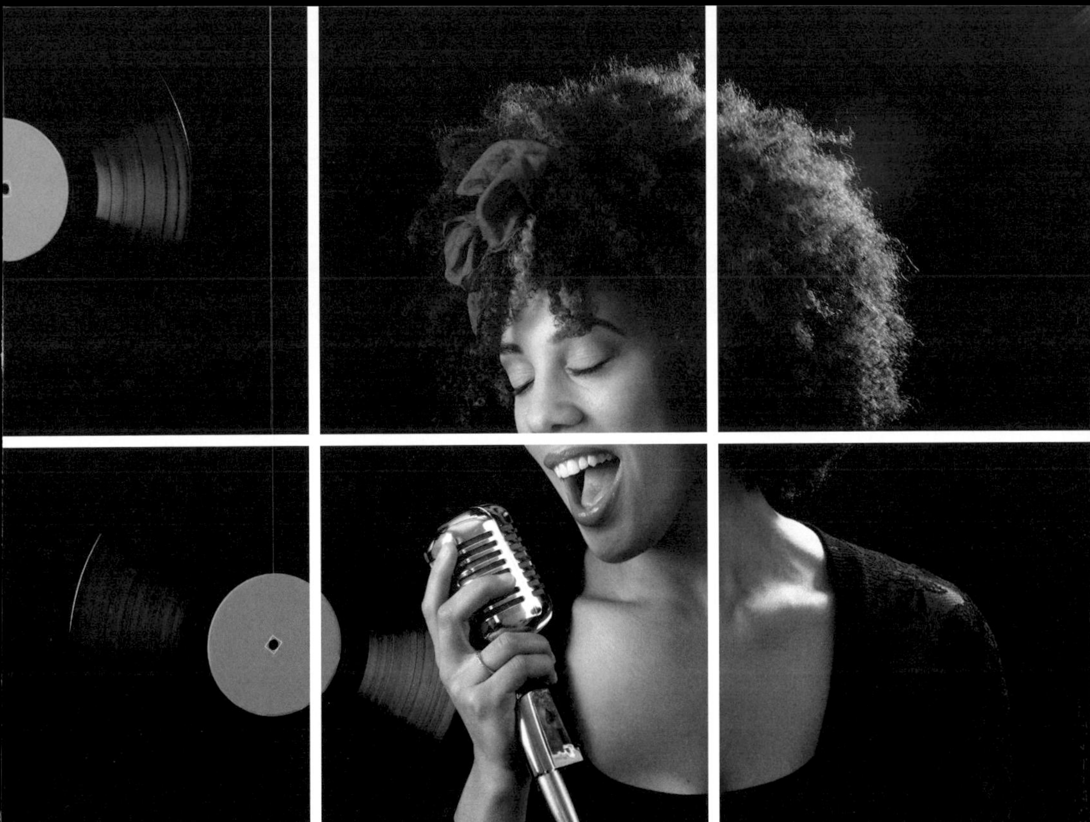

Popmusik

- Arrangement und Songwriting
- Musikrichtungen und Stilgeschichte
- Blues und Jazz
- Rap

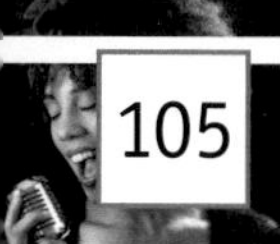

105

Abläufe von Popsongs beschreiben

Um Popsongs zu betrachten, zu musizieren oder zu komponieren, ist die **Kenntnis der Fachbegriffe** zu den Songabschnitten unerlässlich. In Verbindung mit Hörübungen erarbeiten die Schüler die Abläufe von Popsongs.

1) Die Schüler erhalten den vollständigen Text eines Popsongs und eine tabellarische Übersicht über die Formbegriffe. Während des Hörens tragen sie die Abschnittsbezeichnungen zwischen die Textstrophen ein. Mehrfach auftretende Abschnitte wie Verse, Prechorus und Choruswerden dabei fortlaufend nummeriert:
Verse 1, Verse 2, Chorus 1, Chorus 2 usw.

Formbegriffe in der Popmusik

Begriff	Besetzung	Kommentar
Intro (Vorspiel)	instrumental	manchmal mit Instrumentalmelodie, manchmal nur Akkorde
Verse (Strophe)	vokal/ instrumental	Abschnitt mit variierendem Text
Prechorus	vokal/ instrumental	Abschnitt meist zwischen Verse und Chorus, Text kann variieren
Chorus (Refrain)	vokal/ instrumental	meist textgleicher Abschnitt
Interlude (Zwischenspiel)	instrumental	oft wie das Intro, manchmal nur 1, 2 oder 4 Takte
Solo	instrumental	meist über Verse oder Chorus
Bridge (Mittelteil)	vokal/ instrumental	musikalisch eigenständiger Abschnitt, oft als Höhepunkt vor letztem Chorus
Coda (Schlussteil)	vokal/instrumental	musikalisch eigenständiger Abschnitt am Schluss
Outro (Nachspiel)	instrumental	oft wie das Intro

2) **Musiktipps:** Pop- und Soulballaden sind auf Grund des größeren Formenreichtums herausfordernder als Rocktitel, z.B.:

➲ Michael Jackson: We are the world, Earth song

➲ Kelly Clarkson: Because of you

Höranalyse mit Arrangement-Tabelle

Vor der **Höranalyse eines Song-Arrangements** bietet es sich an, vorher den Aufbau zu erarbeiten (siehe Übung 105). Geeignet sind Popsongs, die einen dynamischen Aufbau haben, das heißt eine differenzierte Instrumentierung der einzelnen Abschnitte aufweisen.

1) Die Schüler erhalten eine Tabelle, welche für jeden Abschnitt des Songs eine Spalte bereithält. In einer oberen Zeile kann zur besseren Orientierung auch der Beginn des Textes eingefügt werden. Die 1. Spalte wird analog zu einem Sequenzerprogramm mit den Instrumenten bzw. Sounds ausgefüllt.

2) Zunächst werden kleinere Einheiten vorgespielt, zum Beispiel von Intro bis Chorus 1. Die Tabellenfelder werden von den Schülern entsprechend der Instrumentierung schraffiert und ggf. mit kurzen Bemerkungen zur Spielweise ergänzt.

3) Zum Vergleich kann parallel eine Folie erstellt werden.

4) Musiktipps: Auch hier sind Balladen wegen des dynamischen Arrangements herausfordernder (siehe Übung 105).

	Intro	Verse 1	Verse 2	Chorus 1	Solo	Verse 3	
Lead-Vocal		/////	/////	/////		/////	
Backings				aah			
Streicher			tief	hoch		tief	
E-Piano	/////	/////	/////	/////	/////	/////	
E-Gitarre				/////	/////	Fills	
E-Bass			/////	/////	/////	/////	
Percussion				Schellen-kranz	Schellen-kranz		
Drums		nur Hi-Hat	nur Hi-Hat	/////	/////	/////	

107

Songwriting – Projekt

Komponieren und Musizieren eigener Songs knüpft sinnvoll an die Behandlung von Dreiklängen an. Zweckmäßige Voraussetzungen sind ferner das Spielen von einfachen Drumpatterns (siehe Übungen 78 – 82) und Grundtöne oder Riffs auf dem E-Bass (siehe Übungen 85 – 87). Für das Komponieren von Songs mit einer ganzen Klasse sind verschiedene Organisationsformen möglich:

- Gemeinsames exemplarisches Komponieren (wenige Schüler an Instrumenten, alle singen)
- Komponieren in Partnerarbeit an Keyboards (eine Auswahl wird gemeinsam arrangiert und musiziert)
- Komponieren und Musizieren in Gruppen (bei ausreichenden Instrumenten und Räumen)

1) Festlegen einer 4-taktigen Akkordfolge für den Verse
2) Schreiben eines Textes
3) Improvisatorisches Finden einer Melodie, Anpassen des Textes (siehe Übung 108)
4) Musizieren des Verses (Gesang, Keyboard, ggf. E-Bass und Drumset)
5) Festlegen einer 4-taktigen Akkordfolge für den Chorus
6) Schreiben eines Textes für den Chorus
7) Improvisatorisches Finden einer Melodie für den Chorus (siehe Übung 108)
8) Musizieren von Verse und Chorus (Gesang, Keyboard, ggf. E-Bass und Drumset)
9) Schreiben von 2 bis 3 weiteren Textstrophen
10) Festlegen des Arrangements: Ablauf (siehe Übung 110), Spielmuster (siehe Übung 109), ggf. Notation
11) Proben und Musizieren des Songs

Songmelodien improvisieren

Melodien für Popsongs schriftlich zu komponieren, ist auf Grund mangelnder Notationskenntnisse der Schüler nicht empfehlenswert. Dagegen können sie beim **Improvisieren** den Stil von Popsongmelodien meistens gut treffen.

1) Eine **Akkordfolge** wird festgelegt und mit Instrumenten eingeübt (E-Piano, E-Bass, Drumset).

2) Gemeinsam werden 3 – 4 Zeilen eines (englischen) Textes verfasst. Da es bei dieser Übung nicht vorrangig um einen originellen Text geht, kann dieser zügig durch eine **Wörterkette** entwickelt werden. Hierzu ergänzen die Schüler reihum wortweise den Text *(Sometimes … I … feel … so … lonely … but … my … heart …).*

3) Einzelne (mutige) Schüler können ggf. ohne Hilfestellung bereits zur fortlaufend gespielten Akkordfolge den Versuch einer Melodieimprovisation wagen. Der Text dient hierbei nur als Vorlage, die nach Belieben verändert werden kann. Sofern die Übung mit Band-Instrumentarium begleitet wird, ist das Singen mit Mikrofon unverzichtbar.

4) Hilfestellungen für die Improvisation:

- ➲ Rhythmisch: Zur Vermeidung eines volksliedhaften Melodierhythmus sollten Phrasen auf Zählzeit 2 beginnen.
- ➲ Melodisch: Anhand der notierten Dreiklänge werden für jeden Takt dreiklangseigene Anfangstöne festgelegt.
- ➲ Im ersten Schritt werden diese rhythmisch im Sinne des Textes repetiert.
- ➲ Beim Verbinden der Töne entsteht fast von selbst eine Melodie. Zum Fixieren der Melodie genügt es, den Duktus grafisch im Notensystem zu skizzieren.

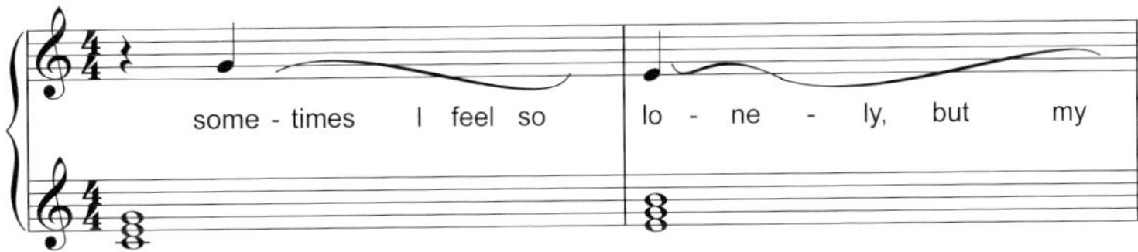

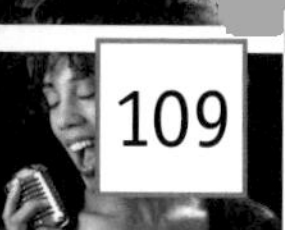

109

Arrangement-Bausteine

Mit den folgenden **Spielmustern** können Arrangements verschiedener Styles zusammengestellt werden.

E-Bass

1

2

3

4

für den Chorus

Piano

1

für Balladen

2

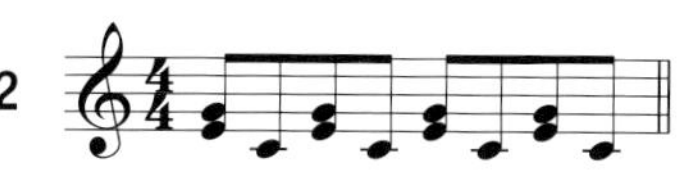

für Balladen

3

4

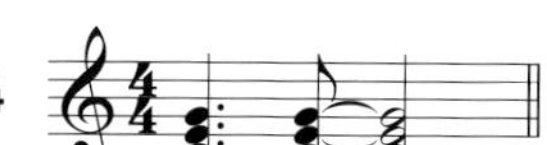

Strings

1

Akkorde ganztaktig

2

Melodie aus Dreiklangstönen

3

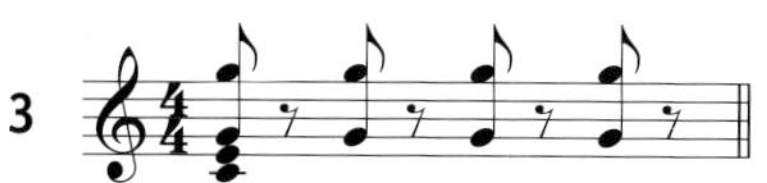

Dreiklangston in Oktaven

4

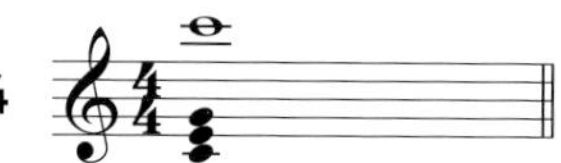

hoher Dreiklangston im Chorus

E-Gitarre

1

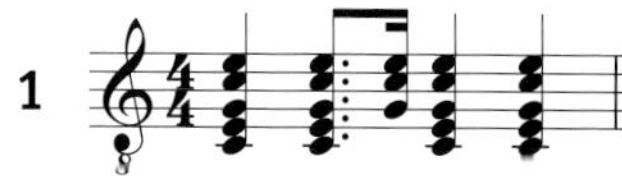

Akkorde geschlagen (clean oder mit Chorus-Effekt)

2

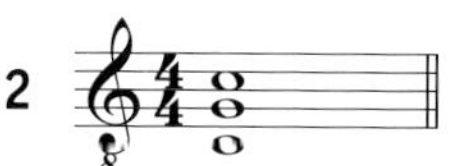

Powerchords (verzerrt)

3

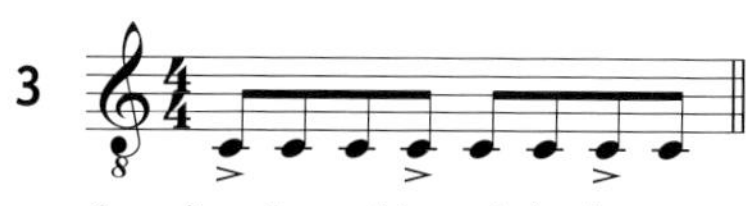

Grundton in rockigen Achteln (verzerrt, gemuted)

4

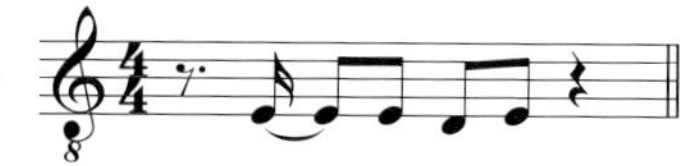

Single notes (Dreiklangston mit Wechselnote, gemuted)

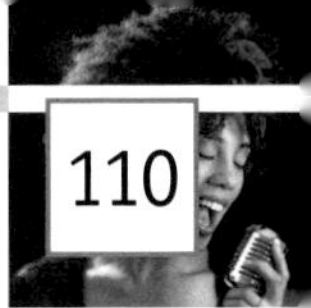

Einen Ablauf festlegen

Eine genaue **Festlegung des Ablaufs** ist für das Musizieren von Songs unerlässlich. Eine Tabelle schafft Übersicht über die Abfolge der Abschnitte und Anzahl der Takte bzw. Wiederholungen des Akkordmodells. In einer Spalte werden außerdem Stichpunkte zur Besetzung und Spielweise gemacht, um einen dynamischen Aufbau zu erreichen.

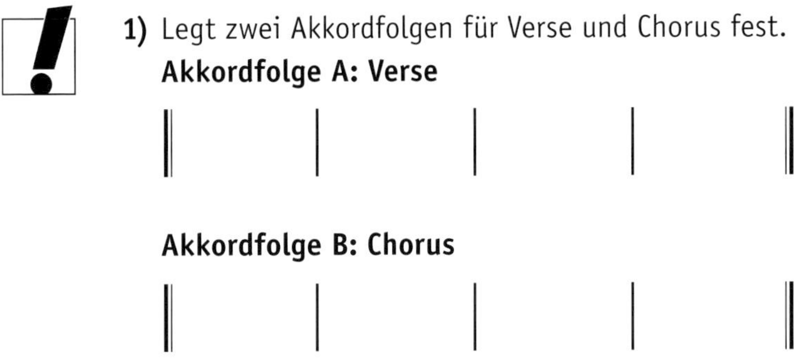

1) Legt zwei Akkordfolgen für Verse und Chorus fest.

Akkordfolge A: Verse

Akkordfolge B: Chorus

2) Legt den Ablauf eures Songs fest.

- ➲ Gebt an, welche Akkordfolge wie oft gespielt wird.
- ➲ Beschreibt die Besetzung und ggf. Spielweise der einzelnen Abschnitte, damit die Musiker wissen, was sie zu tun haben.

Arrangement unseres Songs

Abschnitt	Akkordfolge	Besetzung
Intro	A (1 x)	E-Piano, E-Bass, Drumset nur Hi-Hat auf ZZ 2 + 4
Verse 1	A (2 x)	wie Intro, + Gesang (Solo)
Verse 2	A (2 x)	wie Verse 1, + Strings (tief)
Chorus 1	B (2 x)	E-Piano, E-Bass, Strings (hoch), Drumset (voll), Sänger (alle)
Interlude	A (1 x)	E-Piano, E-Bass, Strings (hoch), Drumset (voll)
Verse 3	A (2 x)	wie Verse 2, Drumset (voll)
Chorus 2	B (2 x)	wie Chorus 1
Chorus 3	B (2 x)	wie Chorus 2, + Drumset mit Ride-Becken
Outro	A (1 x)	wie Intro + Strings (tief)

Klingendes Poprätsel

Lies die Steckbriefe mit den **typischen Merkmalen zu wichtigen Musikrichtungen.** Notiere zu den Hörbeispielen die jeweilige Musikrichtung.

Blues ➲ raue Stimme, viele Glissandi, unsauber gesungene Töne ➲ meist nur Gitarrenbegleitung ➲ Texte zum Leben der Schwarzen	**Jazz** ➲ klangreiche Akkorde (4- und 5-Klänge) ➲ Schlagzeug meist mit Besen ➲ swingender Rhythmus (Shuffle) ➲ lange Soli	**Country** ➲ liedhafter Gesang mit Bluesstimme ➲ meist nur mit Westerngitarre begleitet	**Rock 'n' Roll** ➲ bluesartiger Gesang ➲ hohes Tempo ➲ Shuffle-Beat ➲ E-Gitarren ohne Effekte
Folk ➲ liedhafte Melodie ➲ meist nur mit Gitarrenbegleitung	**Gospel** ➲ verzierte Gesangsmelodik ➲ Chor ➲ religiöse Texte ➲ rein vokal oder mit Band	**Soul** ➲ verzierte Melodie ➲ Streicher und E-Piano-Sounds ➲ jazzige Akkorde	**Disco** ➲ durchgehender Four-on-the-floor-Beat ➲ Streicher ➲ oft mit Chorus beginnend
Rock (Oberbegriff) ➲ Musik mit dominantem Schlagzeug und E-Gitarren ➲ mit vielen Richtungen kombinierbar	**Pop** (Oberbegriff) ➲ Musik mit seichten Stilelementen verschiedener Richtungen ➲ Pop-Rock = seichter Rock	**Hardrock** ➲ rauer, aber meist melodischer Gesang ➲ verzerrte Gitarren ➲ dominantes Schlagzeug mit viel Becken	**Punk** ➲ Gesang fast geschrien ➲ liedhafte Melodik ➲ verzerrte Gitarren ➲ sehr hohes Tempo
Funk ➲ Soulgesang ➲ jazzige Akkorde ➲ rhythmisch abgehackte E-Gitarre ➲ geslappter E-Bass ➲ oft Blechbläser	**Grunge** ➲ bluesartiger Gesang mit Tendenz zum Punk ➲ eingängige Gitarrenriffs (verzerrt)	**Techno/House** ➲ elektronische Sounds ➲ kräftiger Four-on-the-floor-Beat ➲ häufig rein instrumental	**Weltmusik/Ethno** ➲ Instrumente ferner Kulturen ➲ folkloristischer Gesang ➲ meist meditative Wirkung

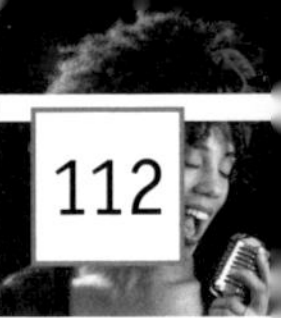

Stilrichtungen und ihre Einflüsse (1/2)

Um den Stil eines Songs zu beschreiben, ist es genauer, die Musikrichtungen nach den enthaltenen **Stilelementen** zu benennen. Die Höranalyse lässt sich mit Hilfe der Übersicht anhand von Beispielen im Unterricht üben und als Hausaufgabe mit selbst ausgewählten Songs fortsetzen.

Schlagworte wie „Rock", „Pop" oder „R'n'B" sind nur ein grobes Raster, um z.B. Käufern die Musiksuche im Plattenladen zu erleichtern.
Fast immer werden in einem Musikstück Stile mehrerer Musikrichtungen verbunden. Viele Musiker verwenden auch innerhalb eines Albums bewusst unterschiedliche Kombinationen.

➲ Höre dir drei Stücke unterschiedlicher Musikrichtungen an.
➲ Achte auf die Bereiche „Gesang", „Instrumente" und „Rhythmik", und versuche, Stilelemente verschiedener Musikrichtungen herauszuhören. Verwende die Übersicht „Stilelemente der Popmusik und ihre Ursprünge".
➲ Notiere deine Ergebnisse wie im folgenden Beispiel:

Pink: „U and Ur Hand"

- Gesang: rauer Gesang, Dirty Notes im Verse (Blues), liedhafte Melodie im Chorus (Folk)
- Instrumente: verzerrte Gitarren (Hardrock), Cowbell (Latin)
- Rhythmik: einfaches Drumpattern (Beat, Rock)

Stilelemente der Popmusik und ihre Ursprünge

Gesang

➲ raue Stimme (→ Blues)
➲ unsaubere Töne (→ Blues)
➲ verspielte Melodik, Glissandi (→ Blues, Gospel, Soul)
➲ dreckig geschrien (→ Punk)
➲ Sprechgesang (→ Rap)
➲ gerade, liedhafte Melodik (→ Folk, Schlager)
➲ mehrstimmiger Chor (→ Gospel)
➲ Call and Response (→ Gospel)

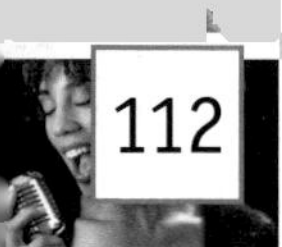
112

Stilrichtungen und ihre Einflüsse (2/2)

Instrumente
- Drumset (→ Jazz, Rock 'n' Roll, Rock)
- E-Gitarren clean (→ Jazz, Rock 'n' Roll)
- E-Gitarren verzerrt (→ Rock, Hardrock)
- Stahlsaiten-Gitarre (→ Western, Folk)
- Streicher (→ Klassik, Motown)
- E-Piano (→ Motown, Soul)
- Blechbläser (→ Jazz, Funk)
- elektronische Sounds (→ House, Techno)
- Mundharmonika (→ Blues)
- afrokubanische Percussion (→ Latin)
- Harfe (→ irische Folklore)

Rhythmik
- Four-on-the-floor-Beat (→ Disco)
- viele Sechzehntel-Synkopen von E-Gitarre oder Blechbläsern (→ Funk)
- polyrhythmische Percussion (→ Latin)
- Shuffle-Beat (→ Jazz, Rock 'n' Roll)
- Standard-Drumpattern (→ Beat, Rock)
- viele Offbeats, kaum Downbeats (→ Reggae)
- ohne Schlagzeug (→ Folk)

Harmonik
- Septimenakkorde, Nonenakkorde (→ Jazz, Funk)
- Bluesschema (→ Blues, Rock 'n' Roll)
- Akkordfolgen der Kirchentonarten (→ Jazz)
- Beschränkung auf wenige Dreiklänge (→ Blues, Rock 'n' Roll, Folk, Schlager)
- Gitarren-Riffs mit Powerchords (→ Hardrock)
- Sequenzmodelle (→ Klassik)

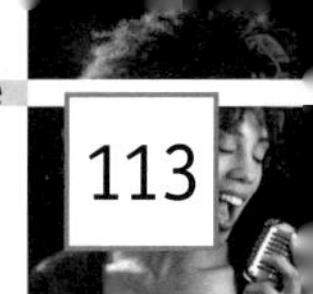

Musikrichtungen kreieren

Experimentieren mit **Musikstilen** ist sinnvoll, wenn in Verbindung mit dem Thema Songwriting/Arrangieren die neuen Kombinationen praktisch erprobt werden können.
Viele Musikrichtungen sind durch Neukombination von Stilelementen vorhandener Richtungen entstanden. Zum Beispiel:

- ➲ Rock 'n' Roll: Blues-Akkorde in schneller Boogie-Manier, Country-Gesang, Jazz-Instrumentarium
- ➲ Techno: Four-on-the-floor-Beat der Disco-Musik mit elektronischen Sounds
- ➲ Grunge: Blues-Melodik, stimmlich nahe am Punk, E-Gitarren-Sounds aus dem Hardrock

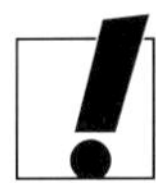

1) Entwickle eine eigene Musikrichtung durch Neukombination verschiedener Stilelemente der Popmusik. Versuche dabei unbedingt, dir den Klang vorzustellen.

- ➲ Notiere Stilelemente aus den Bereichen „Gesang“, „Instrumente“, „Rhythmik“ und „Harmonik“ sowie ihre stilistische Herkunft. Verwende die Übersicht „Stilelemente der Popmusik und ihre Ursprünge“.
- ➲ Finde einen passenden Namen für deine Musikrichtung.

Beispiel:
Gesang: Rap, mit Gospel-Chor (im Wechsel mit Rap)
Instrumente: Drumset (Rock), Percussion, Streicher (Klassik), verzerrte E-Gitarren (Hardrock)
Rhythmik: Standard-Drumpattern (Rock)
Name der Musikrichtung: HGR (Hard-Gospel-Rap)

2) Stelle zu folgenden Fragen Theorien auf.

- ➲ Wie wird Musik zu einer Musikrichtung?
- ➲ Muss man, um eine „Pop-/Rock-Legende“ zu werden, einen eigenen Stil haben?
- ➲ Ist stilistische Vielfalt ein Maßstab für Qualität?

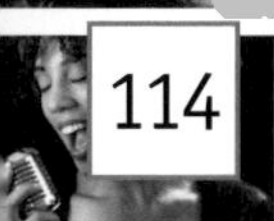

114

Präsentation zu einer Musikrichtung

Die folgende Aufgabe beschreibt **die konkreten Anforderungen für eine Präsentationen/Referat zu einer Musikrichtung.**

Bereite eine Präsentation zu einer der folgenden **Musikrichtungen** vor: Rock 'n' Roll, Hip-Hop, Punk, Disco, Techno, Soul, Metal.

Anschauungsmittel:

- 3 bis 4 Musikbeispiele (Ausschnitte), eventuell mit Text
- mehrere aussagekräftige Fotos/Poster von Musikern, Bands
- Plakate, Folien mit wichtigen Begriffen, Fakten oder Darstellung von Zusammenhängen
- eventuell kurzer, informativer Ausschnitt eines Videos

Leitfragen:

- Welche Gruppen/Musiker sind wichtige Vertreter?
- Welche Musikstücke repräsentieren die Musikrichtung in besonderer Weise? (hierzu auch Musikbeispiele)
- Welche Stilelemente sind typisch? (hierzu auch Plakat/Folie, Musikbeispiele)
- Welche verschiedenen Ausprägungen gibt es? (hierzu auch Musikbeispiele, Plakate/Folien)
- Aus welchen Musikrichtungen ist die Musik entstanden? (hierzu auch Plakat/Folie)
- Welche gesellschaftlichen Hintergründe hat die Musikrichtung (hierzu auch Fotos, kurze Videos)
- Welche gesellschaftlichen Trends sind mit der Musik verbunden? (hierzu auch Fotos)
- Welche weiteren Musikrichtungen sind aus der Musikrichtung hervorgegangen? (hierzu auch Plakat/Folie, Musikbeispiel)

Beachten:

- Biografische Details von Musikern nur einbeziehen, wenn sie für die Entstehung der Musikrichtung wichtig sind.
- Auf alle Musikbeispiele und alle Abbildungen eingehen.

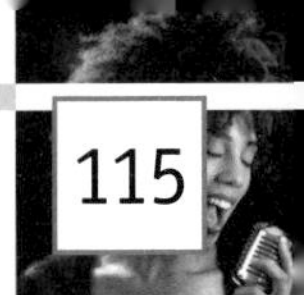

Bluesmäßig singen

Da besonders der Gesangsstil des Blues für viele Musikrichtungen prägend war, sollte **Bluesgesang** unbedingt auch praktisch erarbeitet werden. Da der Gesang der meisten Schüler von volkstümlicher Liedmelodik geprägt ist, lässt sich durch bewusstes Umsetzen der Stilmerkmale das Ausdrucksspektrum erweitern. Die Schüler erhalten die **notierte Melodie eines Bluessongs**. Im Vergleich zur Notation wird die tatsächliche Ausführung (Musikbeispiel von CD oder aus dem Internet) durch Zeichen in den Noten vermerkt.

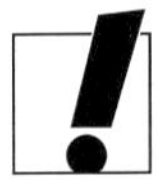

Bluessongs können zwar in Notenschrift aufgeschrieben werden, allerdings weicht die tatsächliche Ausführung von der notierten Melodie ab. Es geht beim Blues nicht um sauberes Singen vorgegebener Töne. Der typische Ausdruck des Bluesgesangs entsteht außer durch eine raue Stimme durch Anschleifen der Töne durch Glissandi. Töne, die nach unserem Verständnis „schief" gesungen werden, werden im Blues „Dirty notes" oder „Blue notes" genannt.

➲ Kennzeichne in den Noten die Töne, die die Sängerin als „Dirty notes" singt.

➲ Füge auch Pfeile zwischen zwei Noten ein, die die Sängerin durch ein stufenloses Glissando verbindet.

Bessie Smith: „Backwater Blues"

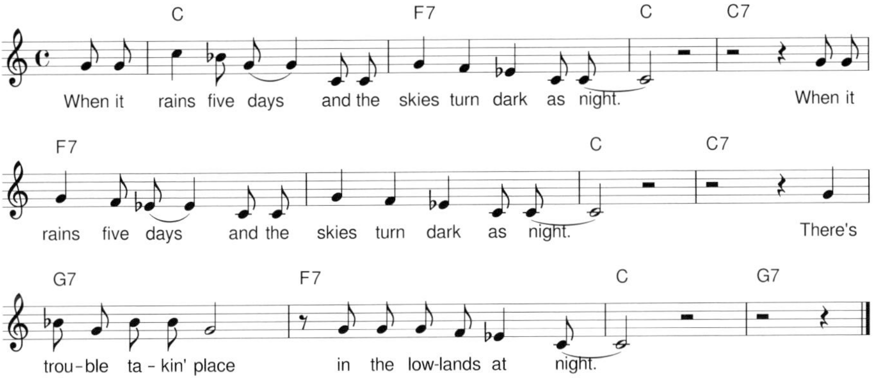

116

Das Blues-Schema in Moll

Als Alternative zum viel musizierten **Blues-Schema** in Dur ist die **Moll-Variante** eine Abwechslung. Erweitert man das Schema auf 16 Takte, lassen sich hierzu Songs singen wie „Unchain My Heart" (R. Charles/J. Cocker) oder ein eigener Blues-Rock-Song schreiben (siehe Übung 108).

12-taktiges Bluesschema in Moll

I	I	I	I
a^7	a^7	a^7	a^7
IV	IV	I	I
d^7	d^7	a^7	a^7
IV	IV	I	I
F^7	e^7	a^7	a^7

16-taktige Erweiterung („Unchain My Heart")

I	I	I	I
a^7	a^7	a^7	a^7
IV	IV	I	I
d^7	d^7	a^7	a^7
IV	I	IV	I
d^7	a^7	d^7	a^7
VI	V	I	I
F^7	e^7	a^7	a^7

Arrangementbeispiel

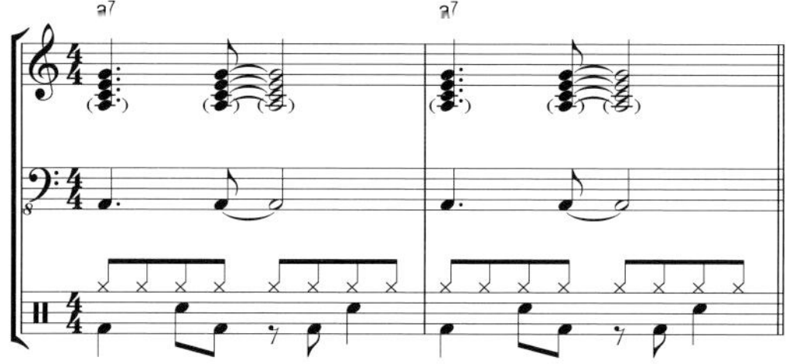

Shuffle-Beat

Die **ternäre (triolische) Ausführung von Achteln** (Shuffle-Beat oder Swing-Rhythmus) ist in verschiedenen Zusammenhängen wichtig:
- ➲ als Rhythmus der Hi-Hat bei Swing, Jazz und langsamem Rock,
- ➲ zur Rhythmisierung von Akkorden beim Boogie und Rock 'n' Roll,
- ➲ beim Singen von Achtellinien beim Blues und Gospel.

1) Erläuterung zum Shuffle-Beat: *Der Shuffle-Beat ist der typische Rhythmus des Swing, Blues und Rock 'n' Roll. Dabei werden fortlaufende Achtel nicht gleich lang gespielt oder gesungen, sondern im Wechsel lang – kurz.*

Notation in Achteln:

geshuffelte Ausführung:

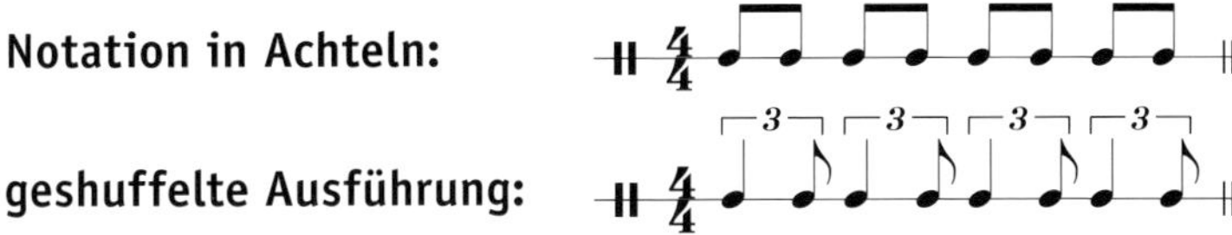

2) Erarbeiten des Drumpatterns in Bodypercussion unter lautem Mitsprechen. Ausführung als zweistimmiger Kanon.

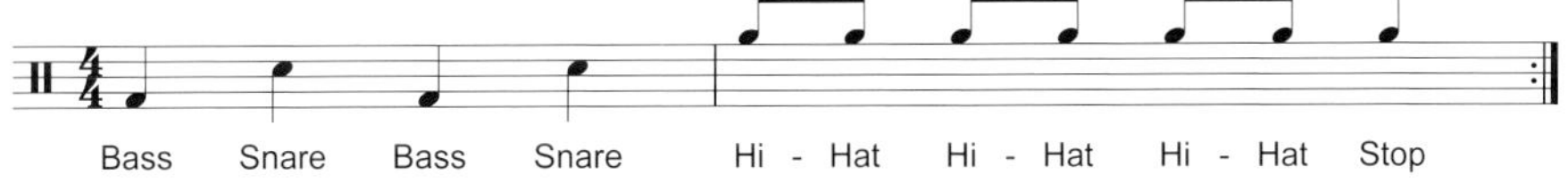

Hinweise zur Bodypercussion:
- ➲ Die Bassdrum wird mit dem rechten Fuß gestampft.
- ➲ Die Snaredrum wird mit der linken Hand auf den rechten Schenkel geschlagen.
- ➲ Die Hi-Hat wird mit einem Stift auf den Tisch geschlagen.
- ➲ Der Stop auf Zählzeit 4 dient anfangs zur Orientierung am Metrum. Er kann später weggelassen werden.

3) Üben des Shuffle-Patterns zu zweit. Zuerst als Kanon, anschließend aufgeteilt auf Bass-/Snaredrum und Hi-Hat. Übertragung auf das Drumset.

4) Musiktipp: Zum geshuffelten Singen eignen sich Spirituals mit vorherrschender Achtel-Melodik (z.B. „Rock my soul", „Joshua fits the battle of Jericho").

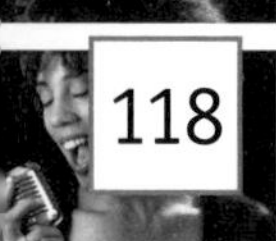

118 Pentatonische Jamsession

In vielen Jazzclubs finden an festen Tagen **Jamsessions** statt. Hier können alle mitspielen, die ein Instrument mitbringen, jeder darf Soli spielen. Dies lässt sich mit einem kleinen festen Ensemble und wechselnden Solisten an zwei Soloinstrumenten (Vibrafone, Keyboards) im Klassenraum nachempfinden. Als **Tonvorrat** dient die **pentatonische Tonleiter.** Sofern mit Akkorden aus C-Dur begleitet wird, können bei Stabspielen ggf. die Stäbe f und h herausgenommen werden. Keyboards können um sieben Halbtonschritte nach oben oder unten moduliert werden, dies ermöglicht das Spielen der C-Pentatonik auf schwarzen Tasten.

1) Eine Begleitband wird zusammengestellt. E-Bass und Klavier spielen ein 4-taktiges Harmoniemodell. Septimenakkorde (siehe Übung 119) klingen hierbei noch besser. Der Schlagzeuger spielt die Hi-Hat ggf. geshuffelt (siehe Übung 117) und die jeweils zweite Achttaktgruppe als Steigerung auf dem Ride-Becken (ggf. Besen statt Drumsticks).

2) Als Soloinstrumente können Vibrafone benutzt werden. Beim Einsatz von Keyboards eignen sich folgende Sounds: Tenorsaxofon, Vibrafon, Orgel, E-Piano oder ein Moog®-ähnlicher Synthi-Solo-Sound. Die Soundnummern werden zum schnelleren Umschalten an der Tafel notiert.

3) Bei zwei bereitgestellten Soloinstrumenten spielen die Schüler nacheinander. Es wird über 16 Takte improvisiert. Ein nächster Schüler geht in Warteposition an das frei gewordene Instrument und stellt am Keyboard den gewünschten Sound ein.

4) In mehreren Runden werden nach und nach Tipps zur Verbesserung des Solos gegeben:
- ➲ meist benachbarte Töne spielen, nicht zu viele Sprünge
- ➲ Achtelläufe ggf. geshuffelt spielen (siehe Übung 117)
- ➲ zuerst nur wenige Töne, in der Folge immer mehr steigern
- ➲ den Tonumfang langsam ausmessen, der Höhepunkt sollte nicht zu früh erreicht werden

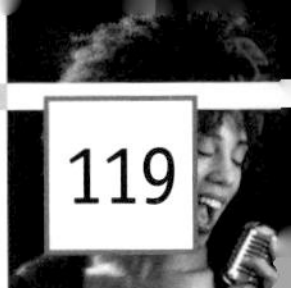

Septimenakkorde auf Keyboards

Wenn Schüler Dreiklänge in Grundstellung zur einfachen Liedbegleitung spielen können (siehe Übungen 60 – 62), können als Vierklänge ergänzend **Septakkorde** auf allen Stufen eingeführt werden. Hierbei erschließt sich die harmonische Welt der vom Jazz beeinflussten Musikrichtungen, wie Soul, Funk, Hip-Hop und R 'n' B.

Sofern das Spielen auf die Stammtöne (C-Dur) beschränkt bleibt, müssen die verschiedenen Septakkorde nicht notwendig unterschieden werden:

- Dur-Akkorde mit großer Septime (major 7) auf den Stufen I und IV
- Dominantseptakkord mit kleiner Septime auf der Stufe V
- Moll-Akkorde mit kleiner Septime auf den Stufen II, III und VI
- halbverminderter Septimenakkord auf der Stufe VII

1) Erläuterung der Bildung von Septakkorden und Klangdemonstration am Klavier.

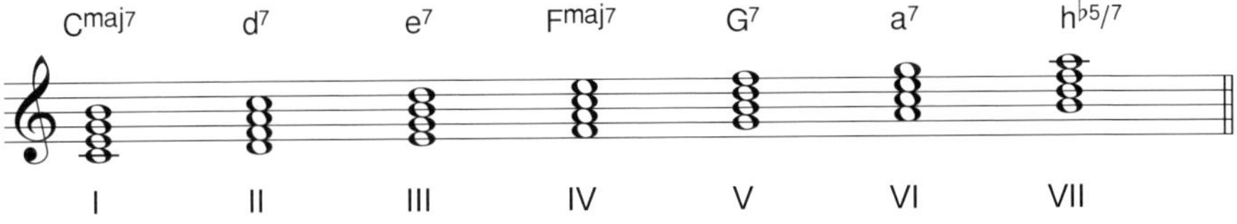

2) Gemeinsames Üben der Septakkorde in Tonleiterfolge mit der rechten Hand. Fortgeschrittene Schüler spielen den Grundton mit der linken Hand eine Oktave tiefer und Terz, Quinte, Septime mit der rechten Hand.

3) Einstudieren einer Akkordfolge und anschließendes Musizieren im Ensemble mit Drumset und E-Bass (Spielmuster siehe Übung 109).

Akkordverbindungen mit Septimenakkorden

1	C^{maj7}	d^7	e^7	F^{maj7}
2	C^{maj7}	F^{maj7}	d^7	G^7

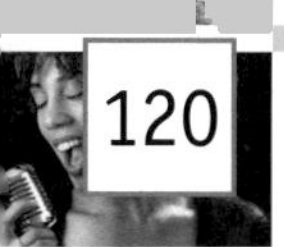

120 Projekt: Klassen-Rap

Das Rappen sollte zunächst anhand eines deutschen Rapsongs geübt werden. Beim **Schreiben eines Klassen-Raps** ist es sinnvoll, nach ein bis zwei Strophen einen gesungenen Refrain einzufügen, den alle mitsingen. Das gemeinsame Verfassen eines Refraintextes unterstützt beim eigenständigen Schreiben die Orientierung am Thema.

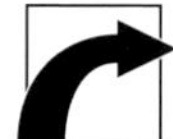

1) Gemeinsames Einüben eines deutschen Rapsongs.
Hinweise zur Ausführung:
- Anheben der Stimme, eher wie beim Rufen, nicht in Sprechlage, da die Stimme sonst zu leise ist.
- Zunächst plakatives Betonen der Silben auf den vollen Zählzeiten durch zusätzliches Anheben der Stimme.
- Deutliches Artikulieren der Konsonanten.

2) Vorbereiten und Vortragen einer oder einer halben Strophe in kleinen Gruppen.

3) Festlegen eines Themas für einen Klassen-Rap. Gemeinsames Texten des Refrains zu einer (gegebenen) Melodie (siehe Übung 108) und singen der Refrains.
Ideen für Themen: „Unsere Stadt“, „Unser Bezirk“, „Unsere Schule“, „Toleranz“, „Mobbing“ usw.

4) Schreiben der Rapstrophen in Gruppen von 2 bis 4 Schülern (siehe Übung 121). Das Rappen der eigenen Strophe wird anschließend in Gruppen geübt.

5) Text zusammenführen: Ein oder zwei freiwillige Schüler bekommen die einzelnen Strophen, bringen sie in eine sinnvolle Reihenfolge und schreiben den gesamten Text auf PC. Der Ausdruck wird für alle vervielfältigt.

6) Einstudieren des Klassen-Raps mit einem Begleitarrangement (siehe Übung 122). Die Schüler stellen sich dazu nach Strophenfolge auf. Während des gemeinsam zu singenden Refrains rückt die nächste Gruppe an die Mikrofone weiter.

Eine Rapstrophe schreiben

Die Herausforderung beim **Schreiben von Raptexten** besteht darin, lange, silbenreiche Verse zu verfassen, die sich nach einem ähnlichen rhythmischen Schema rappen lassen. Ein Sechzehntel-Raster hilft, beim Schreiben die Länge der Verse (10 bis 14 Silben) und den Rhythmus im Blick zu behalten. Durch die Akzentzeichen ist leicht ersichtlich, auf welchen Zählzeiten betonte Silben stehen können. Anhand des Beispieltextes, der übungsweise gerappt wird, können die Schreibregeln verdeutlicht werden.

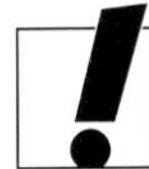

1) Schreibe vier Verse für eine Rapstrophe.
Beachte:
- ➲ Jeder Vers sollte aus 10 bis 14 Silben bestehen.
- ➲ Verwende so viele Reime wie möglich.
- ➲ Schreibe in jedes Kästchen (Zählzeit) nur eine Silbe.
- ➲ Du kannst Zählzeiten auslassen, um nach einem Komma oder Punkt eine Sprechpause zu erzeugen oder um ein Wort zu dehnen.
- ➲ Bei mehrsilbigen Wörtern muss die betonte Silbe auf einer betonten Zählzeit (>) stehen. Meist ist die erste Silbe betont, es sei denn, das Wort hat eine Vorsilbe. Einsilbige Wörter können auf betonten (>) oder unbetonten Zählzeiten (–) stehen.

Eine Strophe im Sechzehntel-Taktraster

>	-	>	-	>	-	>	-	>	-	>	-	>	-	>	-
Ers-	te	Stun-	de	Ma-	the,		ja,	das	ist	echt	der	Hamm-	mer		Denn

>	-	>	-	>	-	>	-	>	-	>	-	>	-	>	-
Ich	ver-	steh	die	For-	mel	nicht	mit	die-	ser	blö-	den	Klam-	mer.		

>	-	>	-	>	-	>	-	>	-	>	-	>	-	>	-
A		plus		B,		Hä?	Was	soll	denn	die-	ser	Mist?			Ich

>	-	>	-	>	-	>	-	>	-	>	-	>	-	>	-
dach-	te	im-	mer:	Ma-	the,	dass	das	mit	den	Zah-	len	ist.			

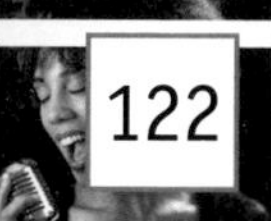

Begleitarrangements für Rap

Rap wird beim Hip-Hop häufig mit einem **zweitaktigem Loop** unterlegt. Im Chorus kann die E-Piano-Stimme durch einen Streicher-Sound verdoppelt werden. Die folgenden **Arrangements** lassen sich auch mit wenigen Instrumentalfähigkeiten zügig als Begleitung einüben. Tempo: ca. 88 bpm.

Arrangement 1

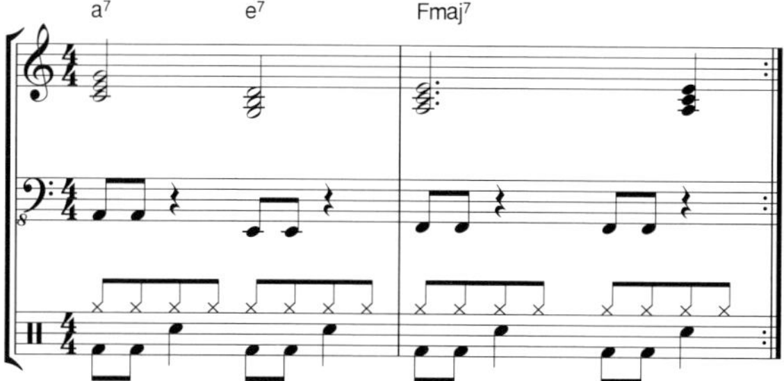

Arrangement 2

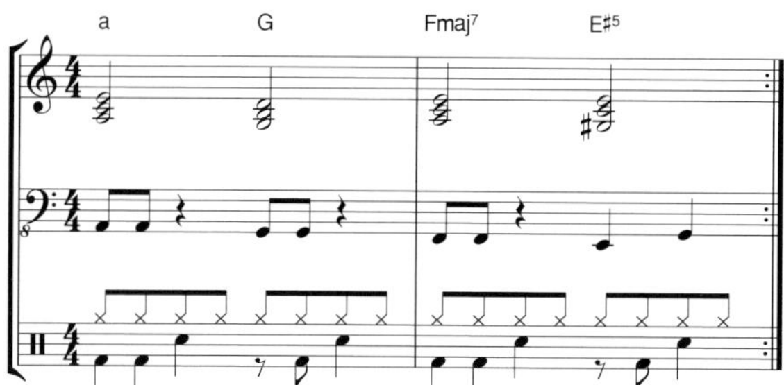

Arrangement 3

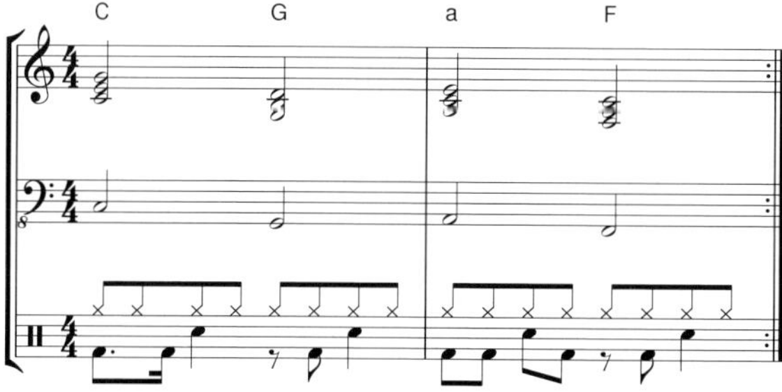

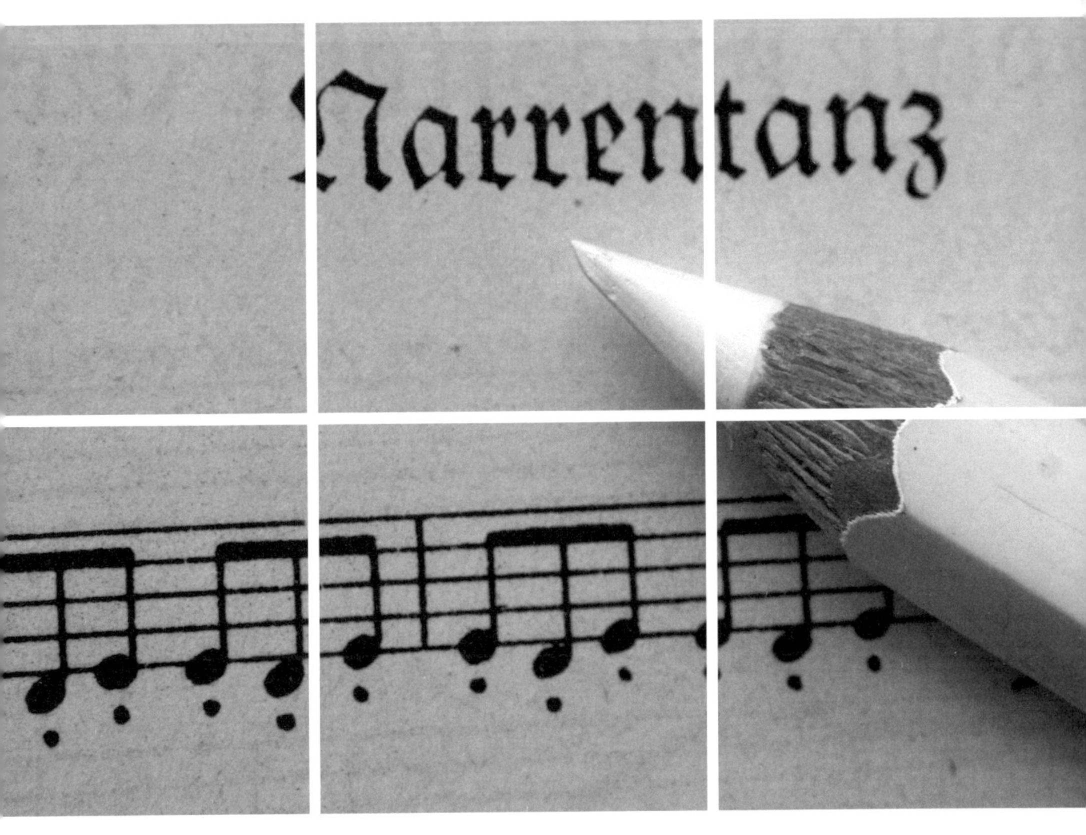

Musik erschließen

- Tempo und Metrum
- Dynamik
- Artikulation
- Zugänge schaffen
- Beschreiben und charakterisieren

123 Länge von Abschnitten ermitteln

Das **Ermitteln der Länge einzelner Abschnitte** eines Musikstücks durch Zählen der Takte schult die Wahrnehmung des Grundschlags und ist in folgenden Zusammenhängen sinnvoll:

- ➲ beim selbstständigen Entwickeln einer Choreografie zu einem Musikstück,
- ➲ bei der Höranalyse von Stücken mit mehreren kürzeren Abschnitten (z.B. Rondo, Solokonzert, Popsong),
- ➲ für das Nachspielen eines Popsongs.

Das gleichzeitige Mitzählen von Grundschlägen und Takten ist dabei durchaus eine Herausforderung und kann zunächst anhand von Popsongs geübt werden.

1) Die Schüler bekommen den Text eines Popsongs, bei dem alle vokalen und instrumentalen Formabschnitte bezeichnet sind. Zum Beispiel:
Intro, Verse 1, Verse 2, Chorus 1, Solo, Verse 3 …

2) Gemeinsam wird anhand von Intro und Verse 1 das Verfahren geübt, das Metrum zu erfassen und anschließend die Länge der Abschnitte zu bestimmen.
In fast allen Titeln markiert die Snaredrum die Zählzeiten 2 und 4 mit einem hohen Kick. Die Zählzeit 1 und das Zähltempo können hieraus leicht abgeleitet werden.

Möglichkeiten zum Zählen der Takte:

- ➲ Die Finger der rechten Hand zählen das Metrum von 1 bis 4, die Finger der linken Hand die Takte. Hierbei muss man sich merken, wie oft die Fünf überschritten wurde.
- ➲ Man zählt von 1 bis 4 und macht bei jedem Takt einen Strich.
- ➲ Man zählt leise **1**, 2, 3, 4 – **2**, 2, 3, 4 – **3**, 2, 3, 4 usw.

3) Die Schüler ermitteln die Taktzahl der weiteren Abschnitte eigenständig und notieren sie auf dem Blatt.

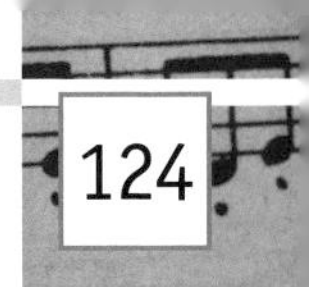

Ermittlung der bpm-Zahl (Metronomzahl)

Die **Ermittlung der bpm-Zahl** anhand von Popmusik verbessert die Wahrnehmung des Metrums und objektiviert die Bewertung schnell/langsam. Benötigt werden eine große Uhr mit Sekundenanzeige und fünf bis acht Popsongs verschiedener Stile und Tempi.

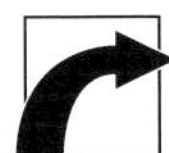

1) Problematisierung: *„Wie kann man das Tempo eines Musikstücks messen?"*

Die vorgeschlagenen Lösungen werden deutlich machen, welchen Begriff die Schüler vom Tempo einer Musik haben. Die Methode der Tempomessung durch Ermittlung der bpm-Zahl (beats per minute) kann hierbei als „objektive Messmethode" vorgestellt werden. Dabei können die synonym gebrauchten Begriffe Metrum, Grundschlag und Beat erläutert werden.

2) Eine große Uhr mit Sekundenzeiger wird gut sichtbar aufgehängt. Zu einem Popsong wird der Grundschlag über eine Minute mitgeklatscht und mitgezählt.
Damit die Schüler später das Metrum (und nicht etwa das halbe Metrum) selbstständig erfassen können, ist ein Hinweis auf die Snaredrum hilfreich, die in der Regel auf den Zählzeiten 2 und 4 klingt und immer mitgeklatscht werden muss.

3) Die Schüler machen Vorschläge zur Vereinfachung der Methode. Zum Beispiel: Die Beats nur über 15 Sekunden zählen und anschließend mit 4 multiplizieren. Das Verfahren wird zur Festigung mit weiteren Popsongs geübt.

4) Wenn Hörbeispiele verschiedener Musikrichtung verwendet werden, kann hierbei eine Übersicht zu den spezifischen Tempi einiger Musikrichtungen entstehen (siehe Übung 125).

5) **Weiterführung:** Motivierend ist, wenn die Messungen anhand von Songs geübt werden, die die Schüler auf CD oder MP3-Spielern mitbringen (siehe Übung 125).

Das schnellste und langsamste Stück

Die **Tempomessung** (siehe Übung 124) in einen **Wettbewerb** einzubetten, kann Schüler motivieren, die bpm-Zahl verschiedener Musikstücke zu Hause selbstständig zu ermitteln. Wenn bereits Tempi verschiedener Musikrichtungen festgehalten wurden, können sie mit Hilfe der Tabelle gezielt suchen.

1) Es wird folgende Aufgabe gestellt: *Durchforste deine Musiksammlung. Finde das schnellste und das langsamste Stück. Ermittle die bpm-Zahl, und bringe die beiden Musikstücke mit (CD/MP3).*

2) Für die beiden Kategorien schnellstes/langsamstes Stück werden jeweils 2 bis 3 Titel nominiert und mit mutmaßlicher bpm-Zahl an der Tafel notiert. Anhand kurzer Ausschnitte werden die bpm-Zahlen gemeinsam ermittelt bzw. überprüft.

Musikrichtungen und ihre Tempi	
Balladen (Rock, Pop, Soul)	68 – 92 bpm
Pop	84 – 120 bpm
Hip-Hop	84 – 102 bpm
Disco/Dance/Techno	120 – 176 bpm
Punk	180 – 220 bpm

Das Metronom-Spiel

Johann Nepomuk Mälzels Erfindung aus dem Jahr 1815 entstand in einer Zeit, in der die ausführenden Musiker noch die Tempohoheit hatten, zugleich aber der Wille des komponierenden Künstlers immer wichtiger wurde. Sofern das Gerät im Unterricht einen Platz erhält, kann das **Metronom-Spiel** mit der Einführung der italienischen Tempoangaben verbunden werden (siehe Übung 127). In diesem Zusammenhang kann darüber hinaus die Frage erörtert werden, ob man Tempoempfindung objektivieren kann.

1) Ein Schüler stellt das Metronom auf eine beliebige Zahl ein. Alle Schüler ermitteln diese innerhalb von 15 oder 30 Sekunden mit der bekannten Messmethode (siehe Übung 124). Wer der Metronomzahl am nächsten kommt, stellt als Nächster eine Zahl ein. Dies kann, falls bereits eingeführt, auch mit dem zusätzlichen Benennen der italienischen Tempoangaben verbunden werden.

2) **Variante:** Das Tempo kann später auch ohne chronometrische Messung geschätzt werden. Hierbei kommt es auf Zeit- bzw. Tempogefühl an.

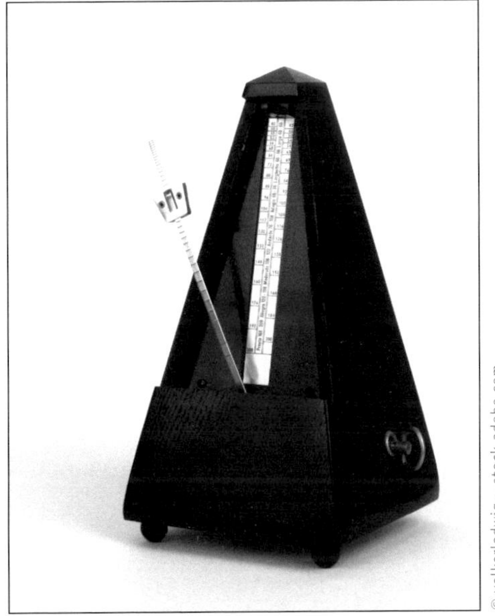

127

Italienische Tempoangaben

Die **italienischen Vortragsbezeichnungen** der europäischen Kunstmusik des 17. bis 19. Jahrhunderts schreiben in erster Linie den Charakter vor. Im Spannungsfeld von Rhythmus, Metrum, Interpretation und subjektiver Empfindung gibt es viele Möglichkeiten einer Auseinandersetzung mit den italienischen Begriffen – von der einfachen Messung der Metronomzahl bis zur Frage, inwiefern der Tempoeindruck eines Stücks mit der objektiven Metronomzahl zusammenhängt.

1) Im Verlauf des Unterrichts werden vier bis fünf Musikstücke unterschiedlicher Tempi angespielt. Hierzu sind die Sätze einer Suite, einer Sinfonie oder eines Streichquartetts gut geeignet. Die Schüler erhalten die Übersicht „Italienische Tempoangaben und ihre Bedeutung".

2) Zunächst wird versucht, das Tempo eines Stücks durch den Charakter zu bestimmen, hierzu orientieren sich die Schüler an den Wortbedeutungen (s. Tabelle).

Italienische Tempoangaben und ihre Bedeutung			
Tempoangabe	**Bedeutung**	**Tempo**	**Metronomzahl**
Largo	breit	sehr langsam	40 – 60
Larghetto	ein bisschen breit	langsam	60 – 66
Adagio	gemächlich	langsam	66 – 76
Andante	gehend	mittel	76 – 108
Moderato	gemäßigt	mittel	108 – 120
Allegro	munter	schnell	120 – 168
Presto	schnell	schnell	168 – 192
Prestissimo	schnellstens	sehr schnell	192 – 208

3) Zur Verifizierung wird mit Hilfe einer Uhr die Metronomzahl ermittelt (siehe Übung 124). Hierfür muss zunächst der Grundschlag erfasst werden, was vor allem bei langsamen Stücken mit kleinen Notenwerten schwierig ist. Hierbei muss der Unterschied zwischen Melodierhythmus und Grundschlag deutlich gemacht werden.

Dynamikkurven zeichnen

Für Schüler, die ausschließlich mit Popmusik Umgang haben, ist **musikalische Dynamik** eine unbekannte Dimension. Die Betrachtung eines dynamischen Verlaufs schafft ein Bewusstsein für diesen musikalischen Parameter, der vor allem in der Symphonik der Klassik und Romantik wichtig ist.

1) An der Tafel wird ein großes Koordinatensystem skizziert, das die Schüler auf ein Blatt (Querformat A4) übertragen. Die y-Achse (Lautstärke) kann dabei auch mit den dynamischen Symbolen beschriftet werden, sofern sie bereits eingeführt wurden (siehe Übung 129).

2) Die Schüler fertigen beim mehrmaligen Hören eines Musikausschnitts (ca. 1,5 Minuten) eine möglichst exakte Dynamikkurve an. Das Arbeiten mit Bleistift und Radiergummi ist unerlässlich, um die Kurve in der Folge zu korrigieren und zu verfeinern.

3) Auswertung: Ein Schüler überträgt seine Kurve an die Tafel. Das Ergebnis wird überprüft, indem der Schüler bei erklingender Musik die Kurve mitzeigt. Anschließend wird die Kurve gemeinsam verbessert, bis eine Musterlösung entsteht.

4) **Weiterführung:** Entlang der Kurve können Angaben zur Instrumentierung ergänzt werden. Der dynamische Aufbau kann in einem zusammenhängenden Text beschrieben werden (siehe Übung 129).

Dynamischer Verlauf des Anfangs von Beethovens 5. Sinfonie

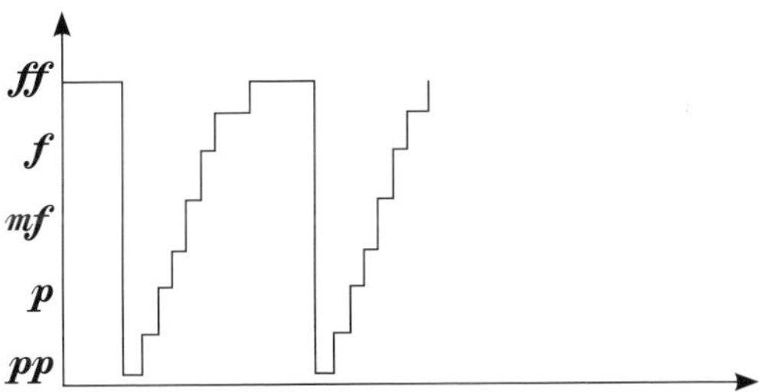

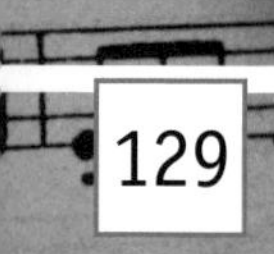

Dynamische Verläufe beschreiben

Um den **Umgang mit den musikalischen Fachbegriffen** (auch mit ihrer Orthografie) zu üben, können die Schüler den musikalischen Verlauf eines Stücks bzw. eines Ausschnitts schriftlich in einem zusammenhängenden Text beschreiben.

1) Für ein Musikstück (bzw. dessen Anfang) wird beim mehrmaligen Hören eine Dynamikkurve gezeichnet (siehe Übung 128).

2) Die Kurve wird durch die jeweils beteiligten Instrumentengruppen ergänzt, die Tabelle mit den dynamischen Fachbegriffen wird erläutert.

Fachbegriffe der Dynamik		
Dynamisches Symbol	**Fachbegriff**	**Bedeutung**
ff	fortissimo	sehr kräftig
f	forte	kräftig
mf	mezzoforte	mittellaut
p	piano	leise
pp	pianissimo	sehr leise
<	crescendo	lauter werden
>	decrescendo	leiser werden

3) Die Schüler beschreiben den dynamischen Verlauf in einem Text, der abwechslungsreich formuliert ist und auch die Instrumentation und Klangwirkung benennt.

Beispiel:
Das gesamte Orchester eröffnet das Musikstück im Fortissimo. Anschließend zirpen die Geigen im Piano wie aus der Ferne. Es folgt ein gewaltiges Crescendo bis zum Fortissimo, das durch die Blechbläser wie ein unheilvolles Gewitter wirkt.

Übungen zu Fachbegriffen der Dynamik

Diese Aufgaben dienen zur **Überprüfung der Kenntnisse zu den Fachbegriffen der Dynamik und ihrer Symbole.**

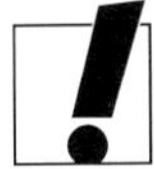

1) Notiere zu der folgenden Dynamikkurve die italienischen Fachbegriffe.

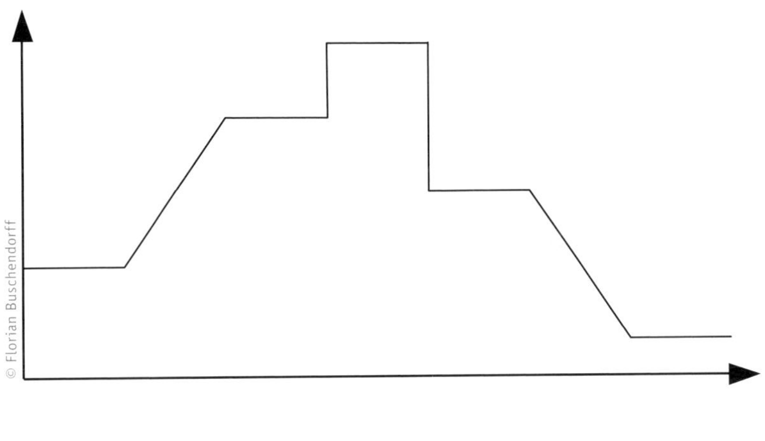

2) Zeichne eine Dynamikkurve nach den angegebenen dynamischen Symbolen.

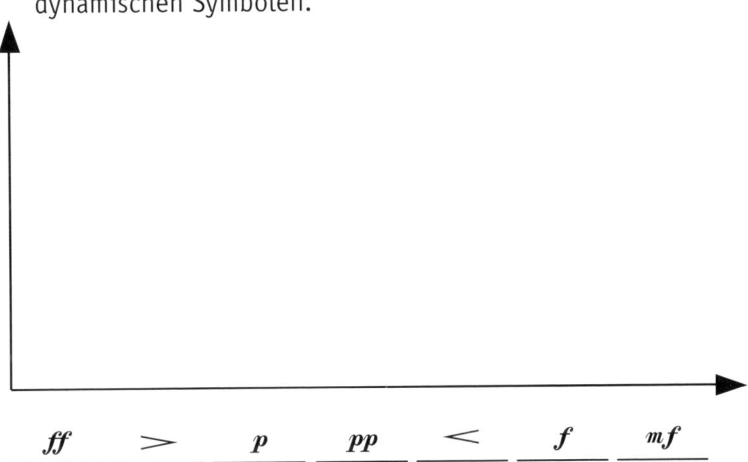

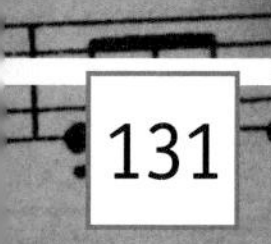

Dynamisches Gestalten von Liedern

Die Schüler erhalten die Noten zu einem Lied und **fügen nach vorgegebenen oder erarbeiteten Gestaltungskriterien Dynamiksymbole ein.** Bei mehreren Strophen sollten die Textstrophen fortlaufend als Noten ausgeführt sein. In diesem Zusammenhang kann deutlich gemacht werden, dass musikalische Gestaltung (Interpretation) zwar dem Prinzip der „künstlerischen Freiheit" unterliegt, dass es hierfür aber dennoch Maßstäbe gibt, an denen eine „sinnvolle Gestaltung" gemessen werden kann. Da nicht alle Fassungen musiziert werden können, wird mit Hilfe einer OHP-Folie eine gemeinsame Fassung erstellt. Dabei wird phrasenweise vorgegangen. Zur Übernahme der Vorschläge in die Endfassung kommt es darauf an, dass die Schüler ihre Gestaltungsidee überzeugend begründen können.

Überlegt euch eine passende dynamische Gestaltung des Liedes. Fügt über die Noten Dynamiksymbole ein.

„Amazing Grace" (traditionelle Melodie)
Text: John Newton
transponiert

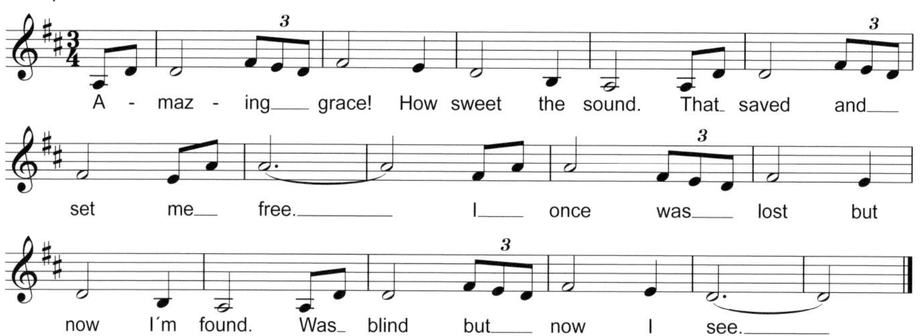

Möglichkeiten zur dynamischen Gestaltung von Liedern:

- Text und Dynamik in ein erklärbares Verhältnis setzen
- Wiederholungen niemals mit gleicher Dynamik
- Melodie aufwärts: crescendo (<)
- Crescendo zum höchsten Ton (Höhepunkt) einer Melodiephrase
- Melodie abwärts: decrescendo (>)
- Auch plötzliche Kontraste schaffen (z.B: ***pp/f*** oder: ***ff/p***)

Dynamische Verläufe umsetzen

Dynamisches Musizieren setzt eine sinnvolle Einteilung des dynamischen Spektrums des Instruments voraus. Beim Forte muss noch die Möglichkeit einer Steigerung, beim Piano die einer Reduzierung bedacht werden. Bei dieser Übung wird der Umgang mit den dynamischen Symbolen gefestigt.

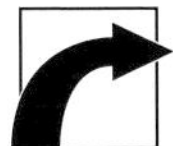

1) Alle Schüler haben ein Instrument, das dynamische Spielweise ermöglicht (Melodie- oder Rhythmusinstrumente).

2) Eine eintaktige Melodie wird eingeübt. Rhythmusinstrumente spielen nur den Rhythmus.

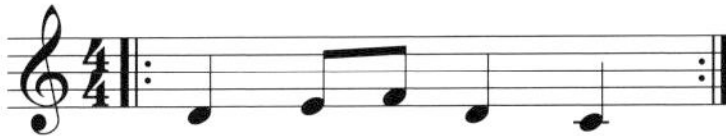

3) Zunächst erfolgt eine Orientierung im dynamischen Spektrum. Die Melodie (bzw. der Rhythmus) wird in fünf dynamischen Stufen aufsteigend geprobt (*pp*, *p*, *mf*, *f*, *ff*). Hierbei prägen sich die Schüler die jeweilige Spielweise bzw. Lautstärke ein.

4) Ein dynamischer Verlauf wird an der Tafel notiert und mit der fortlaufend zu spielenden Melodie umgesetzt.

Dynamischer Verlauf 1

| *p* | *pp* | *f* | *ff* | *p* | *pp* | *mf* | *f* |

Dynamischer Verlauf 2

| *p* | < | *f* | < | *ff* | *p* | > | *pp* |

5) **Variante:** Die dynamischen Stufen werden auf A5-Karten geschrieben. Die Melodie wird fortlaufend gespielt. Alle zwei Takte erfolgt ein Wechsel, den ein Dirigent durch Hochhalten der Dynamikkarten anzeigt. Der Wechsel muss rechtzeitig einen Takt vor dem Dynamikwechsel angezeigt werden.

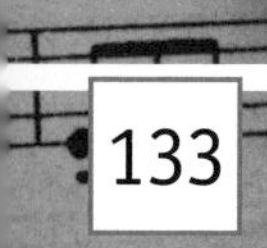

Artikulationsarten einführen

Eine **differenzierte Artikulation** erweitert das musikalische Ausdrucksspektrum. Auf Gitarren und Stabspielen ist diese schwierig umzusetzen, das Singen bietet hierzu die besten Möglichkeiten. Später kann auf Keyboards übertragen werden (siehe Übung 135).

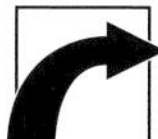

1) Zur Vorbereitung auf das Singen eines Liedes mit differenzierter Artikulation können Gesangsübungen durchgeführt werden. Eine Melodie wird auf drei verschiedene Weisen artikuliert. Dabei können bereits die Begriffe eingeführt werden.

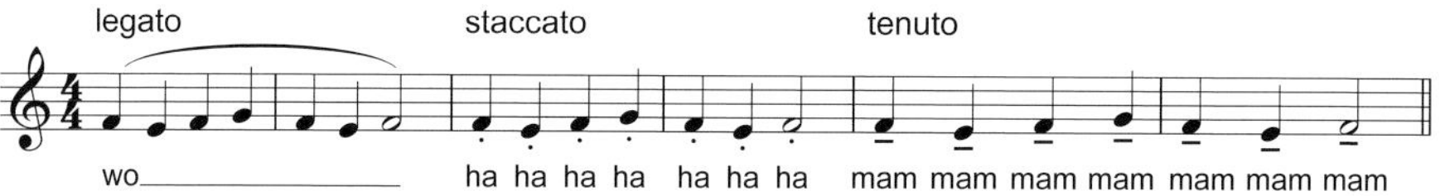

2) Die Schüler erhalten die Noten eines Liedes oder Kanons mit Artikulationszeichen sowie eine Übersicht mit Zeichen- und Begriffserklärung. Das Lied wird zunächst im Legato erarbeitet, anschließend mit der notierten Artikulation ausgeführt. Anhand der Übersicht kann die jeweilige Ausführung erläutert und demonstriert werden.

„Schön ist die Welt" (Gesellenlied aus dem Hessischen)

Taktart verändert

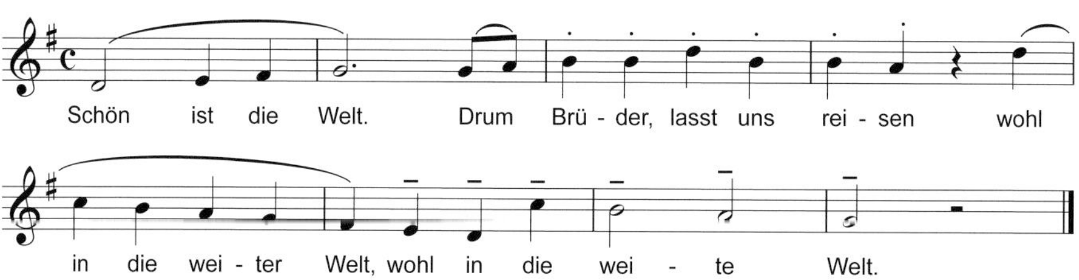

Artikulationsarten

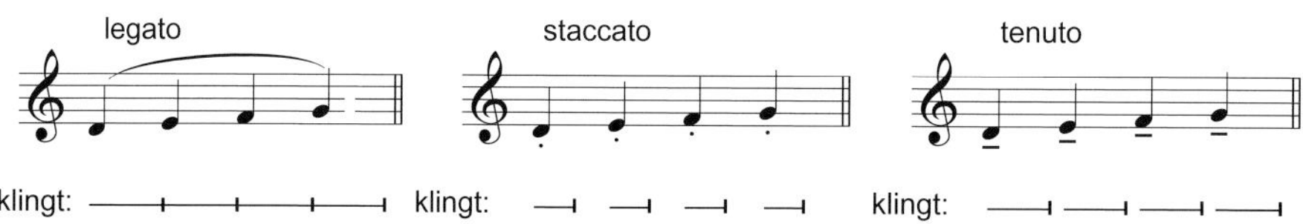

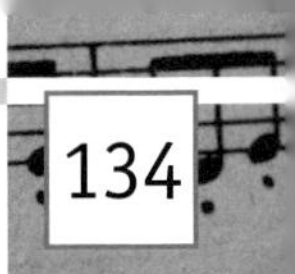

Artikulation für ein Lied festlegen

Durch **Experimentieren mit Artikulationsarten** in Verbindung mit der Gestaltung eines Liedes lernen die Schüler Artikulation als künstlerisches Ausdrucksmittel kennen. Künstlerisches Gestalten beim Singen wird gefördert.

1) Die Schüler erhalten die Noten eines Liedes. Dieses wird, falls nicht bekannt, gemeinsam erarbeitet.

2) Die Schüler erarbeiten eigenständig in Gruppen eine „neue" Fassung des Liedes, indem sie verschiedene Artikulationsarten ausprobieren und die Zeichen in die Noten eintragen. **Hinweis:** Für jeden Melodieton muss eine Artikulationsart festgelegt werden. Zum Üben in Gruppen sollten mehrere Räume zur Verfügung stehen.

3) Die Gruppen präsentieren ihre Fassung des Liedes. Im Anschluss sollten die Schüler auch ihre Entscheidungsgründe für eine bestimmte Artikulation darlegen können. Hierbei kann die erzielte oder gewünschte Wirkung mit dem Text in Verbindung gebracht und abschließend verschiedene Fassungen verglichen werden.

„Hänschen klein" (volkstümliche Melodie)
Text: Franz Wiedemann

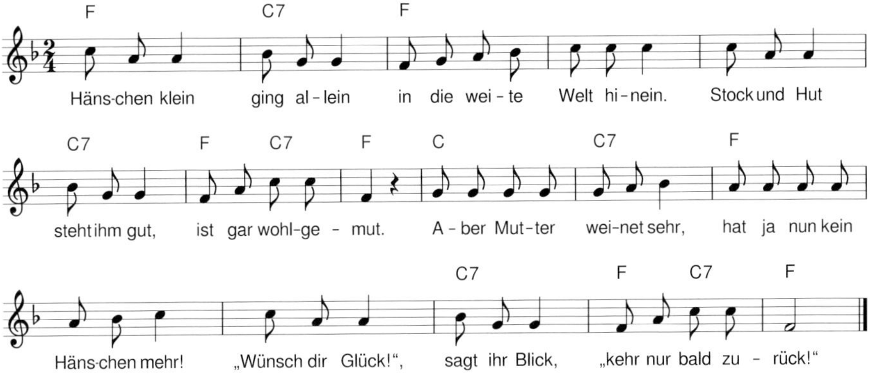

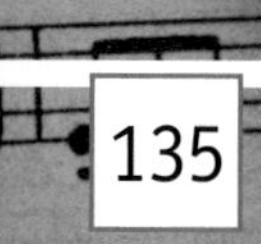

Artikulation am Keyboard

Nachdem die Schüler mit den Artikulationszeichen und deren sängerischer Umsetzung vertraut sind, kann eine **differenzierte Gestaltung einer Melodie am Instrument** erfolgen. Ein Kanon ist hierbei gut geeignet, weil durch die Gleichzeitigkeit verschiedener Artikulationsarten der polyphone Effekt des Kanons verstärkt wird.

1) Die Schüler bekommen die Noten eines Kanons (ohne eingezeichnete Artikulationszeichen). Dieser wird zunächst ohne Artikulation am Instrument erarbeitet und musiziert.

2) Gemeinsam wird eine differenzierte Artikulation auf einer OHP-Folie erarbeitet. Nach Abschluss werden die Artikulationszeichen in die eigenen Noten übertragen.

3) Die Schüler üben das Spielen der Melodie mit der festgelegten Artikulation. Im einstimmigen Spiel (auch in kleinen Gruppen) wird überprüft, ob entsprechend der artikulatorischen Vorgaben einheitlich gespielt wird.

4) Das kanonische Spiel gewinnt durch Einsatz unterschiedlicher Sounds (Streicher, Holzbläser) noch mehr an Reiz.

5) **Variante:** Vereinfachend kann der Kanon auch abschnittweise mit je einer Artikulationsart gespielt werden:
1. legato, 2. tenuto, 3. staccato.

Otto Laub: „Abendstille überall"

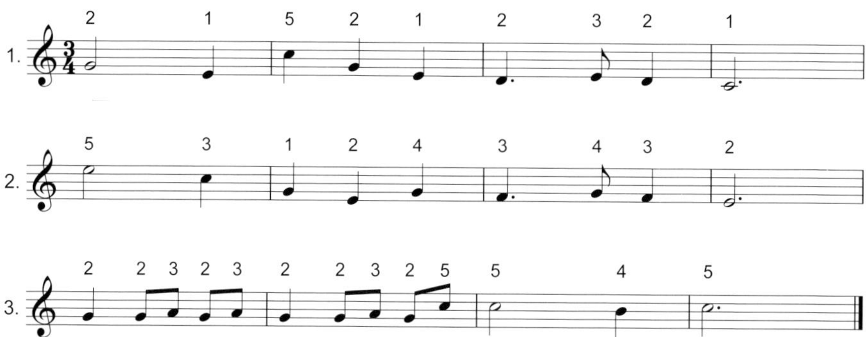

Musikalische Traumreisen

Bei **Traumreisen** werden zur Musik eine Geschichte vorgelesen oder suggestive Impulse gegeben, die eigene Vorstellungen in Gang setzen. Ziel ist ein intensives Erleben der Musik durch entspanntes Imaginieren und Assoziieren. Dadurch können Musikstücke gefallen, die beim bloßen Hören auf Ablehnung stoßen würden.

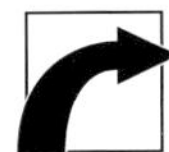

1) Die Traumreise wird am besten im Liegen durchgeführt, andernfalls legen die Schüler Kopf und Oberkörper bequem auf den Tisch.

2) Zur Musik werden in größeren Abständen suggestive Impulse in kurzen Sätzen gesprochen. Sie beschreiben positive Situationen, in die sich jeder ohne nachzudenken hineinversetzen kann. Beispiele für Impulse:

Es ist eine warme Sommernacht. – Du bist draußen in der Natur. – Du spürst einen leichten Wind auf deiner Haut. – Der Vollmond taucht die Felder und Wiesen in einen silbernen Glanz. – Du gehst langsam einen Hügel hinauf. – Immer höher. – Jetzt stehst du oben. – Du siehst die Welt von oben. – Auf einmal siehst du unten einen alten Mann. – Er spielt auf einem Instrument eine Melodie. – Ganz allein in der Nacht. – Dir kommt die Melodie bekannt vor. – Aber du weißt nicht woher …

3) Nach dem letzten Ton sollte noch eine Minute Stille bewahrt werden. Im Anschluss können die Schüler sich über ihre Erfahrungen äußern sowie über das Erleben der Musik.

4) **Weiterführung:** Schüler können selbst den Text zu einer Traumreise als Hausaufgabe schreiben und die Durchführung in der Klasse leiten. Das Musikstück erhalten sie auf CD.

5) **Musiktipps:** Ruhige Musikstücke sind besonders geeignet:
- ➲ L. v. Beethoven: Mondscheinsonate, 1. Satz
- ➲ E. Grieg: Peer-Gynt-Suite 1, (Morgenstimmung, Åses Tod)
- ➲ F. Mendelssohn Bartholdy: Violinkonzert e-Moll, 2. Satz

137

Hörpartituren anfertigen

Das **Anfertigen einer Hörpartitur** mit grafischen Symbolen zu einem Instrumentalwerk regt zum bewussten Zuhören an und fördert das Erfassen der musikalischen Geschehnisse. Grafisch-symbolisch umgesetzt werden dabei in der Regel:

- Dynamik (z.B. durch grafische Dichte)
- Tonhöhe (z.B. durch Lage auf dem Blatt)
- Rhythmen (z.B. durch mehrere vertikale Zeichen)
- Melodieverläufe (z.B. durch kurvige Linien)
- wiederkehrende Abschnitte durch ähnliche Darstellung

1) Verwendet wird ein A4-Blatt im Querformat. Zuvor sollten Beispiele für eine grafische Umsetzung an der Tafel gegeben werden.

2) Vor dem ersten Hören wird eine ungefähre Zeitaufteilung des Blattes vorgenommen. Wenn das Stück z.B. drei Minuten dauert, werden am unteren Rand Striche für jeweils 30 Sekunden gemacht.

3) Das Musikstück wird mehrmals gehört. Hierbei verfeinern die Schüler die Hörpartitur von Mal zu Mal.

4) Die Schüler tauschen die Blätter und überprüfen beim nochmaligen Hören, ob die Hörpartitur des Tauschpartners ein Mitverfolgen der Musik ermöglicht.

5) Weiterführung: Hörpartituren sind durch ihre Anschaulichkeit eine gute Grundlage für eine weitergehende Betrachtung des Musikstücks unter verschiedenen Aspekten:

- zur Beschreibung der Form,
- zur Beschreibung der musikalischen Gestaltungsparameter Instrumentation, Dynamik, Tonhöhe, Tempo, Rhythmik,
- zum Nachmusizieren mit atonalen Mitteln (siehe Übung 138).

Musizieren nach grafischer Notation

Das **Visualisieren eines imaginären Musikstücks** zu einem programmatischen Titel fordert dazu heraus, in Klängen und Abläufen zu denken. Beim Musizieren nach grafischer Notation sammeln die Schüler auch Erfahrungen mit dem Ausdrucksspektrum des Instruments.

1) Der Lehrer präsentiert ein grafisch notiertes Musikstück und führt eine mögliche Umsetzung am Klavier vor.

2) Einzelne Schüler führen zum gleichen Stück eine eigene Interpretation am Klavier vor – auch zu zweit.

3) Die Schüler bekommen die Aufgabe, einen Titel für ein Musikstück zu erfinden und selbst eine Komposition grafisch zu notieren. Vorbereitend kann die Umsetzung weiterer grafischer Zeichen am Instrument vorgeführt oder erprobt werden.

4) Die Schüler spielen ihre Kompositionen allein oder zu zweit am Klavier vor. Variante: Sie spielen die Komposition eines anderen Schülers.

5) Möglichkeiten der Reflexion:
- ➲ *Welches sind die Vor- und Nachteile der grafischen Notation gegenüber der Notenschrift?*
- ➲ *Stellt ein solches Stück überhaupt eine Komposition dar?*
- ➲ *Wie unterscheidet sich das Verhältnis Komposition/Interpret bei einem Stück in Notenschrift und in grafischer Notation?*

LEBEN IN DER EINSAMKEIT

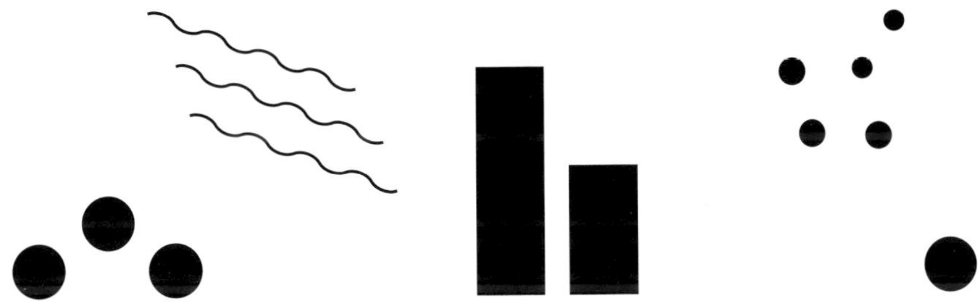

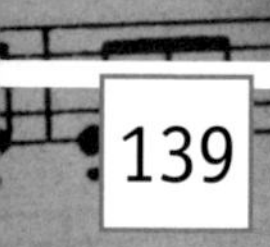

Filmszenen assoziieren

Das **visuelle Assoziieren einer Filmszene** zu Musik kann ein Anlass sein, um über das Empfinden von Musik im Verhältnis zum Ausdruck eines Werks und dessen Gestaltung ins Gespräch zu kommen.

1) Die Schüler bekommen zum Hören eines 2- bis 3-minütigen Musikstücks folgenden Auftrag:
Du hörst ein Musikstück, das zur Szene eines Films erklingt, bei der nicht gesprochen wird. Was könnte in dieser Filmszene zu sehen sein?
Während des zweiten Hörens halten die Schüler ihre Assoziationen in Stichpunkten fest.

2) Einzelne Schüler beschreiben ihre assoziierte Szene. Nach einigen Beiträgen lassen sich bereits Assoziationsfelder feststellen. Ähnliche Assoziationen können durch Handheben erfragt werden, abweichende sollten die Schüler kurz beschreiben.

3) Diskussion über Gründe für Gemeinsamkeiten und Unterschiede der Assoziationen:

- *Welche Gemeinsamkeiten haben die unterschiedlichen Szenen?*
- *Wie lässt sich erklären, dass sich die assoziierten Szenen teilweise deutlich unterscheiden?*

4) Zwei sich widersprechende Annahmen bilden hierbei die Pole der Diskussion:
These A: Jeder empfindet ein Musikstück unterschiedlich. (Aber: Wenn die ausgelösten Empfindungen beliebig wären, dürfte es keine Übereinstimmungen der Szenen geben.)
These B: Ein Komponist hat bei seiner Komposition eine bestimmte Ausdrucksabsicht. (Aber: Wenn ein Trauermarsch heitere Assoziationen hervorruft, müsste entweder ein Fehlverständnis beim Hörer vorliegen oder der Komponist hätte seine Ausdrucksabsicht verfehlt.)

Freie Gruppenchoreografie

In separaten Räumen erarbeiten die Schüler in Gruppen von sechs bis acht Personen eine **freie Choreografie zu einem kurzen Musikstück** von ca. 3 Minuten. Jede Gruppe benötigt ein Abspielgerät.

1) Die Gruppen bekommen die Aufgabe, gemeinsam eine Choreografie zu dem Musikstück zu erarbeiten und einzuüben. Das Vorgeben von ein bis zwei Gestaltungsregeln kann helfen, Ansatzpunkte für die Choreografie zu finden, z.B.:

- ➲ Alle müssen sich immer mit mindestens einem Körperteil in Berührung befinden.
- ➲ Alle müssen sich in Bewegung befinden, keiner darf stehen.
- ➲ Es dürfen keine Zweierformationen gebildet werden.

2) Musiktipps:

- ➲ C. Saint-Saens: Karneval der Tiere (Aquarium, Der Schwan)
- ➲ M. Mussorgski: Bilder einer Ausstellung (Gnomus, Ballett der Küken u. a.)
- ➲ E. Grieg: Peer-Gynt-Suite 1 (Morgenstimmung, Åses Tod)

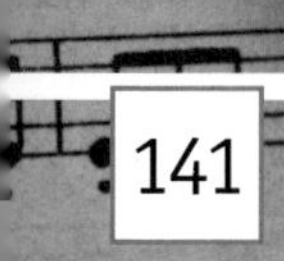

Malen nach Musik

Bei offenen **Mal-/Zeichenaufgaben zu Musik** erliegen die Schüler meistens ihren eigenen Konventionen. Die Assoziation „Landschaft" führt z.B. oft zu einer beliebigen oder klischeehaften Darstellung. Deshalb sind Vorgaben geeignet, die möglichst vom gegenständlichen Malen wegführen.

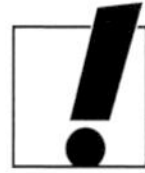

1) Male ein Bild zum Musikstück.
- ➲ Male nichts, was sich durch ein Substantiv benennen lässt.
- ➲ Verwende drei Farben deiner Wahl.
- ➲ Ordne die drei Farben vorher den folgenden Stimmungen zu:
  - **a)** Entspannung
  - **b)** Gefahr
  - **c)** Erleichterung

2) Auswertung: Präsentiert eure Bilder in Gruppen. Sprecht hierbei reihum eine Minute über euer Bild, und begründet eure Gestaltung.

Bildeinstiege zur Musik

Bei **Bildeinstiegen** geht es darum, Parallelen der Musik zu anderen Künsten oder zu gesellschaftlichen Ereignissen herzustellen, auf die Gestaltungsweise des Musikstücks vorzubereiten oder ästhetische Prinzipien einer Epoche herauszuarbeiten.

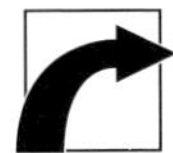

Je nach Zielrichtung und Niveaustufe können folgende Impulse zu einer vergleichenden Auseinandersetzung anregen:

- Zur Vorbereitung auf ein Musikstück:
  Wie könnte ein Musikstück gestaltet sein, das zu dem gezeigten Bild passt?
- Bild und Musik werden gleichzeitig präsentiert:
  Welche Hinweise gibt es, dass Musik und Bild in derselben Zeit entstanden sind?
- Verschiedene Bilder zu einem Musikstück:
  Zu welchem Bild passt das Musikstück?
  Begründe deine Entscheidung!

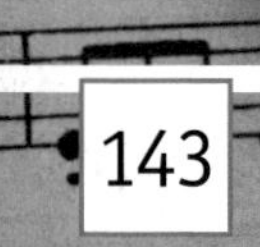

143 Mitlesetechnik für Partituren

Das **Mitlesen von Noten zur Musik** fördert das Verständnis von Musik allein durch den visuellen Eindruck. Besonders bei komplexeren Notenbildern wie Partituren oder Klavierauszügen ist eine Mitlesetechnik hilfreich, die den Schülern das synchrone Mitverfolgen der Noten ermöglicht.

1) Anhand der Partitur werden grundsätzliche Dinge geklärt: Taktart, Begriffe Akkolade und Notensystem, ggf. Auftakt, Wiederholungszeichen und ggf. Wiederholungsklammern.

2) Das Musikstück wird kurz angespielt. Hierbei wird zunächst sichergestellt, dass die Schüler das Metrum erfassen.

3) Die Schüler tippen das Metrum mit einem umgedrehten Stift im Notentext mit. Alle vier Schläge (beim 4/4-Takt) rücken sie zum nächsten Taktstrich weiter. Als Hilfestellung können gelegentlich Akkoladenwechsel angesagt werden. In der Regel können Schüler nach zwei bis drei Durchgängen den Notentext synchron zur Musik mitverfolgen.

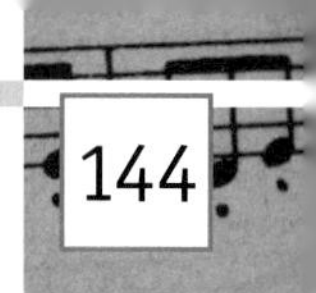

Erlebnisprofile zu einem Musikstück

„Jeder empfindet Musik anders." Diese These geht leicht über die Lippen. Mit Erlebnisprofilen lassen sich Wahrnehmungen vergleichen. So kann man über das Verhältnis von Subjektivem (Empfindungen, Bewertungen) und Objektivem (Gestaltung der Musik) ins Gespräch kommen. Die Schüler erhalten ein **Erlebnisprofil**, das sie nach dem Hören eines Musikstücks durch Ankreuzen ausfüllen.

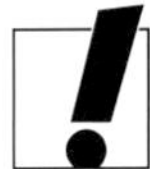

1) Kreuzt in folgendem Erlebnisprofil an, wie ihr die gehörte Musik erlebt und bewertet.

	← stärker					weniger →
	6	5	4	3	2	1
Wahrnehmung der Musik						
dramatisch	❑	❑	❑	❑	❑	❑
kraftvoll	❑	❑	❑	❑	❑	❑
tänzerisch	❑	❑	❑	❑	❑	❑
heiter	❑	❑	❑	❑	❑	❑
gefühllos	❑	❑	❑	❑	❑	❑
geheimnisvoll	❑	❑	❑	❑	❑	❑
traurig	❑	❑	❑	❑	❑	❑
nachdenklich	❑	❑	❑	❑	❑	❑
beruhigend	❑	❑	❑	❑	❑	❑
Persönliche Bewertung						
schön	❑	❑	❑	❑	❑	❑
interessant	❑	❑	❑	❑	❑	❑
unterhaltsam	❑	❑	❑	❑	❑	❑

2) Vergleicht zu zweit eure Ergebnisse: Verbindet die Kreuze von oben nach unten mit einem dunklen Stift. Durch Übereinanderhalten der Blätter gegen das Fenster könnt ihr Übereinstimmungen und Abweichungen schnell erkennen.

3) Beantwortet die folgenden Fragen in Stichpunkten.

➲ Weicht eure Wahrnehmung der Musik voneinander ab? Wie erklärt ihr euch das?

➲ Durch welche Gestaltungsmittel der Musik lassen sich eure Wahrnehmungen erklären?

145

Beschreibung oder Bewertung?

Schüler unterscheiden nicht immer zwischen (objektiver) **Beschreibung** und (subjektiver) **Bewertung.** Beides ist wichtig, aber die Fähigkeit, Beschreibung und Bewertung klar zu trennen, müssen Schüler besonders im Hinblick auf Musik oft erst üben. Dabei bieten gerade auch die im folgenden Dialog enthaltenen Grenzfälle mit impliziten Bewertungen („komisches Instrument“) und impliziten Beschreibungen („quäkiger Ton“) die Möglichkeit der Unterscheidung von treffender Beschreibung („hohe Geigen“) und ungenauer Beschreibung („Bumm gemacht“).

Beschreibung oder Bewertung? – Beim Beschreiben wird eine allgemeingültige Aussage über ein Musikstück gemacht. Beim Bewerten macht der Hörer eine Aussage darüber, wie er die Musik findet. Unterstreiche Wörter oder Wortgruppen, die die Musik beschreiben mit Grün, Bewertungen mit Rot. Unterstreiche zweifach, falls gleichzeitig beschrieben und bewertet wird.

Herr Maus: *„Gleich kommt eines meiner Lieblingsstücke. Ich bin gespannt, ob ihr Orchestermusik auch mögt …“*
Marcel: *„Diese hohen Geigen waren echt nervig und auch noch so laut.“*
Sanja: *„Ich fand das Stück schön, weil da so tolle Melodien vorkommen.“*
André: *„Ich würde mir solche Musik in meiner Freizeit nicht anhören. Musik ohne Text finde ich langweilig.“*
Ali: *„Dieses komische Instrument mit dem quäkigen Ton, war das eine Oboe?“*
Herr Maus: *„Fast. Das war ein Englischhorn. Das hat den wundervollsten Part im ganzen Stück.“*
André: *„Ich habe noch eine Trompete gehört – klang nach Militärmusik.“*
Sanja: *„Meiner Meinung nach war das eher Tanzmusik, weil das immer so Bumm gemacht hat.“*
Ali: *„Ja, genau, dieses Dings hat doch die ganze Zeit über getrommelt.“*

Wortschatzübung zur Charakterisierung

Die Wirkung von Musik treffend mit Worten zu beschreiben, dokumentiert neben sprachlicher Kompetenz auch die Wahrnehmungs- und Erlebnisfähigkeit. Zur Erweiterung der Standardkategorien „fröhlich" und „traurig" sind spezielle **Wortschatz- und Formulierungsübungen** sinnvoll, etwa durch Vorgabe eines Adjektiv-Repertoires. Mit der Zeit können die Schüler diesen Pool um eigene Ausdrücke erweitern.

Beschreibe die gehörte Musik mit drei Sätzen.

- ➲ Nenne in jedem Satz ein Adjektiv zur Charakterisierung, und gib jeweils kurz an, was diese Wirkung verursacht.
- ➲ Achte bei den drei Sätzen auf Abwechslung in den Formulierungen und im Satzbau.

Adjektive zur Beschreibung der Wirkung von Musik:
leicht, perlend, gewichtig, pompös, tänzerisch, heiter, ausgelassen, düster, unheilvoll, tragisch, träumerisch, beklemmend, zart, beruhigend, kraftvoll, energisch, sentimental, melancholisch, geheimnisvoll, mysteriös, dramatisch, unruhig …

Beispiele:

a) *Am Anfang klingt die Musik geheimnisvoll, weil sie sehr leise ist und manchmal von Pausen unterbrochen wird.*

b) *Wenn die Geigen mit der hohen Melodie einsetzen, entsteht eine beruhigende Atmosphäre.*

c) *Das Musikstück klingt wegen des langsamen Tempos insgesamt sehr träumerisch.*

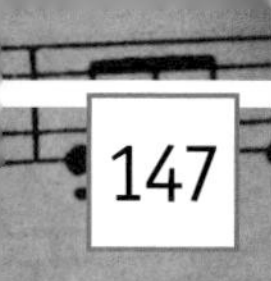

147

Musik durch Vergleiche charakterisieren

Musik durch **außermusikalische Vergleiche** zu charakterisieren, fördert das assoziative Hören und ist als schriftliche Aufgabe eine sinnvolle Übung zur Musikbeschreibung.

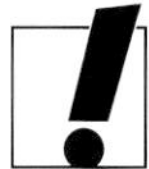

Beschreibe die Wirkung des Musikstücks durch mehrere Vergleiche mit „wie“, „als“, „als ob“ oder „als wenn“.

Beispiele:

a) *Am Anfang klingt die Musik, als würde etwas Unheimliches, Bedrohliches bevorstehen.*

b) *Kurz darauf entsteht der Eindruck, als ob ein Gewitter über einem niedergehen würde.*

c) *Am Schluss scheint es so, als wenn eine Katastrophe ein wüstes Schlachtfeld hinterlassen hätte.*

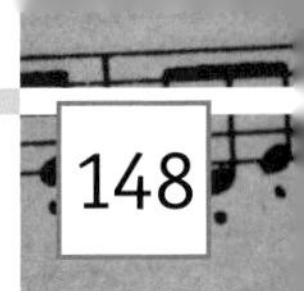

Analyse der Wirkung von Musik

In vielen Unterrichtszusammenhängen ist es sinnvoll, **musikalische Sachverhalte** nicht bloß zu benennen, sondern im Zusammenhang mit der Klangwirkung zu beschreiben. Diese Übung hilft den Schülern dabei, diesen Zusammenhang herzustellen.

Bei der Analyse eines Musikstücks geht es meist darum, zu beschreiben, durch welche Gestaltungsmittel es seine Wirkung bekommt.

- ➲ Notiere beim ersten Hören des Stücks Stichpunkte zur Wirkung. Welche Eindrücke hast du?
- ➲ Achte beim weiteren Hören darauf, durch welche Gestaltungsmittel diese Wirkung erzeugt wird. Beschreibe die Gestaltung in der rechten Spalte der Tabelle, soweit sie für die Wirkung wichtig ist.
- ➲ Beschreibe in einem Text, wie die Wirkung des Musikstücks mit seiner musikalischen Gestaltung zusammenhängt.

Ursachen für die Wirkung des Musikstücks	**Beschreibung der musikalischen Gestaltung**
Instrumentation (hervortretende Instrumente)	
Taktart	
Tempo	
Tongeschlecht (Dur/Moll)	
Rhythmus der Melodie (vorherrschende Notenwerte)	
Rhythmus der Begleitung (vorherrschende Notenwerte)	
Lage der Melodie (hoch/mittel/tief)	
Melodieführung (z.B. aufwärts/abwärts/kreisend)	
Dynamischer Verlauf (z.B. piano/forte/crescendo)	
Artikulation (staccato/legato/marcato)	

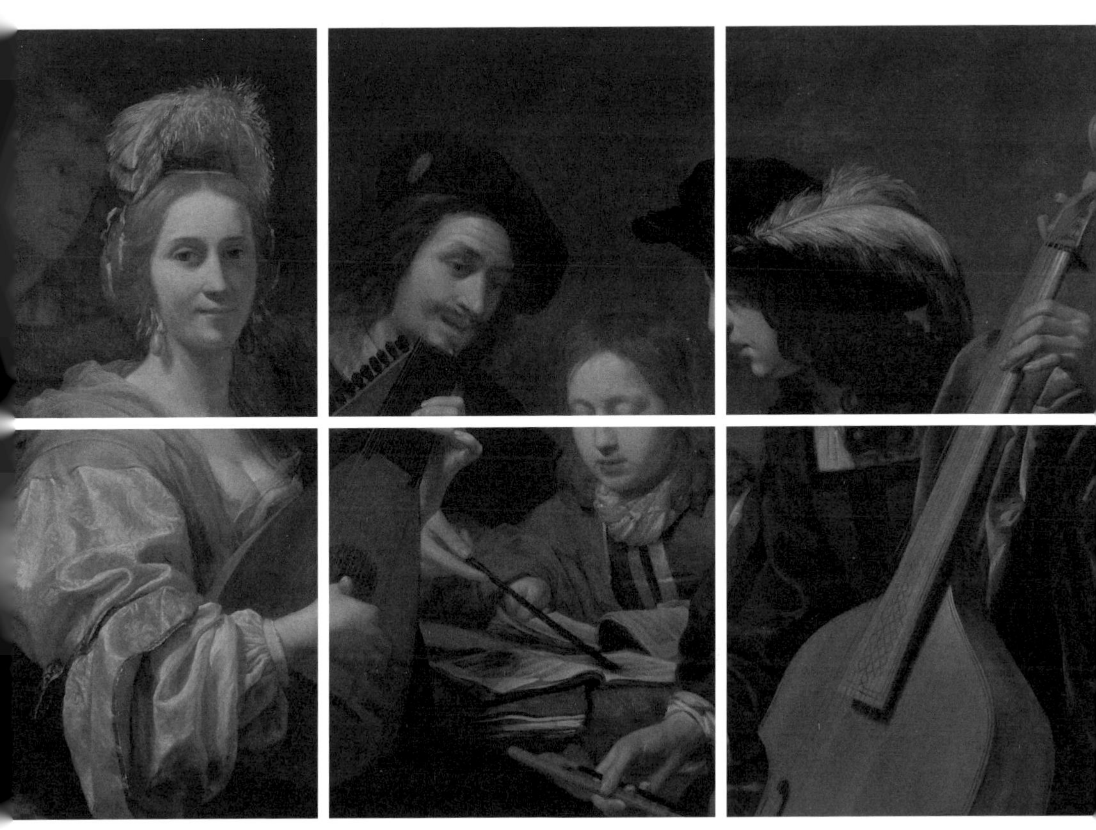

Musikgeschichte

- Mittelalter
- Barock
- Klassik
- Romantik
- Moderne und Neue Musik
- Epochen im Überblicke

149

Annäherung an Gregorianische Gesänge

Das Vorspielen einer geeigneten Aufnahme ist mit Sicherheit ein Hörerlebnis, denn **Gregorianik** ist sehr assoziationsstark. Aufgrund der einfachen Gestaltung der Choräle und auch der anhaltenden Mittelalterbegeisterung bieten sich viele Anknüpfungspunkte für den Unterricht. So gehören einige Gregorianik-CDs zu Kassenschlagern, manche erlangten sogar Chartstatus. In den 1990er-Jahren unterlegten so genannte Gregorianik-Pop-Bands wie „Enigma" diese Gesänge mit Elektrosounds. Die so genannte Wellness-Musik greift ebenfalls auf Gregorianik zurück.

1) Hören eines Chorals ohne Ankündigung der Musikart.

2) Benennen von Eindrücken und Assoziationen, Beschreibung der musikalischen Gestaltung.

3) Vermutungen zur Funktion der Musik.

Stichpunkte zum gregorianischen Choral:
- einstimmiger Mönchsgesang des Mittelalters in lateinischer Sprache
- kein Takt, Dahinfließen der Melodie
- in Klöstern viele Stunden täglich gesungen, ohne Publikum

4) **Problematisierung:** *CDs mit gregorianischen Gesängen werden heute noch zahlreich verkauft. Wie erklärt ihr euch die Popularität dieser Musik?*

Aspekte der Diskussion:
- In welchen Situationen könnte diese Musik heute gehört werden?
- Wird die Musik beim heutigen Hören zweckentfremdet?
- Darf man religiöse Musik zum Zweck der Unterhaltung oder Entspannung hören?

5) Hören eines Gegorianik-Pop-Songs (z.B. der Gruppe „Enigma"). Beschreibung der Machart. Beurteilung im Vergleich.

Gregorianische Choräle singen

Melodien von Chorälen wurden erst ab dem 9. Jahrhundert aufgeschrieben. Zunächst in Neumen: einfachen Zeichen zur groben Tonhöhenorientierung ohne Linien. Später kamen die Notenlinien hinzu. Das schriftliche Festhalten von Rhythmen begann erst im 13. Jahrhundert mit der Mensuralnotation mit eckigen Notenköpfen, aus der sich die moderne Notenschrift entwickelte. Da der Rhythmus der gregorianischen Choräle nicht überliefert ist, werden bei der Übertragung in die moderne Notenschrift meist die Notenhälse weggelassen. Ein Punkt nach einer Note deutet an, dass diese als Ruhepunkt verlängert wird. Da sich die Melodie an einem prosaischen Text orientiert, gibt es keinen Takt, folglich sind auch Taktstriche bei der Notation nicht sinnvoll.

Kyrie Eleison

Übersetzung: Herr, erbarme dich! Christus, erbarme dich! Herr, erbarme dich!

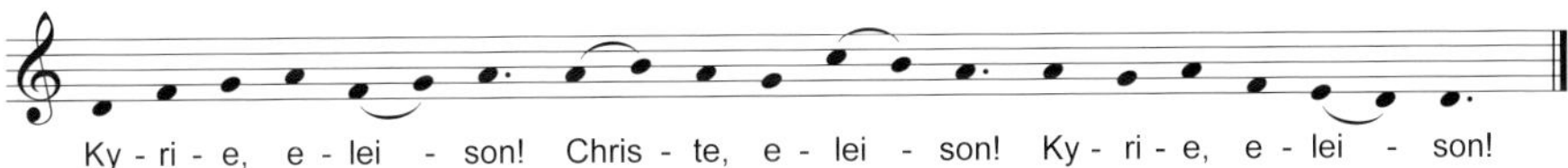

Dies irae

Übersetzung: Tag des Zornes! Wenn am diesem Tag die Welt in Asche untergeht, wie David und Sibylla vorausgesagt haben.

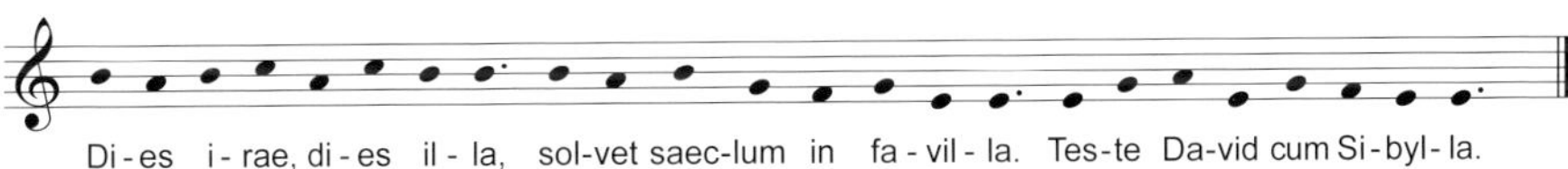

Zweistimmiges Organum

Übersetzung: Und auf Erden Friede den Menschen, die gute Absichten haben.

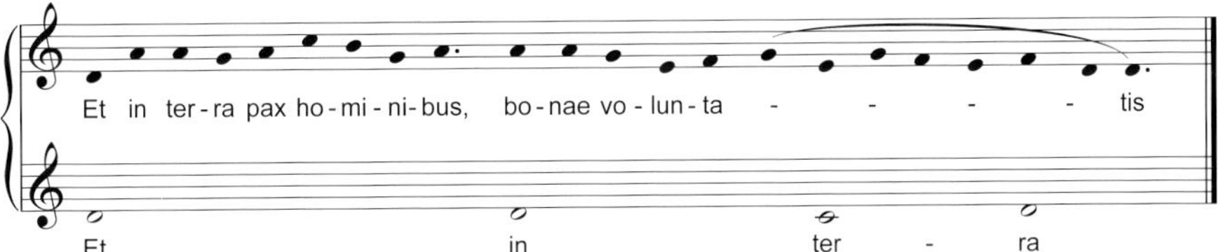

Gregorianische Choräle komponieren

Auf Grund der einfachen Gestaltung eignen sich einstimmige Choräle gut für leichte **Kompositionsaufgaben**. Hierbei werden der Umgang mit einer überschaubaren Zahl an Kompositionsregeln geübt und Prinzipien der Melodiebildung und Textbehandlung erarbeitet.

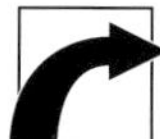

1) Singen eines gregorianischen Chorals.

2) Beschreibung der kompositorischen Gestaltung. Als Grundlage für die Aufgabe werden Kompositions- und Notationsregeln aufgestellt.
- ➲ überwiegend Stufenbewegung (Sekunden, einige Terzen)
- ➲ an geeigneten Textstellen Melismatik (eine Silbe über mehrere Töne strecken), ansonsten Syllabik (zu jeder Silbe eine Note)
- ➲ keine Takte, keine Taktstriche
- ➲ ausgefüllte Notenköpfe als einheitlicher Notenwert
- ➲ Zäsur am Ende von Sätzen oder Teilsätzen (Punkt hinter der Note)
- ➲ der Schlusston ist der Grundton der Tonart

3) Die Schüler erhalten einen lateinischen Text zur Vertonung als Choral. Als Tonart könnte d-Dorisch oder e-Phrygisch vorgegeben werden (nur Stammtöne mit jeweiligem Schlusston). Mit Hilfe der Übersetzung lassen sich geeignete Wörter als Melismen gestalten.
Mögliche Textvorgaben aus der Messe:
- ➲ „Benedictus qui venit in nomine Domini.“ („Gelobt sei, der kommt im Namen des Herren.“)
- ➲ „Gloria in excelsis Deo et in terra pax hominibus bonae voluntatis.“ („Ehre sei Gott in der Höhe und auf der Erde Friede den Menschen mit guten Absichten.“)

4) Auswertung: Eine Auswahl an Chorälen wird vervielfältigt und als Übung im Vom-Blatt-Singen genutzt. Dabei wird die Einhaltung der Kompositionsregeln überprüft.

Kirchentonarten im Choral

Die Einführung und praktische Auseinandersetzung mit **Kirchentonarten** ist im Zusammenhang mit Chorälen besonders sinnvoll. Zur Demonstration typischer Charakteristika sind aber auch Volkslieder geeignet (siehe Übung 153).

Der Charakter einer Melodie hängt eng mit der Intervallstruktur der verwendeten Tonleiter zusammen. Für die Anordnung der Halbtonschritte in einer Tonleiter gibt es außer 3/4–7/8 (Dur) und 2/3–5/6 (Moll) aber noch weitere Möglichkeiten, die jeweils einen ganz eigenen Melodiecharakter prägen. Im Jazz wird häufig mit Kirchentonarten improvisiert, einige Popsongs stehen in Dorisch und verwenden die sich daraus ergebenden Dreiklänge:

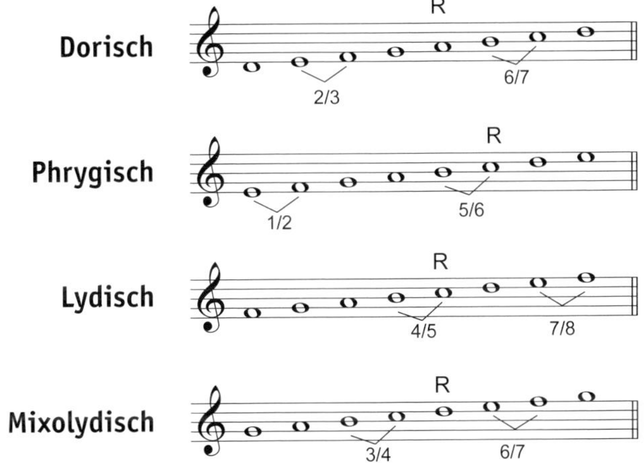

Schreibe einen gregorianischen Choral in einer Kirchentonart zu folgendem Text aus der lateinischen Messe:
„Agnus Dei, qui tollis peccata mundi. Miserere nobis."
(„Lamm Gottes, das du trägst die Sünden der Welt. Erbarme dich unser.") Beachte:

- Um den typischen Charakter der Tonart hörbar zu machen, sollte der Rezitationston („R") möglichst oft verwendet und umkreist werden.
- Die Melodie endet mit dem Grundton.
- Dehne die Silben geeigneter Wörter zur ausdrucksvollen Darstellung über mehrere Töne (Melisma).

153

Bordunbegleitung zum Volkslied

Unter **Bordun** versteht man ausgehaltene Liegetöne zur Begleitung einer Melodie, meist der Grundton in Verbindung mit der Oberquinte. In der Volksmusik ist diese Begleitpraxis vom Mittelalter bis zum Barock üblich. Klanglich besonders reizvoll lassen sich mit Bordunquinten Lieder in Kirchentonarten begleiten, wie die beiden Beispiele in Dorisch. Um dem Klang typischer Borduninstrumente, wie Sackpfeife oder Drehleier, nahezukommen, sind Keyboards gut einsetzbar, aber auch Streichinstrumente mit Leersaiten und tiefe Blockflöten.

„So treiben wir den Winter aus" (kirchliches Gesangslied zum Mittfasten)

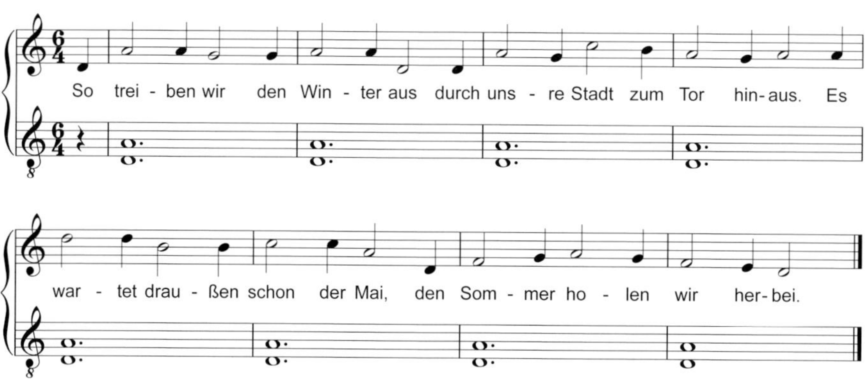

„Es geht ein dunkle Wolk herein"
Melodie und Text nach Pater Johann Werlins Liederhandschrift

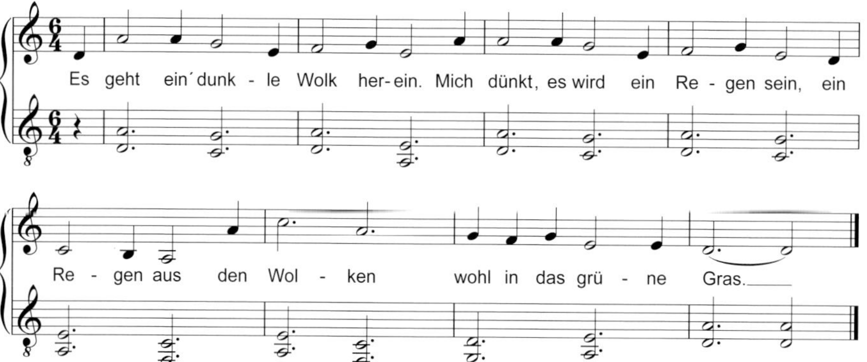

Präludien komponieren

An **Präludien aus dem „Wohltemperierten Klavier"** von J.S. Bach können wichtige Merkmale barocker Musik deutlich gemacht werden:

- Fehlen einer sanglichen Hauptstimme.
- Der Rhythmus bleibt über weite Teile des Stücks gleich.
- Es gibt eine Grundstimmung, aber wenig Kontrast oder Dramatik.

Beim Komponieren und Spielen am Keyboard können alle Dreiklänge in Grundstellung gespielt werden.

1) Hören und Mitlesen des Präludiums in C-Dur (WTK 1).

2) Beschreiben der Gestaltung: aufgelöste Dreiklänge, immer derselbe Rhythmus.

3) Üben einfacher Auflösungsmuster mit zwei Händen (oktavversetzt, s.u.). Zunächst mit dem C-Dur-Dreiklang, anschließend aufsteigend in Tonleiterfolge.

4) Die Schüler erhalten folgenden Kompositionsauftrag. Nötigenfalls kann das Vorgehen anhand einer Gemeinschaftskomposition verdeutlicht werden.

Komponiere ein Präludium. So gehst du dabei vor:

- Erfinde eine 8-taktige Dreiklangfolge (ein Dreiklang pro Takt).
- Lege ein Auflösungsmuster für die Dreiklänge fest.
- Übe dein Präludium auf dem Keyboard.

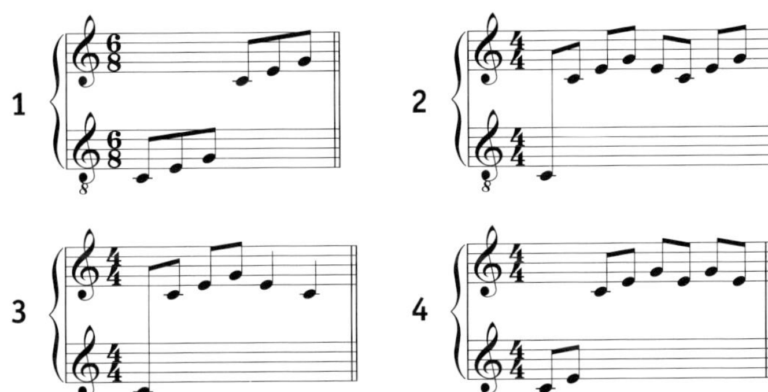

155

Annäherung an die Fuge

Anhand von (Bach'schen) **Fugen** kann nicht nur die **polyphone Satztechnik** eingeführt werden. Die rationalistische Kompositionsweise, bei der es mehr um kunstvolle Ordnung der Töne als um den Ausdruck geht, kann auch der Musikästhetik der Klassik gegenübergestellt werden.

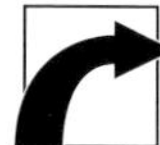

1) Erfassen des Themas: *„In diesem Stück wird eine kurze Melodie (Thema) immer wieder in verschiedenen Stimmen gespielt."* Das Thema wird auf dem Klavier vorgespielt und zum Einprägen auf einer Silbe gesungen.

2) Zählen der Themeneinsätze zum zweiten Hören: *„Achtet beim Hören darauf, wie oft das Thema erklingt. Zählt die Themeneinsätze."* Die Nennungen werden an der Tafel notiert. Wenn „vorgetäuschte" Themeneinsätze (Themenköpfe) mitgezählt wurden, kann das Hören mit dem Hinweis auf das Zählen vollständiger Themeneinsätze wiederholt werden.

3) Ausgabe der Noten, ggf. Orientierung in der Partitur: Stimmenzugehörigkeit (Sopran, Alt, Tenor, Bass). Aufgabe zum weiteren Hören: *„Markiert den Einsatz eines Themas in den Noten durch Einkreisen der Anfangstöne mit Bleistift."*

4) Auswertung: Die Schüler nennen die erkannten Themeneinsätze mit Taktzahl und Stimme. Auf einer Folie werden die Themen mit unterschiedlichen Farben für jede Stimme im Notensystem markiert. Die Schüler übernehmen die farbige Darstellung auf ihr Blatt.

5) Abschließendes Hören und Mitlesen im Notentext.

6) **Weiterführung:** Gliederung der Fuge in Durchführungen (Abschnitte mit Thema), Zwischenspiele (themenfreie Abschnitte), Engführung (Themeneinsätze in kurzen Abständen).

Aufbau eines Solokonzerts

Anhand von **Solokonzerten des Barock** lassen sich viele epochetypische musikalische Gestaltungsprinzipien aufzeigen: konzertantes Prinzip (Wechsel von Solo und Orchester), Monothematik, Terrassendynamik, Spielfiguren in Solopassagen. **Ein Ablaufplan** verdeutlicht die Struktur der Komposition.

1) Kurzinformation zur Gattung Solokonzert:
Beim Solokonzert spielt ein einzelner Instrumentalist mit dem Orchester im Wechsel. Die Hauptmelodie, das Thema, wird zwischendurch im Tutti gespielt (tutti = alle). Zwischendurch spielt der Solist mehrere Soli. Das Solokonzert ist seit dem Barock eine beliebte Gattung, weil das Publikum Gefallen an instrumentalen Höchstleistungen in den Soloabschnitten fand.

2) Hörauftrag zum ersten Hören: *„Das Stück beginnt mit dem Thema im Tutti. Zähle beim Hören mit, wie oft das Thema im Verlauf des Stücks gespielt wird."*

3) Erstellen eines Ablaufplans. Beim mehrmaligen Hören des Stücks machen die Schüler in der Spalte „Gestaltung" Notizen zu den einzelnen Abschnitten.

Aufbau des Solokonzerts für Klavier und Streichorchester in f-Moll von J. S. Bach (BWV 1056), 1. Satz

Abschnitt	Bemerkungen zur Gestaltung
Tutti 1	Thema (forte)
Solo 1 (Klavier)	Streicher machen leise Einwürfe
Tutti 2	Thema kurz (forte)
Solo 2 (Klavier)	Streicher spielen Einwürfe und lange Töne
Tutti 3	Thema (forte)
Solo 3 (Klavier)	nur kurz
Tutti 4	nur ein kurzer Teil des Themas (forte)
Solo 4 (Klavier)	Klavier spielt das Thema, Streicher spielen Teile des Themas als kurze Einwürfe
Tutti 5	Thema (forte)

Dreistimmiger Choralsatz (1/2)

Bei den folgenden Übungen zum **frühbarocken Choralsatz** werden ausschließlich Dreiklanggrundstellungen benutzt. Die beschriebene Schrittfolge eignet sich auch, um die Schüler zunächst in gemeinsamen Übungen mit dem Vorgehen und den zu beachtenden Regeln vertraut zu machen. Zwischendurch werden Ergebnisse zur Veranschaulichung und zum Vergleich möglicher Alternativen gesungen.

Die folgende Anleitung zeigt dir, wie man einen dreistimmigen Choral komponiert und welche Tonsatzregeln zu beachten sind.

1) Bassstimme und Text

- ➲ Verfassen eines kurzen Textes mit religiösem Inhalt.
- ➲ Der Bass bewegt sich in Vierteln, am Ende von Teilaussagen und am Schluss werden Halbe verwendet.
- ➲ Der Bass sollte als Dreiklangsgrundton möglichst oft springen.
- ➲ Nach der 5. Stufe muss die 1. oder 6. Stufe folgen.
- ➲ Am Schluss (Kadenz) werden folgende Stufen verwendet: 4 – 5 – 1 oder 2 – 5 – 1 oder 4 – 1.
- ➲ Terzsprünge können stufenweise mit Achteln ausgefüllt werden (Durchgangstöne). Es entsteht ein Melisma (= Tonfolge auf einer Silbe).

2) Choralmelodie (Sopran)

- ➲ Die Choralmelodie wird im oberen System notiert, alle Noten werden nach oben gehalst.
- ➲ Nur dreiklangseigene Töne werden verwendet.
- ➲ Die Melodie wird möglichst auf dem kürzesten Weg zum nachsten Ton geführt.
- ➲ Gegenbewegung zum Bass ist zu bevorzugen.
- ➲ Terzsprünge können stufenweise mit Achteln ausgefüllt werden (Durchgangsnoten).
- ➲ Die Melodie endet auf dem Grundton (1. Stufe).

Dreistimmiger Choralsatz (2/2)

3) Mittelstimme (Alt)

- Die Mittelstimme wird im oberen System notiert, alle Noten werden nach unten gehalst.
- Die Mittelstimme ergänzt den fehlenden Dreiklangton.
- Zur Vermeidung einer Regelverletzung kann die Quinte weggelassen werden, die Terz muss verwendet werden.
- Niemals alle drei Stimmen in dieselbe Richtung weiterführen, mindestens eine Stimme muss gleich bleiben oder sich in eine andere Richtung bewegen.
- Der Abstand zum Sopran darf eine Oktave nicht überschreiten.
- Stimmkreuzungen sind nicht zulässig.

Beispiel:
Dreistimmiger Choral

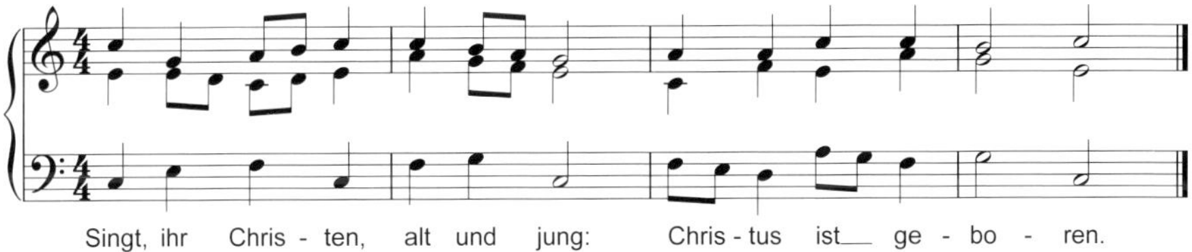

158

Dreistimmiger Choralsatz (Übungen)

Zur **Vereinfachung der Choralsatzaufgabe** können zunächst auch einzelne Stimmen vorgegeben werden. Wird die Choralmelodie vorgegeben, muss im ersten Schritt die Bassstimme gesetzt werden.

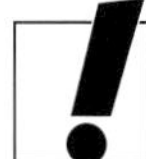

1) Schreibe zum vorgegebenen Bass zuerst eine Choralmelodie und anschließend eine Mittelstimme.

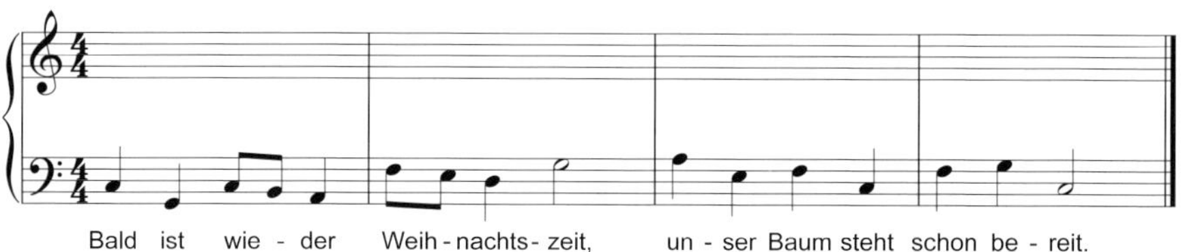

2) Schreibe zur vorgegebenen Choralmelodie zuerst eine Bassstimme und anschließend die Mittelstimme. Beachte die Regeln für die Bewegung der Bassstimme.

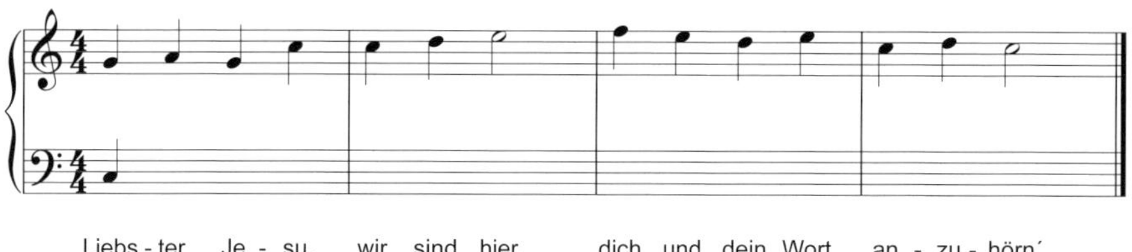

Die zu verwendenden Dreiklänge in C-Dur

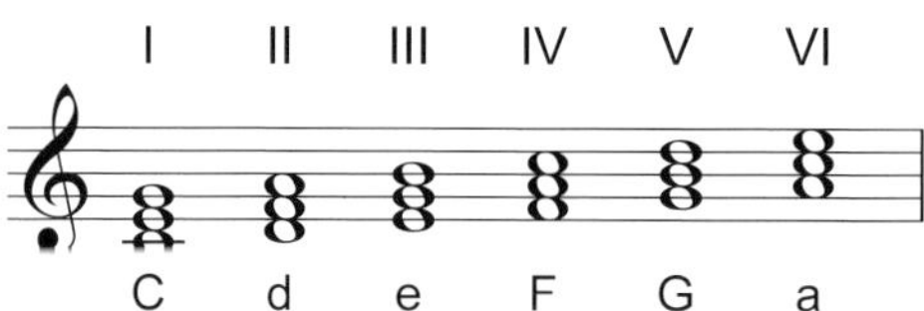

J. Pachelbel: Kanon in D-Dur

Pachelbels Kanon (und Gigue) in D-Dur für drei Violinen und Basso Continuo gehört zu den populärsten Stücken des Barock. Er verbindet das Prinzip des Kanons mit dem der Variation – die Abschnitte werden in der Folge immer virtuoser. Der ostinate Bass kann auch in das kanonische Spielen einbezogen werden, wobei anschließend um zwei Oktavlagen gesprungen werden muss. Die Abschnitte können ebenso gut auf einzelne Stimmen verteilt und kanonisches Spielen durch sukzessives Einsetzen vorgetäuscht werden. Dies erlaubt auch den Einbezug des schwierigen Abschnitts 4 für fortgeschrittene Spieler.

Johann Pachelbel: Kanon in D-Dur
transponiert nach C-Dur

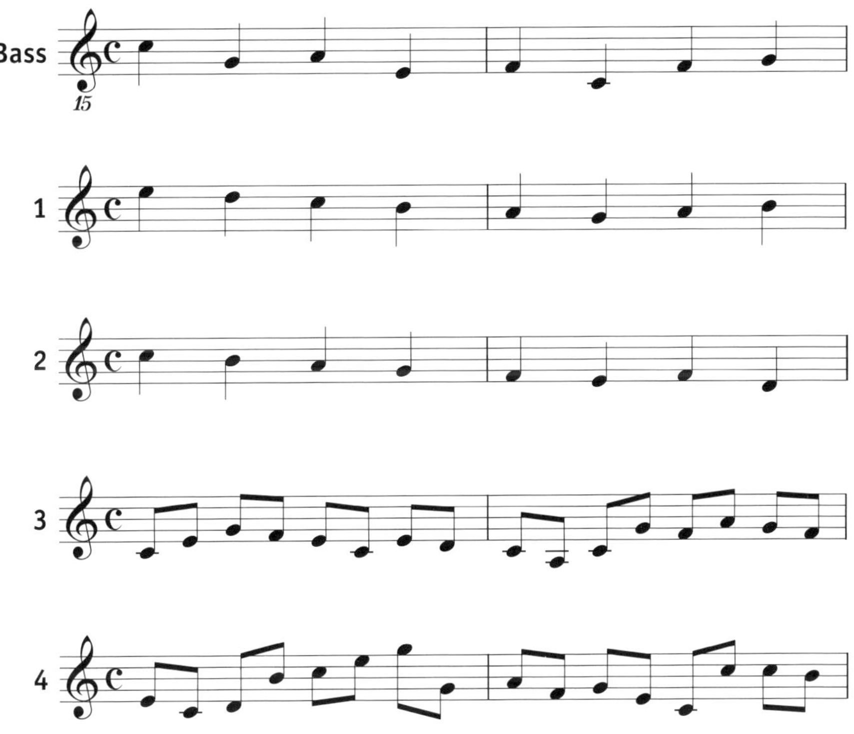

160

G. F. Händel: Sarabande in d-Moll

Das Thema von **Händels „Sarabande"** ist vielen Klavier lernenden Schülern bekannt. Populär wurde es auch als Film- und Werbemusik. Im Suitensatz folgen zwei Variationen über das Folia-Sequenzmodell nach dem Prinzip der Passacaglia. Am wirkungsvollsten klingt das langsame Stück, wenn es auf Keyboards mit Streicher-Sounds gespielt wird.

Georg Friedrich Händel: „Sarabande" aus Suite Nr. 4 in d-Moll (Händel-Werke-Verzeichnis 437)

Arrangement: Florian Buschendorff

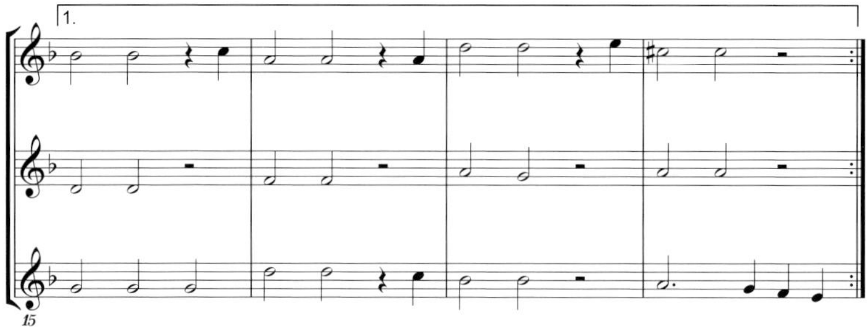

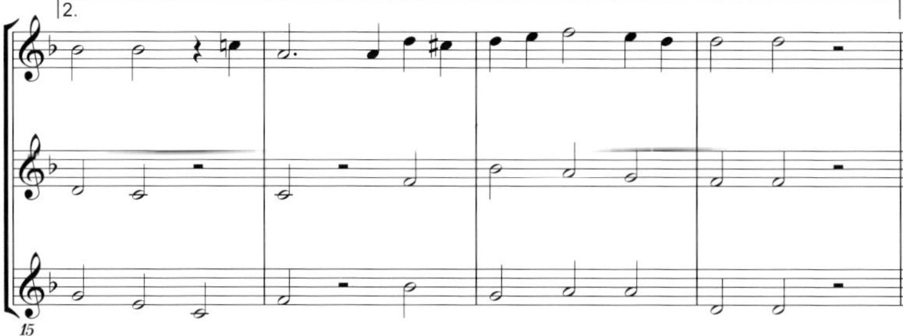

Choreografien zu Suitensätzen entwickeln

Im Gegensatz zum historischen Tanz ist beim **Erarbeiten einer eigenen Choreografie** zu einem barocken Suitensatz eine selbstständige Auseinandersetzung mit der Musik (Tempo, Takt, Rhythmus, Abschnittfolge) gefordert. In mehreren Gruppen wird wahlweise zum selben oder zu unterschiedlichen Suitensätzen eine Choreografie erarbeitet. Hierfür müssen separate Räumen mit jeweils einem Abspielgerät zur Verfügung stehen.

1) Wenn viele tanzerfahrene Schüler in der Lerngruppe sind, kann die Gruppenarbeit ohne Vorbereitung beginnen. Bei der Einteilung sollten Schüler, die eine anleitende Rolle übernehmen können, gleichmäßig auf die Gruppen verteilt werden.

Zur Anregung können vorher auch Gestaltungselemente aus dem Repertoire von historischen Tänzen und Volkstänzen kurz eingeübt werden:

- Aufstellungen: Reihe, Kreis, Gasse, Reihe
- Fassungen: V-Fassung, W-Fassung, T-Fassung, Zweihandfassung, Kreuzhandfassung
- Schritte: Gehschritt, Hüpfschritt, Wechselschritt

2) Die Schüler erhalten folgende Aufgabe:
Ihr hört ungefähr 300 Jahre alte Tanzmusik. Wie könnte man bei einem höfischen Fest dazu getanzt haben? Erarbeitet in Gruppen eine Choreografie, und übt sie ein. Achtet darauf, dass …

- *die Bewegungen zum Tempo und Takt der Musik passen,*
- *unterschiedliche Abschnitte der Musik verschieden umgesetzt werden.*

3) Musiktipps:

- J. S. Bach: Orchestersuiten (BWV 1066 – 1069)
- G. F. Händel: Wassermusik, Feuerwerksmusik

Ästhetik der Klassik

Bei der Gegenüberstellung eines lebhaften Stücks der **Wiener Klassik** mit beispielsweise einer „rationalistischen" Fuge des Barock kann leicht deutlich gemacht werden, worin die Hinwendung zum Menschen in der Epochenwende Barock/Klassik besteht und welche Gestaltungsmittel populäres Komponieren ausmachen:

- eingängige Melodien und Rhythmen, die sich wiederholen
- kurze fassliche Einheiten
- Dramatik (Dynamik, Crescendi, Kontraste)
- sangliche Melodieführung (in Dreiklängen, oder Tonleitern)

Leopold Mozart schrieb am 11.12.1780 an seinen Sohn Wolfgang Amadeus in einem Brief: *„Ich empfehle dir bei deiner Arbeit nicht einzig und allein an das musikalische, sondern auch an das unmusikalische Publikum zu denken [...] Vergiss also das so genannte Populäre nicht."*

Du hörst den Anfang von „Eine kleine Nachtmusik" von Wolfgang A. Mozart.
Beantworte danach folgende Fragen:

- Hat Mozart den Rat seines Vaters befolgt?
- Mit welchen Mitteln hat Mozart versucht, populär zu komponieren?

Wolfgang Amadeus Mozart: „Eine kleine Nachtmusik", Serenade Nr. 13 (Köchelverzeichnis 525)
oktaviert

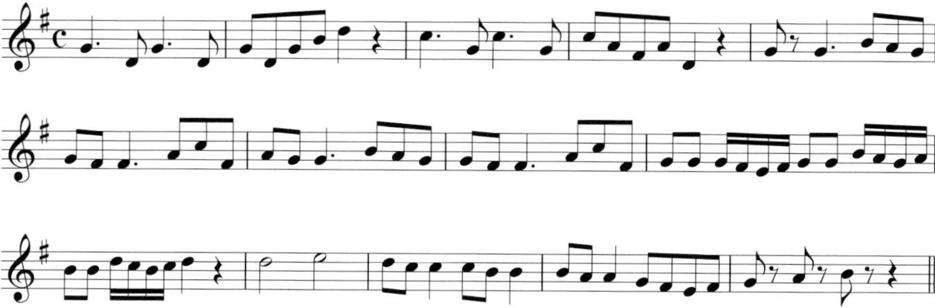

Drei Themen der Klassik

Die folgenden Themen eignen sich zum **Instrumentalspiel** und zur **Betrachtung von Melodik, Rhythmik und Form.** Die Themen Mozarts und Beethovens wurden nach C-Dur transponiert.

Joseph Haydn: Thema aus „Mit dem Paukenschlag", Sinfonie Nr. 94 in G-Dur, 2. Satz

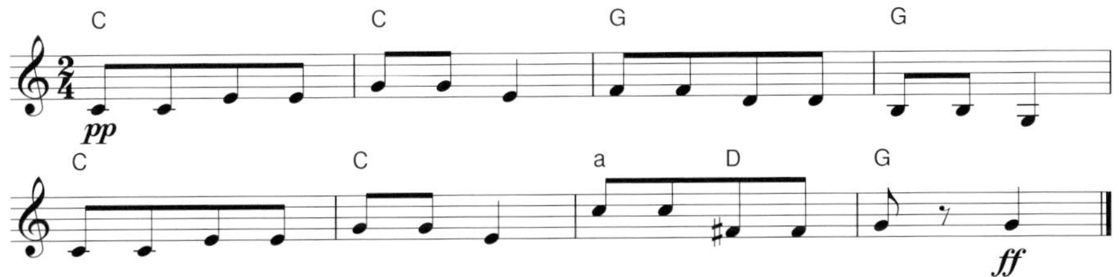

Wolfgang Amadeus Mozart: Thema aus Sonate Nr. 11 in A-Dur (Köchelverzeichnis 331), 1. Satz

Andante grazioso

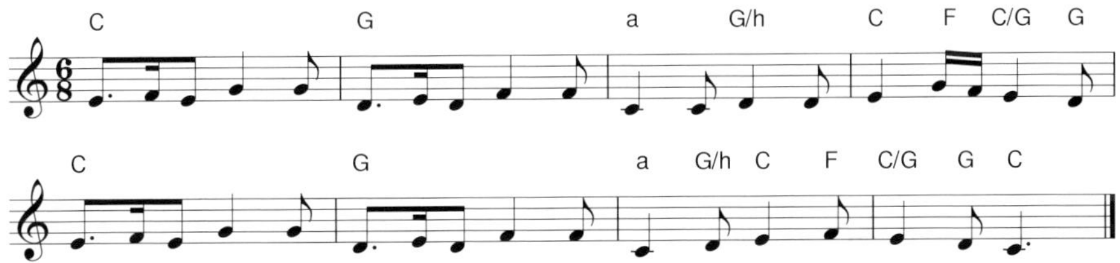

Ludwig van Beethoven: Thema aus dem Violinkonzert in D-Dur, op. 61, 1. Satz

Allegro ma non troppo

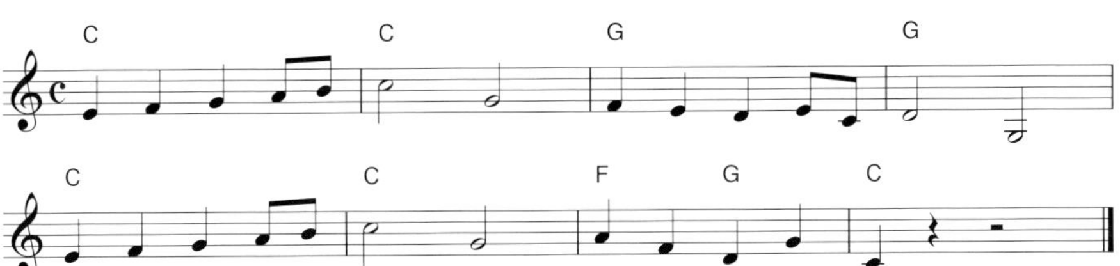

164

L. v. Beethoven: Pathétique

Eine der schönsten Melodien **Beethovens** wird oft als Vorgriff auf das romantische „Lied ohne Worte" aufgefasst. Aber wovon spricht diese Melodie? Einen **Text hierfür zu schreiben**, ist eine schöne Aufgabe. Billy Joel hat in seinem Song „This Night" (1983) bereits einen Text gefunden, der allerdings mit dem Charakter der Melodie nur wenig zu tun hat.

Ludwig van Beethoven: Thema aus „Pathétique", Klaviersonate Nr. 8 in c-Moll, op. 13, 2. Satz

Adagio cantabile

Arrangement: Florian Buschendorff

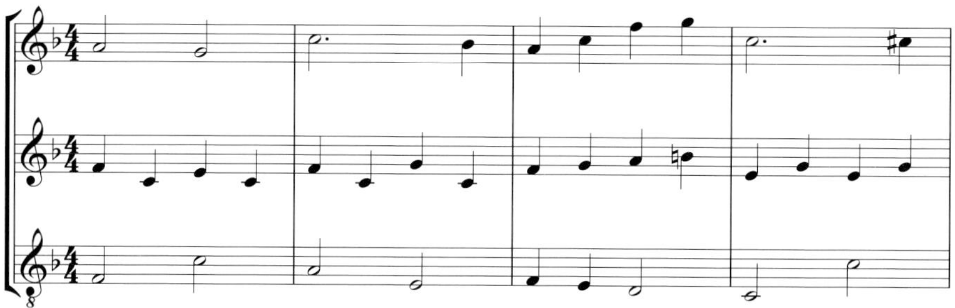

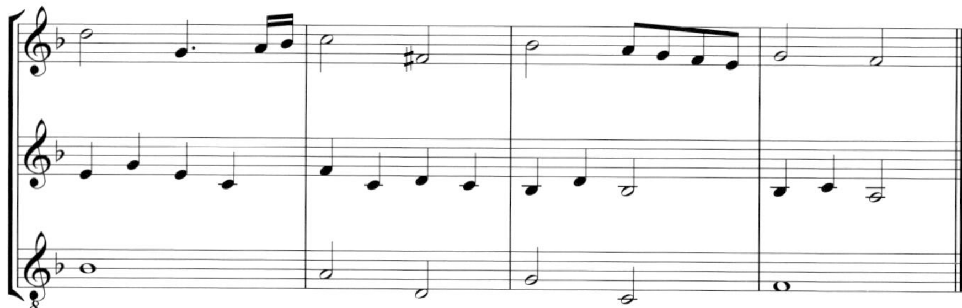

Melodien variieren

Das **Variieren von Melodien** ist eine leichte Kompositionsaufgabe, bei der die Schüler Erfahrungen mit Prinzipien klassischer Melodiebildung sammeln können. Ein weiterer Vorteil beim Selbstkomponieren: Die Variationen können, soweit richtig notiert, auch musiziert werden.

Spiele das Thema, und komponiere einen Variationensatz, indem du die Melodie auf verschiedene Weisen veränderst. Orientiere dich an den vorgegebenen Beispielen.

Thema: „Morgen kommt der Weihnachtsmann" (nach Nicolas Dezède)

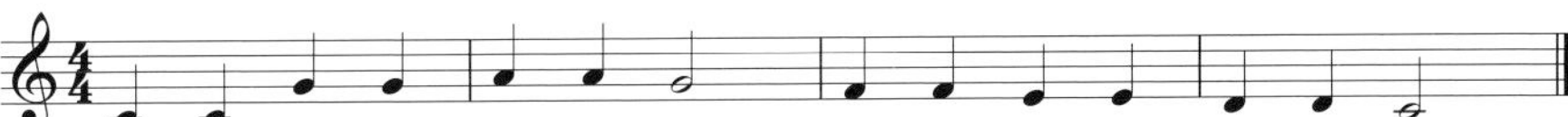

Variation durch **Veränderung des Rhythmus**

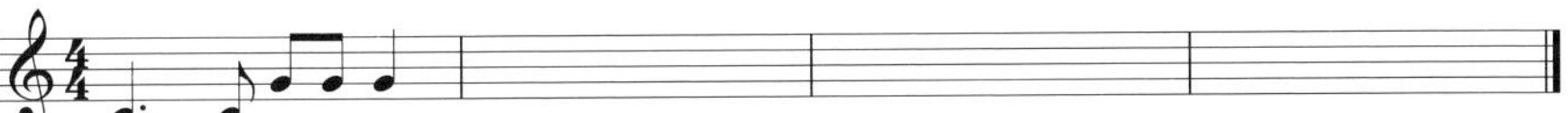

Variation durch **Umspielen der Töne**

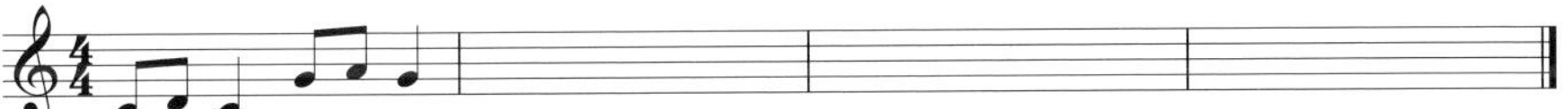

Variation durch **Veränderung von Taktart und Rhythmus**

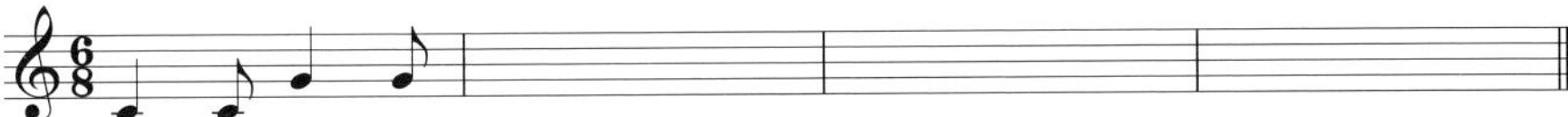

Variation durch **Änderung des Tongeschlechts** (von Dur nach Moll)

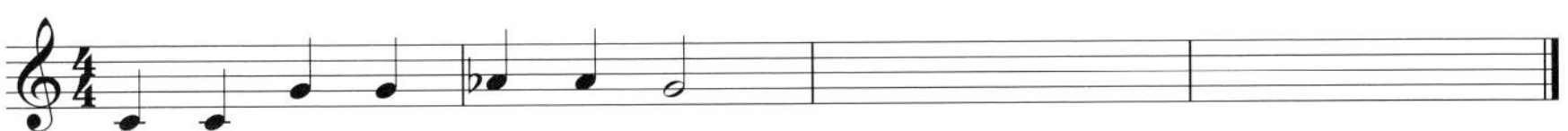

166

Szenen einer Sonatenexposition

Der Musikwissenschaftler Arnold Schering war davon überzeugt, dass den meisten Sonaten und Sinfonien eine **außermusikalische Handlung** zugrunde liegt. Auch wenn die Existenz eines außermusikalischen Programms für die meisten Werke der Klassik zweifelhaft ist, können Spekulationen hierzu das Nachvollziehen der „musikalischen Handlung" unterstützen und vielen Schülern helfen, einen emotionalen Zugang zur klassischen Symphonik zu finden.

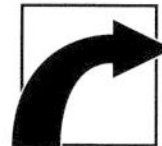

1) Die Exposition einer Sinfonie wird zwei- bis dreimal mit folgendem Auftrag gehört:
Das Musikstück erzählt eine Geschichte in Tönen. Welche Figuren könnten darin vorkommen? Was geschieht? Welche Szenen hörst du in der Musik? Schreibe die Geschichte als Text auf.

2) Zunächst ist es interessant, die Ideen der Schüler zu sammeln und hierbei Übereinstimmungen der Handlungsorte, Figuren und Handlungen festzustellen. Auch scheinbar unterschiedliche Assoziationen können auf Gemeinsamkeiten hin untersucht werden.

3) Eine schöne Möglichkeit der Präsentation besteht darin, die Geschichte zur Musik vorzulesen. Die Wirkung dieser „musikalischen Lesung" kann verstärkt werden, wenn der vorlesende Schüler durch ein Mikrofon spricht. Zuvor kann mit allen das Lesen ihres Textes zur Musik geübt werden, damit die Handlungsschritte beim Vorlesen mit den jeweiligen musikalischen Abschnitten übereinstimmen.

4) **Musiktipps:** Klischeehafte Ballsaal-Assoziationen lassen sich durch Auswahl von „stimmungsvollen" oder heroischen Expositionen, am besten in Moll, weitestgehend vermeiden.

- W. A. Mozart: Sinfonie Nr. 40 in g-Moll, „Jupiter" Sinfonie Nr. 41 in C-Dur, Klavierkonzert Nr. 20 in d-Moll
- L. v. Beethoven: Sinfonie Nr. 5, Sinfonie Nr. 3, Violinkonzert in D-Dur (op. 61)

Hörpuzzle aus Sonatenexposition (1/2)

Die **Notenzeilen mit den Themen in der richtigen Reihenfolge anzuordnen,** ist zwar recht einfach, erfordert aber zielgerichtetes Hören. Durch das Aufkleben auf einem Blatt, die Benennung der Themen und Notizen zur Gestaltung entsteht eine anschauliche Übersicht über den Aufbau der Exposition.

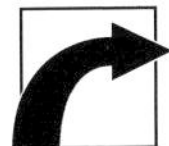

1) Die Schüler erhalten Noten zu den Themenanfängen einer Sonatenexposition. Zum Einprägen werden die Themen mehrfach am Klavier in veränderter Reihenfolge vorgespielt.

2) Die Schüler schneiden die Notenzeilen aus und ordnen sie beim Hören der Exposition in der richtigen Reihenfolge an.

3) Die Notenzeilen werden in richtiger Reihenfolge mit Abstand für weitere Notizen auf ein Blatt geklebt und beschriftet: 1. Thema, Überleitungsthema, 2. Thema usw.

4) Die Exposition wird abschnittweise gehört, dabei werden Gestaltungsmerkmale und Charakter in Stichpunkten beschrieben. Zum Beispiel:

- 1. Hauptthema: Streicher, piano, klingt geheimnisvoll, Moll
- Überleitungsthema: forte, aufsteigende Dreiklänge, Blechbläser, Dur, klingt pompös
- 2. Hauptthema: piano, legato, Holzbläser und Streicher im Wechsel, Dur, klingt lieblich

167 Hörpuzzle aus Sonatenexposition (2/2)

Wolfgang Amadeus Mozart: Themen aus Sinfonie Nr. 40 in g-Moll (Köchelverzeichnis 550), 1. Satz

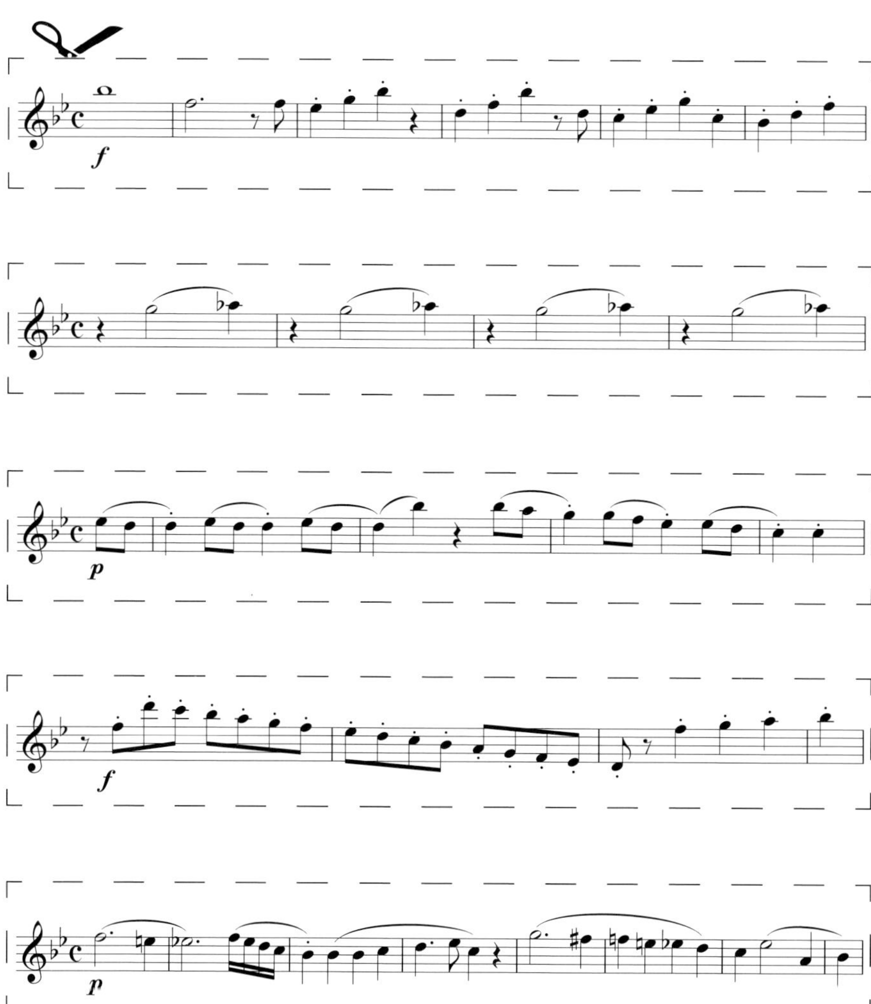

Gliederung einer Sonatenexposition

Bevor Schüler die Theorie der **Sonatenhauptsatzform** eigenständig auf eine Exposition oder einen ganzen Satz anwenden, ist es sinnvoll, zunächst den polythematischen Aufbau zu erfassen und Gliederungsmerkmale zu erarbeiten. So lässt sich später leichter beurteilen, welche Themen Hauptthemen sind und welche Überleitungsfunktion haben.

1) Beim ersten Hören der Exposition eines Sinfoniesatzes (zunächst ohne Noten) geht es darum, die Vielzahl der Themen bzw. Abschnitte zu erfassen. Vorinformation und Aufgabe: *Den Komponisten der Wiener Klassik ging es beim Komponieren darum, die Hörer durch Abwechslungsreichtum mitzureißen. Die Abschnitte der Musik (Themen) haben unterschiedliche Charaktere. Dieses Kompositionsprinzip nennt man Polythematik (= viele Themen). Zählt beim Hören die Anzahl der verschiedenen Themen.*

2) Beim nächsten Hören mit Noten (siehe Übung 143) werden die Themen im Klavierauszug mit Bleistift gekennzeichnet. Der Beginn eines neuen Abschnitts lässt sich meist schon visuell am Notenbild erkennen:
- Änderung der vorherrschenden Notenwerte
- Änderung der Dynamik
- Pause in allen Stimmen

3) In Verbindung mit einer schriftlichen Beschreibung des Aufbaus können die Begriffe zur Sonatenform eingeführt werden. Sinnvoll ist es zunächst, sämtliche Themen zu erfassen und auf dieser Basis eine Bestimmung als Haupt-, Überleitungs- oder Schlussthema vorzunehmen.

W.A. Mozart, Sinfonie g-Moll, 1. Satz
Aufbau der Exposition:

T. 1 – 28: 1. Thema – Hauptthema
T. 28 – 33: 2. Thema – Überleitungsthema 1
T. 34 – 38: 3. Thema – Überleitungsthema 2
T. 38 – 42: 4. Thema – Überleitungsthema 3

169

Themenkontraste herausarbeiten

Themenkontrast ist das musikalische Hauptmerkmal der Klassik. Die Dramatik entsteht durch die Abfolge von Abschnitten verschiedenen Charakters. Zur **Untersuchung und Beschreibung der Gestaltungsmittel** eignen sich Expositionen von Sinfonien und Rondoformen. Die Abschnitte werden in der Kopfzeile entsprechend der Form bezeichnet (1. Thema, Überleitungsthema etc. oder Refrain, Couplet 1, Couplet 2 etc.).

Untersuche, wie musikalischer Kontrast erzeugt wird. Charakterisiere die einzelnen Abschnitte, und benenne die musikalischen Gestaltungsmittel.

	Abschnitt 1	**Abschnitt 2**	**Abschnitt 3**
Charakter z.B. sanft, aufbrausend, nachdenklich			
Dynamik z.B. piano – crescendo – fortissimo			
Instrumentation Holzbläser, Streicher, Blechbläser, volles Orchester			
Lage der Melodie z.B. erst tief, dann immer höher			
Rhythmus der Melodie z.B. überwiegend große Notenwerte			
Artikulation z.B. überwiegend staccato, legato, marcato			

Annäherung an den Romantikbegriff

Ausgehend von Vorstellungen der Schüler von **Romantik** (Essen bei Kerzenschein u.Ä.) lässt sich, bei allen Unterschieden, eine sinnvolle Brücke zum Zeitgeist der Epoche herstellen. Hierbei werden typische Motive herausgearbeitet (Natur, Liebe, Sinnlichkeit), sodass die Themen von Volks- und Kunstliedern anschließend als „romantisch" identifiziert werden können. Romantik im 19. Jahrhundert bedeutet: Sehnsucht nach dem erfüllten Dasein angesichts einer als negativ erlebten Realität oder unerfüllten Liebe. Naturnähe als idealisierte Lebensweise, Wandern als Ausdruck von Sehnsucht und Realitätsflucht. Auch in der Orchestermusik der Romantik lassen sich diese Motive wiederfinden, z.B. in lautmalerischer Naturdarstellung oder im sehnsuchtsvollen Charakter in Moll schwelgender Melodien.

1) Die Schüler notieren innerhalb von zwei Minuten in Einzelarbeit alle Begriffe, die ihnen zu „Romantik" einfallen.

2) Die Begriffe werden genannt und an der Tafel festgehalten. Der Lehrer ordnet hierbei bereits nach drei Kategorien, ohne die Oberbegriffe (Natur, Liebe, Sinnliches) zu nennen. Meist ergibt sich folgendes Bild:

Motive der Romantik

Natur	Liebe	Sinnliches
➲ Sonnenuntergang ➲ Picknick ➲ Sternenhimmel ➲ Strand	➲ Heiratsantrag ➲ Rosen ➲ Herzchen ausschneiden ➲ weiße Kutsche	➲ Kerzenlicht ➲ Dinner ➲ leise Musik ➲ Spaziergang im Regen

3) Die Schüler formulieren Oberbegriffe zu den drei Bereichen. Ziel ist die Erkenntnis, dass „Romantik" die Themen Natur, Liebe und Sinnlichkeit verbindet. In vielen Begriffen verschmelzen sogar mehrere Motivbereiche: *Sonnenuntergang* = Natur + Sinnliches; *Rose* = Symbol der Liebe + Natur + sinnlicher Farb- und Duftreiz.

171 Romantik im Lied

Viele Liedtexte bieten sich an, das lyrische Ich einmal „auf die Couch zu legen" und über seine Gründe zum Verlassen der Heimat und einsamem Umherwandern in der Natur zu „psychologisieren". Im gelenkten Gespräch lassen sich dabei wichtige **Hintergründe über die Weltsicht der Romantiker** aufdecken. Auch viele unscheinbare Naturlieder des 19. Jahrhunderts bekommen so einen neuen Reiz.

1) Nach dem Singen des Liedes „Das Wandern ist des Müllers Lust" können Motive der Romantik untersucht werden (siehe Übung 170):
- *Inwiefern handelt es sich um ein typisch romantisches Lied?*
- *Entspricht die Einstellung des Wanderers im Lied eurer Einstellung zum Wandern?*

2) Leitfragen für ein gelenktes Gespräch:
- *Warum gibt der Geselle seinen sicheren Arbeitsplatz auf?*
- *Was erhofft er sich vom Wandern?*
- *Warum nimmt er sich die Natur (Wasser, Steine) zum Vorbild für sein Handeln?*
- *Unterscheidet sich die Lebenseinstellung des Wanderers von unserer?*

3) Untersuchung der Beziehung von Musik und Text:
- *Was bringt die Musik (Melodie und Begleitung) zum Ausdruck?*
- *Welche Gestaltungsmittel erzeugen diesen Ausdruck?*

4) Musiktipps:
- „Das Wandern ist des Müllers Lust" (W. Müller/Reichardt F. Schubert)
- „Die zwei Gesellen" (J. v. Eichendorff/R. Schumann)
- „Gute Nacht" (aus: „Winterreise": W. Müller/F. Schubert)
- „Mondnacht" (J. v. Eichendorff/R. Schumann)
- „O Täler weit, o Höhen" (J. v. Eichendorff/F. Mendelssohn Bartholdy)

A. Dvořák: Largo (9. Sinfonie)

Der langsame Satz ist eines der besten Beispiele für vertonte Naturimpressionen: die langen Töne und die pentatonische Melodie erzeugen unweigerlich Assoziationen von unendlicher Weite der Prärie. Die Hauptstimme wird im Original vom Englischhorn gespielt, die beiden Begleitstimmen sollten mit Streicher-Sounds gespielt werden.

Antonin Dvořák: Thema aus „Aus der Neuen Welt", Sinfonie Nr. 9 in e-Moll, op. 95, 2. Satz

Largo *Arrangement: Florian Buschendorff*

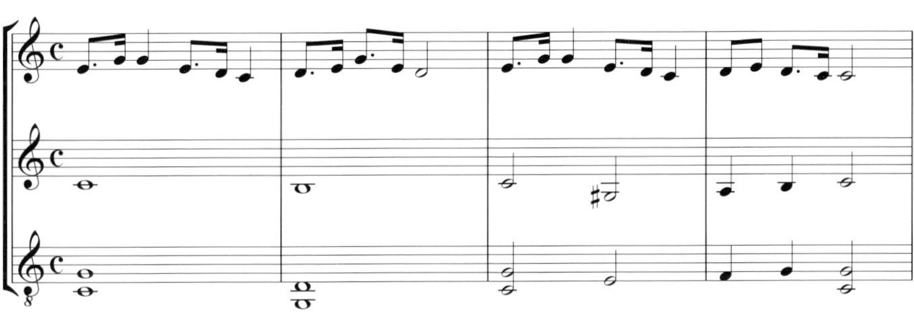

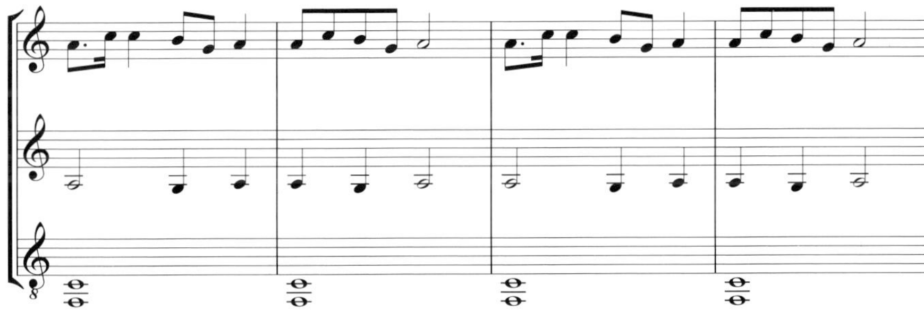

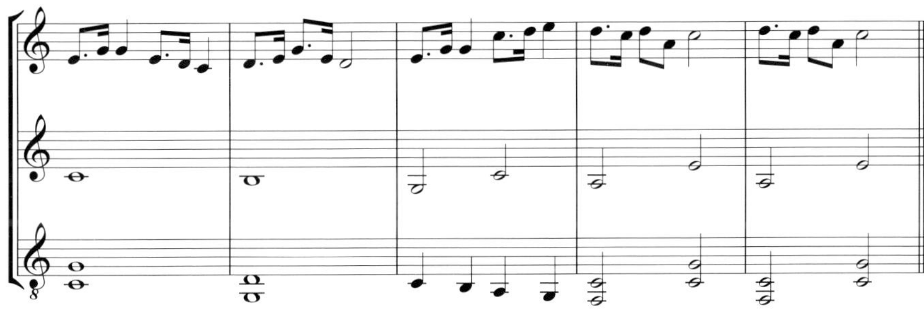

173

F. Chopin: Prélude Nr. 20 (opus 28)

Das **c-Moll-Prélude** ist als Trauermarsch gestaltet: choralartiger Satz, langsamstes Tempo und die charakteristische Rhythmik mit schreitenden Vierteln und Punktierungen. Im B-Teil benutzt **Chopin** den chromatischen Lamentobass (passus duriusculus), der seit dem Barock gebräuchliche musikalische Topos für Verzweiflung, Leid und Tod.

Frédéric Chopin: Prélude Nr. 20 in c-Moll, op. 28

Arrangement: Florian Buschendorff

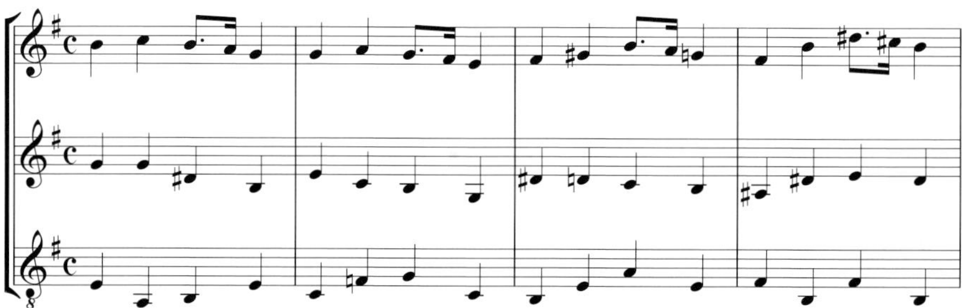

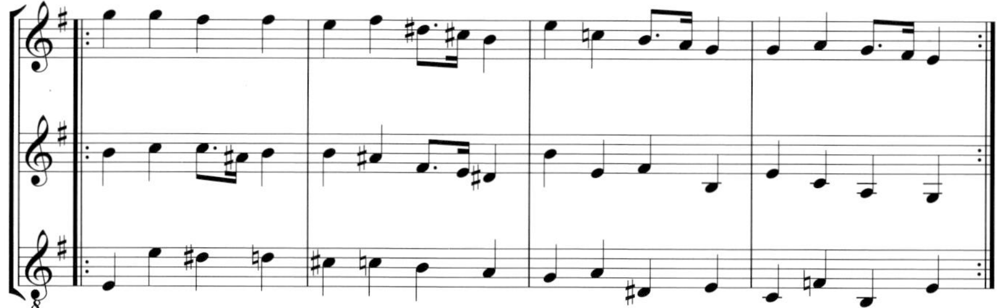

J. Brahms: Thema aus der 3. Sinfonie

Das melancholische Thema des **Brahms**'schen Stückes verwendet Carlos Santana in seinem Titel „Love Of My Life". Der eigentümliche Melodierhythmus, der bei Brahms den 3er-Takt verfremdet, wurde von Santana an einen 4/4-Takt angepasst.

Johannes Brahms: Thema aus der Sinfonie Nr. 3 ind F-Dur, op. 90, 3. Satz

Arrangement: Florian Buschendorff

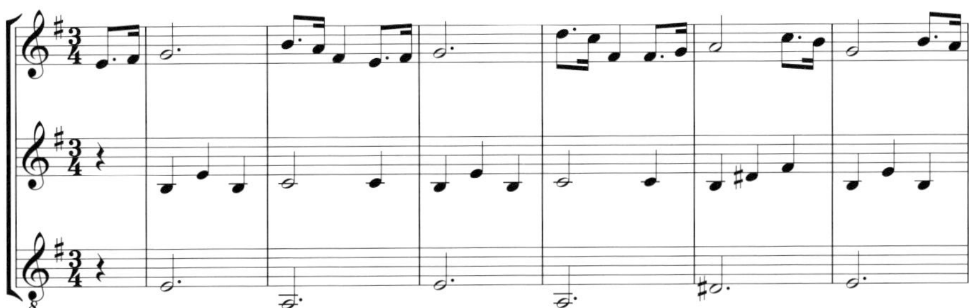

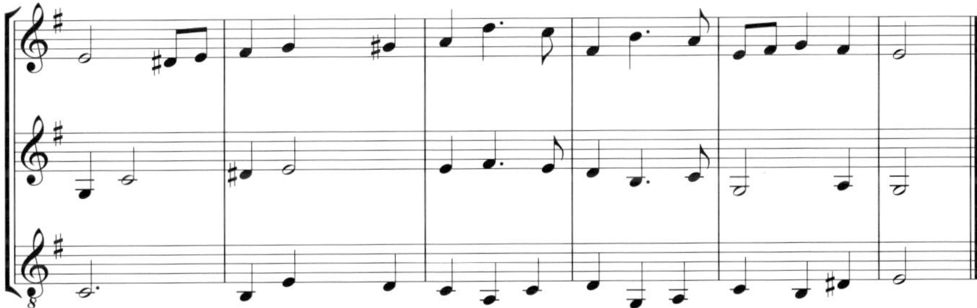

175

P. I. Tschaikowski: Schwanensee

Die **Ballettmusik von Tschaikowski** ist eine Vertonung der Sage von der zu einem Schwan verzauberten Prinzessin, die am Ende durch wahre Liebe erlöst wird. Der Prinz Siegfried soll sich auf einem Hofball seine Braut aussuchen. In dieser Szene verlässt er den Ballsaal in nachdenklicher Stimmung und sieht draußen am Himmel einen Schwarm von Schwänen vorüberziehen. Das Thema wird von einer Oboe gespielt.

Peter Tschaikowski: „Schwanensee", op. 20, 9. Szene (2. Akt)

Andante

Arrangement: Florian Buschendorff

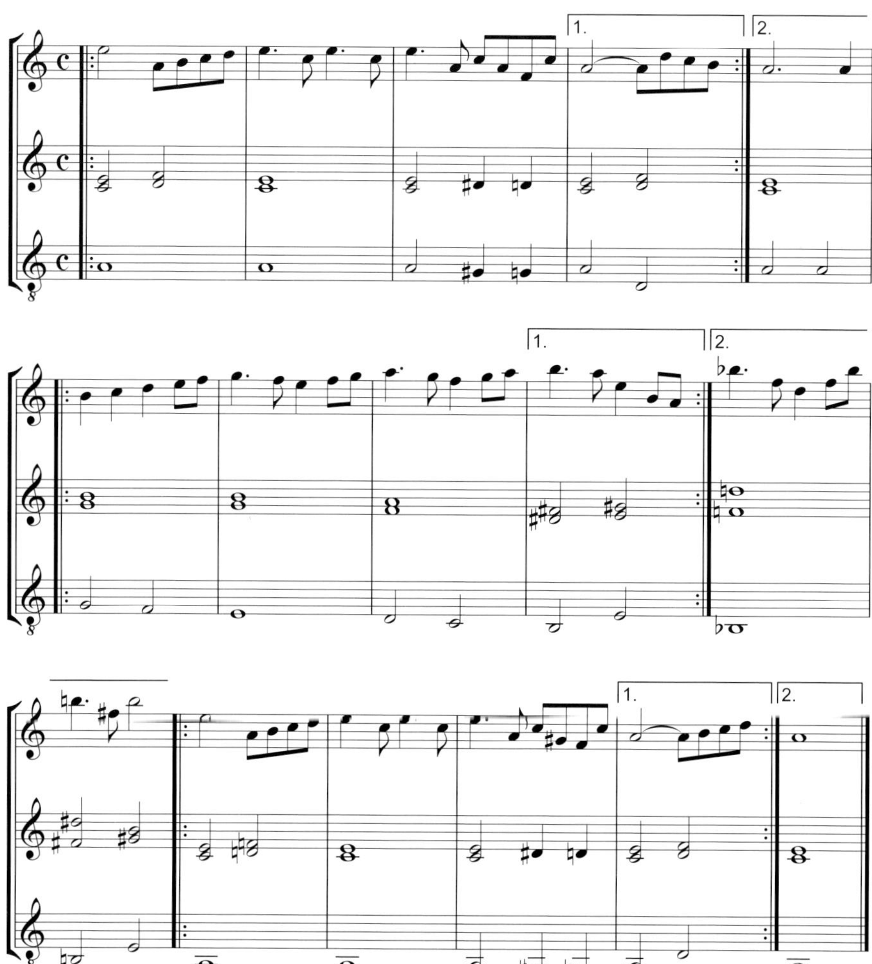

M. Ravel: Boléro (1/2)

Auch wenn Ravels „Bolero" zeitlich nicht mehr der Romantik zuzurechnen ist, sind es doch deren stilistische Mittel, die er in dem Stück anwendet. Daher kann auch er genutzt werden, um Schüler mit romantischer Musik vertraut zu machen. Zudem bietet das Stück vielfache Einsatzmöglichkeiten zur Erarbeitung von Rhythmen und für verschiedene Hörübungen.

1) Erarbeitung des Bolero-Rhythmus (siehe Übung 6). Trommeln zur Musik.

2) Instrumente-Erkennungsspiel an Keyboards (siehe Übung 104): Zuvor werden die ersten eineinhalb Takte beider Themen am Keyboard geübt. Die Themenanfänge werden als Hörübung oder Mannschaftsspiel mit den Sounds der Soloinstrumente gespielt. Schüler benennen das Thema (A oder B) und das Instrument.

Maurice Ravel: Thema A aus „Boléro"

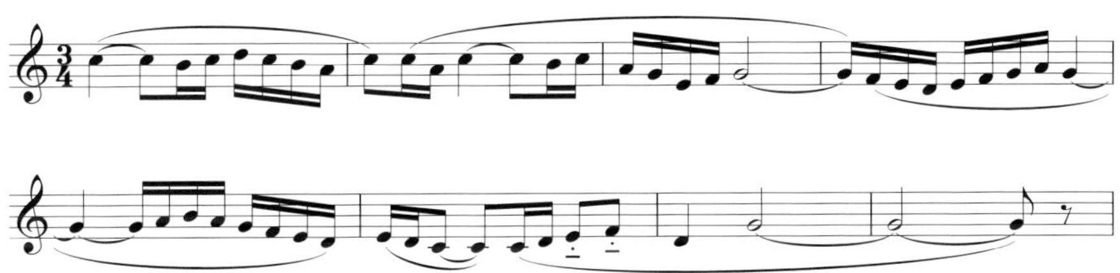

Thema B, ebd.

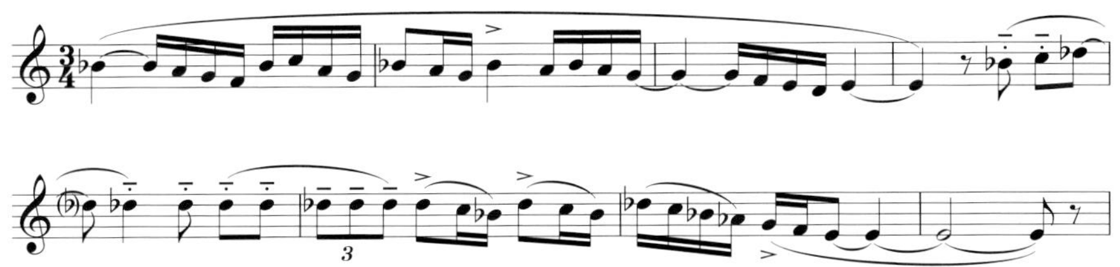

176 M. Ravel: Boléro (2/2)

3) Beim Hören des gesamten Stücks wird zunächst die Abfolge der Themen in eine tabellarische Partitur eingetragen.

4) In Abschnitten werden die Soloinstrumente und deren Einsatz in der Tabelle vermerkt.

Abschnitt:	**1**	**2**	**3**	**4**	**5**	**6**	**7**	**8**	**9**	**10**	**11**	**12**	**13**	**14**	**15**	**16**	**17**	**18**	**Coda**
Thema:																			
Piccoloflöte																			
Flöte																			
Oboe																			
Englischhorn																			
Klarinette																			
Saxophon																			
Fagott																			
Trompete																			
Posaune																			
Streicher																			

Lösung:

Abschnitt:	**1**	**2**	**3**	**4**	**5**	**6**	**7**	**8**	**9**	**10**	**11**	**12**	**13**	**14**	**15**	**16**	**17**	**18**	**Coda**
Thema:	**A**	**A**	**B**	**B**	**A**	**A**	**B**	**B**	**A**	**A**	**B**	**B**	**A**	**A**	**B**	**B**	**A**	**B**	**B**
Piccoloflöte									A			B	A	A	B	B	A	B	B
Flöte	A					A			A			B	A	A	B	B	A	B	B
Oboe										A		B	A	A	B	B	A	B	B
Englischhorn					A					A		B		A	B	B			
Klarinette		A		B						A		B	A	A	B	B			
Saxophon							B	B				B		A	B	B	A	B	B
Fagott			B																
Trompete															B		A	B	B
Posaune											B					B	A	B	B
Streicher													A	A	B	B	A	B	B

Popularität von moderner Musik

Vier Musikbeispiele aus verschiedenen Epochen werden unter dem **Aspekt der Popularität bzw. Verkäuflichkeit** beurteilt und eine Rangliste gebildet. In der Auswertung wird deutlich, dass die Musik der Moderne, die uns zeitlich am nächsten ist, von den meisten als unpopulär beurteilt wird.
Im Gespräch erschließen sich gesellschaftliche Hintergründe der Musikentstehung und Intentionen von Komponisten der Moderne:
finanzielle Unabhängigkeit, Abwendung von musikalischen Klischees, Originalität, Funktionswechsel von Musik, Provokation.

1) Den Schülern wird folgende Aufgabe gestellt.
Du bist als A&R-Manager bei einer Plattenfirma für die Neugewinnung von Künstlern zuständig. Du bekommst vier Demo-CDs zugeschickt und sollst entscheiden, welches Musikstück am verkäuflichsten ist und eine möglichst große Zielgruppe anspricht.
- *Mache dir Notizen zur Gestaltung der einzelnen Stücke.*
- *Bilde eine Rangliste für die Popularität der Stücke von 1 bis 4. Begründe deine Beurteilung.*

2) Nach einzelnen Beurteilungen werden in einer Umfrage das populärste und das unpopulärste Musikstück ermittelt. Erst danach werden die Komponisten und ihre Epochen bekanntgegeben. Zur Diskussion bieten sich folgende Impulse an:
- *Findet Erklärungen dafür, warum ausgerechnet die jüngste Musik als unpopulär eingeschätzt wird.*
- *Stellt Vermutungen darüber an, warum ein Komponist absichtlich unpopuläre Musik komponiert.*
- *Unter welchen Umständen ist für einen Komponisten das Komponieren von populärer Musik notwendig?*

3) **Musiktipps** (Auschnitte von ca. 1 Minute):
- ein schwungvolles Musikstück des **Barock**
- ein tänzerisches Musikstück der **Klassik**
- ein stimmungsvolles Stück der **Romantik**
- ein atonales Stück der **Moderne**

178 Atonale Klavierstücke improvisieren

Eine gute Möglichkeit zur ersten Kontaktaufnahme mit moderner Musik sind **atonale Klavierstücke**. Die Schüler erfassen hierbei wesentliche Ideen der Moderne und gewinnen Verständnis für eine ihnen neue Musikästhetik.

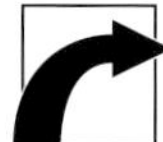

1) Die Schüler hören ein kurzes atonales Klavierstück zwei- bis dreimal (z.B. A. Schönberg: op. 19).

2) Die Schüler äußern sich frei zur gehörten Musik. Die Äußerungen werden sich wahrscheinlich in folgendem Rahmen bewegen: *„Keine Musik"; „Klingt wie eine Katze, die über die Tastatur läuft"; „So etwas kann ich auch!"*

3) Schüler, die die Kunsthaftigkeit dieser Musik bestreiten, bekommen die Gelegenheit, am Klavier ein Musikstück vorzuspielen, das genauso klingt. Im Anschluss beschreiben die Schüler Unterschiede zwischen der Schülerdarbietung und dem Klavierstück Schönbergs.

4) In Verbindung mit nochmaligem Hören Schönbergs mit Notentext und weiteren Improvisationen werden sukzessiv Merkmale der Musik herausgearbeitet, die bei weiteren Schülerdarbietungen umgesetzt werden sollen.

- ➲ keine Wiederholungen
- ➲ keine sanglichen Melodien
- ➲ keine konsonanten Klänge
- ➲ abwechslungsreiche Artikulation und Dynamik
- ➲ keine Schemen (z.B. abwechselnd hoch/tief)

5) Durch Spekulation über Schönbergs Intentionen können Motive der modernen Musikästhetik erarbeitet werden:

- ➲ Wunsch, etwas ganz Neues zu schaffen
- ➲ Abgrenzung von ästhetischen Traditionen und musikalischen Klischees
- ➲ Ablehnung von „Mainstream-Musik"
- ➲ Provokation des Publikums

Annäherung an Zwölftonmusik

Zwölftonmusik erschließt sich selten über den Klang. Wenn Schüler jedoch die zugrunde liegenden Gestaltungsideen erkennen, kann ein erster Zugang geschaffen werden. Dieser ermöglicht ihnen, die Musik mit anderen Ohren zu hören, sie vielleicht nicht schön, aber interessant zu finden.

1) 12 Schüler stehen vorne in einer Reihe, jeder hat ein Instrument (Glockenspiel, Klangstab, Flöte etc.). Jedem Schüler wird in chromatischer Folge ein einziger Ton zugewiesen.

2) Ein Schüler bekommt als Dirigent die Aufgabe, den Spielern durch Handzeichen den Einsatz zum einmaligen Spielen ihres Tons zu geben. Das Motto des Musikstücks soll lauten: *Alle Töne haben ein Recht auf Erklingen! Gleichberechtigung für alle Töne!* Interessanter wird es, wenn zwei oder drei Dirigenten gleichzeitig agieren.

Regeln zur Umsetzung:
- Es wird leise ein langsames Metrum angegeben.
- Der Dirigent zeigt im Metrum, die Schüler spielen ihren Ton auf der folgenden Zählzeit.
- Es können auch mit beiden Händen Einsätze für zwei Töne gleichzeitig gegeben werden.

3) Die Schüler äußern ihre Eindrücke zum gehörten Musikstück. Äußerungen wie „Das ist keine Musik" werden aufgegriffen, um den traditionellen Musikbegriff zu hinterfragen. Im Rahmen der Diskussion kann das Musizierverfahren mit den Tönen der C-Dur-Tonleiter wiederholt werden. Problematisierung: *Musik mit 7 Tönen wird als Musik bezeichnet, mit 12 Tönen nicht – wie ist dies erklärbar?*

4) Ein 12-töniges Musikstück wird vorgespielt. Auftrag: *Das folgende Musikstück ist nach dem Prinzip der Gleichberechtigung aller 12 Töne komponiert. Beschreibt eure Eindrücke, nennt Gemeinsamkeiten und Unterschiede zu dem von uns musizierten Stück.*

180

Aleatorik: Musik mit dem Zufall gestalten

Auch wenn der Klang **aleatorischer Musik** mitunter eher ein Lächeln auslöst, können sich Schüler oft für die originellen Gestaltungsideen begeistern.

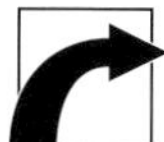

1) Ein aleatorisches Musikstück (z.B. J. Cage: Atlas Eclipticalis) wird gehört, zuvor werden nur Titel und Komponist genannt. Nach dem Äußern der Höreindrücke wird das Kompositionsverfahren vereinfacht erläutert: Cage legte eine Folie mit Notenlinien über eine Sternkarte. Ein großer Stern wurde als langer Ton, ein kleiner als kurzer Ton notiert.

2) Erstellen einer Spielvorlage für ein aleatorisches Musikstück.

Streichhölzer

1. *Wirf 6 Streichhölzer auf ein weißes Blatt (Querformat).*
2. *Zeichne an die Stelle, wo ein Streichholzkopf liegt, einen dicken Punkt, wo ein Streichholzende liegt, einen kleinen Punkt.*
3. *Fertige am unteren Ende des Blattes über die gesamte Breite eine Zeitleiste für 60 Sekunden an, teile die Leiste in Schritte von 5 Sekunden.*
4. *Notiere dir an jedem Punkt die jeweilige Sekunde (z.B. 23").*
5. *Spiele für jeden Punkt einen kurzen Ton. Für einen dicken einen lauten, für einen kleinen Punkt einen leisen. Die Lage des Punktes auf dem Blatt gibt die Tonhöhe an.*

3) Hinweise zur Umsetzung: Das Stück kann mit beliebiger Schülerzahl gespielt werden, jeder spielt hierbei aus seiner Vorlage. Zur zeitlichen Orientierung kann während der Spieldauer von 60 Sekunden entweder eine große Uhr verwendet werden oder die Zeit wird alle 10 Sekunden leise angesagt. Zur Vorübung wird die Ausführung der Töne, die immer kurz sein müssen, gemeinsam geübt. Eine Tonaufzeichnung der Aufführung kann zusätzlich motivieren.

Experimentelle Musik

Es ist verblüffend, wie schnell sich spontane Ablehnung von experimenteller Musik beim Aufführen und Komponieren in Musizierfreude und Kreativität verwandelt (siehe Übung 182). Die **Auseinandersetzung mit experimenteller Musik** führt fast von allein zum Nachdenken über Musik als Kunst (im Gegensatz zum Genussmittel) und zu den Fragen: Was ist Musik? Was ist Kunst? (siehe Übung 184)

Vor der Umsetzung eines Stückes werden die Vorgaben der Komposition gemeinsam gelesen und Gestaltungsmöglichkeiten beispielhaft geprobt.

5 x 45 Sekunden

Beliebig viele Spieler führen fünf verschiedene Aktionen ihrer Wahl jeweils für 45 Sekunden aus. Am Ende eines 45-Sekunden-Abschnitts ertönt ein Gong.

1. Nenne Jahreszahlen – wichtige laut, unwichtige leise.
2. Spiele auf einem Instrument eine Melodie, die dich an Mozart erinnert.
3. Lies einen beliebigen Text – vorwärts oder rückwärts.
4. Spiele auf einem Instrument einen Ton – bis er dir gefällt.
5. Mache deinen Atem mit einem Mikrofon hörbar.
6. Hüpfe in die Luft – zähle laut deine Sprünge.

Namen

(für beliebig viele Sänger, die im Kreis stehen)

1. Singe für jeden Buchstaben deines Vornamens einen Ton auf „ah".
2. Singe den Ton hoch, wenn du den Buchstaben freundlich findest, singe ihn tief, wenn der Buchstaben auf dich unheimlich wirkt.
3. Die Länge des Tons hängt von der Stellung im Alphabet ab: A ist ein ganz kurzer Ton, Z ist ein sehr langer Ton.
4. Atme zwischen jedem Ton dreimal langsam und tief ein und aus. Das Stück endet mit dem letzten Ton.

182 Experimentelle Musik komponieren

Nach dem ersten Kontakt mit experimenteller Musik (siehe Übung 181) haben die Schüler einen Eindruck von der Weite des kompositorischen Gestaltungsspielraums bekommen. Für einen **Kompositionsauftrag**, der am besten als Hausaufgabe ausgeführt wird, sind mottoähnliche Vorgaben sinnvoll. Die Kompositionen der Schüler werden in der folgenden Stunde in Gruppen von sechs Schülern selbstständig geprobt und anschließend aufgeführt.

Komponiere ein experimentelles Musikstück. Wähle dazu einen der folgenden Kompositionsaufträge aus. Schreibe deine Komposition am besten mit PC, und vervielfältige sie für alle Gruppenmitglieder.

Kompositionsauftrag A:
„Energie ist gleich Masse mal Lichtgeschwindigkeit zum Quadrat"
Schreibe ein Stück für drei Sprecher und drei Instrumentalisten.

Kompositionsauftrag B:
„Ich kenne dich – ich kenne dich nicht"
Schreibe ein Stück für zwei Sprecher und vier Instrumentalisten.

Kompositionsauftrag C:
„Menschen sind frei – Menschen sind abhängig"
Schreibe ein Stück für sechs Menschen (Instrumentalisten, Sprecher und Läufer).

Kompositionsauftrag D:
„Alles Vergängliche ist nur ein Gleichnis"
Schreibe ein Stück für sechs Sänger, die sich bewegen.

J. Cage: 4 Minuten 33 Sekunden

Um eine leidenschaftliche Diskussion über das Wesen von Musik oder über die Legitimation von moderner Musik anzuregen, eignet sich kaum ein anderes Werk besser als **Cages „stilles Stück"** – am besten in Verbindung mit einem Live-Vortrag durch den Lehrer.

1) Der Lehrer kündigt den Vortrag des Werks mit kurzer Erläuterung an:
Ich spiele euch jetzt eine Komposition von John Cage aus dem Jahr 1952 vor. Sie heißt „4 Minuten 33 Sekunden", was gleichzeitig die Dauer des Klavierstücks ist. Es besteht aus drei Sätzen. Ich bitte um absolute Ruhe.

Tipps: Da es bei diesem Stück auch um das Spiel mit Hörerwartungen geht, sollte vorher selbstverständlich nicht erwähnt werden, dass alle drei Sätze mit „tacet" (schweigen) überschrieben sind. Äußerst empfehlenswert ist auch, eine Tonaufzeichnung anzukündigen. Auch wenn auf diese später in der Diskussion nicht zurückgegriffen wird, verstärkt sie während des Vortrags die Konzertatmosphäre.

2) Aspekte und Impulse einer Diskussion:
- Wie fandet ihr das Musikstück?
- Inwiefern handelt es sich bei dem Stück überhaupt um ein Musikstück?
- Welche Rolle spielen Pausen allgemein für Musik?
- Welche Absichten könnte Cage beim Komponieren gehabt haben?
- Ist es sinnvoll, das Stück aufzunehmen und sich mehrfach anzuhören?
- Das Motto „Weniger ist mehr" ist für moderne Architekten und Designer ein ästhetisches Prinzip. Lässt es sich auf Musik anwenden?
- Cage äußerte zu diesem Stück, die Geräusche des Publikums seien Bestandteil des Musikstücks. Beurteilt diese These.

184 Was ist Musik? – Definitionsversuche

Neue ästhetische Prinzipien, Klangerzeuger und Kompositionsverfahren haben im 20. Jahrhundert den Musikbegriff stark erweitert. Die Frage, was alles dem Begriff Musik untergeordnet werden kann und was diese Erscheinungen gemeinsam haben, fordert zu sprachlicher und logischer Höchstleistung heraus. Schüler begnügen sich meist mit einem subjektiven Musikbegriff („Das ist für mich Musik – das ist für mich keine Musik", „Musik muss mir gefallen"). Dieser Musikbegriff ist jedoch kaum überzeugend, da er nur auf dem Geschmacksurteil eines Einzelnen beruht.
Im Zusammenhang mit der Beschäftigung mit Neuer Musik drängt sich eine Diskussion und eine allgemeingültige Beantwortung der Frage **„Was ist Musik?"** geradezu auf. Die Herausforderung besteht darin, prägnant zu formulieren, was im Allgemeinen (objektiv bzw. intersubjektiv) unter Musik verstanden wird.

1) Das Unterrichtsgespräch soll dahin führen, den Begriff „Musik" objektiv und unter Berücksichtigung der Vielfältigkeit der musikalischen Erscheinungen möglichst genau zu definieren. Folgende Fragen können die Diskussion anregen:
- Können zufällige Klänge als Musik bezeichnet werden?
- Muss Musik immer von einem Komponisten ausgehen?
- Macht ein zwitschernder Vogel Musik?
- Muss Musik notwendig aus Tönen bestehen?
- Muss Musik schön sein, um Musik zu sein?
- Wer entscheidet, was als Musik bezeichnet wird?
- Gehören Pausen (Stille) auch zur Musik?
- Kann jeder Mensch etwas als Musik definieren?

2) Die Schüler schreiben im Anschluss an das Gespräch einen kurzen Lexikoneintrag für den Begriff „Musik". Die Definition muss allgemeingültig sein und dementsprechend alle Arten von Musik einschließen, auch die des 20. und 21. Jahrhunderts.

Epochen-Steckbriefe

Zum Abschluss der Betrachtung einer Musikepoche eignen sich **„Epochen-Steckbriefe"** als Zusammenfassung. Die Schüler sollten einen Steckbrief mit Hilfe ihrer Unterlagen selbstständig anfertigen können.

Erstelle für die besprochene Epoche einen „Steckbrief."
Notiere Informationen zu folgenden Punkten.

- Zeitraum
- Berühmte Komponisten (mit Lebensdaten)
- Typische Gattungen oder Formen
- Merkmale der Musik
- Beispiele für Musikstücke
- Geschichtliche Ereignisse oder gesellschaftliche Umstände

Epochen-Steckbrief: Barock

Zeitraum: ______________________________

186

Komponisten-Steckbriefe

Übersichtlich gestaltete **Komponisten-Steckbriefe** können Schüler auch als Handout im Rahmen einer kurzen Präsentation anfertigen.

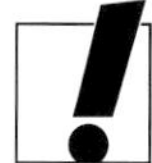

Erstelle einen Komponisten-Steckbrief. Notiere Informationen zu folgenden Fragen.

- Wann lebte er?
- Wo lebte er?
- Unter welchen Umständen wuchs er auf?
- Welche Instrumente spielte er?
- Welche Arten von Musikstücken komponierte er hauptsächlich?
- Welches waren seine bekanntesten Stücke?
- Wie verdiente er seinen Lebensunterhalt? Für wen arbeitete er?
- Worum ging es ihm beim Komponieren?

Komponisten-Steckbrief:
Johann Sebastian Bach

Lebensdaten: *31.3.1685 † 28.7.1750

Überblick über die Musikepochen

Ein fertiger oder selbst erstellter **Epochenüberblick** ist besonders sinnvoll, wenn die festgehaltenen Stichpunkte im Hinblick auf die Unterrichtsinhalte ausgewählt werden. Ergänzend können Schüler in Gruppen eine Zeitleiste aus A3- oder A2-Plakaten zu jeweils einer Epoche erstellen.

Überblick über die Musikepochen

Epoche	Gattungen	Typische Merkmale	Komponisten
Mittelalter (400 – 1450)	Gregorianischer Choral, Minnesang	einstimmiger Männergesang, Quintklänge	größtenteils unbekannt
Renaissance (1450 – 1600)	Motette, Madrigal	Vokalmusik, Polyphonie	Josquin Desprez, Orlando di Lasso
Barock (1600 – 1750)	Concerto grosso, Solokonzert, Suite, Präludium, Fuge, Oratorium, Oper	häufige Wiederholung rhythmischer Motive, Fortspinnungsmelodik, konzertierendes Prinzip, Monothematik, Terrassendynamik	Johann Sebastian Bach, Georg Friedrich Händel, Antonio Vivaldi, Georg Philipp Telemann
Klassik (1750 – 1820)	Streichquartett, Sonate, Sinfonie, Oper, Solokonzert	Kontraste, Dramatik, Polythematik, Oberstimmenmelodik	Joseph Haydn, Wolfgang A. Mozart, Ludwig van Beethoven
Romantik (1820 – 1900)	Klavierlied, Sinfonie, Symphonische Dichtung, Oper, Klaviermusik	Klangmalerei, schwelgende Melodien, großes Orchester	Franz Schubert, Robert Schumann, Johannes Brahms, Antonin Dvořák
Moderne (1900 – 1945)	oft an ältere Gattungen angelehnt und nach ihnen benannt	überwiegend dissonante Zusammenklänge	Arnold Schönberg, Anton Webern, Igor Strawinski, Paul Hindemith
Neue Musik (ab 1945)	eher Musikrichtungen: serielle Musik, experimentelle Musik, elektronische Musik, Aleatorik, Minimal Music	neue Klangerzeuger, provokante Ideen, ungewöhnliche Titel	Karlheinz Stockhausen, Pierre Boulez, John Cage, Steve Reich

188

Klingendes Epochenrätsel

Auch wenn Musik verschiedener Epochen unter kompositionsgeschichtlichen Aspekten behandelt wurde, bleibt **die historische Einordnung eines unbekannten gehörten Werks** eine schwierige Aufgabe. Einfacher wird es, wenn die Schüler beim Hören bewusst auf diejenigen Merkmale achten, die eine Abgrenzung erlauben. Hierbei hilft ein Hörraster mit Zuordnungshilfen. Wichtiger als „richtig oder falsch" sollte hierbei die Begründung der Zuordnung sein, die sich auf Merkmale der Musik bezieht.

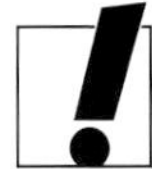

1) Du hörst ein Musikstück. Gib eine begründete Vermutung darüber ab, in welcher Musikepoche das Stück komponiert wurde.

2) Mache dir beim Hören Notizen zu epochetypischen Merkmalen des Musikstücks. Das folgende Raster hilft dir bei der Bestimmung der Epoche.

Hörraster für die Einordnung in die Musikepochen

- sehr viele Dissonanzen (→ Moderne)
- häufige Crescendi (→ wahrscheinlich Klassik oder Romantik)
- Terrassendynamik (→ höchstwahrscheinlich Barock)
- Polyphonie (→ wahrscheinlich Barock)
- tänzerischer Charakter (→ wahrscheinlich Barock oder Klassik)
- kaum rhythmische Abwechslung (→ wahrscheinlich Barock)
- Wiederholungen von Melodien (→ wahrscheinlich Klassik)
- sangliche Melodien (→ wahrscheinlich Klassik oder Romantik)
- schwelgende Melodien (→ wahrscheinlich Romantik)
- großes Sinfonieorchester (→ höchstwahrscheinlich Romantik)
- lautmalerisch, filmmusikartig (→ höchstwahrscheinlich Romantik)

Musikbegriffe verschiedener Zeiten

Der **Vergleich verschiedener Musikbegriffe** kann im Zusammenhang mit Musikgeschichte sinnvoll sein, aber auch beim Thema „Funktionen von Musik" (siehe Übung 191). Eine schriftliche Beantwortung der Fragen ist hier ebenso möglich wie eine Diskussion in Gruppen.

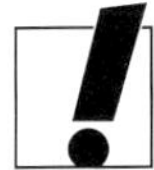

1) Durch gesellschaftliche Entwicklungen ändern sich der Zweck und die Gestaltung von Musik. Verschiedene Kulturen oder Bevölkerungsgruppen hören nicht nur unterschiedliche Musik, sondern haben auch andere Vorstellungen davon, was Musik ist oder wie sie zu sein hat.

Zu welchen Musikepochen passen die folgenden Definitionen von Musik? Begründe deine Entscheidung.

a) Musik ist die Kunst, Menschen mit Tönen zu unterhalten.
b) Musik ist eine Möglichkeit, Gott zu ehren.
c) Musik ist die Kunst, mit Tönen Empfindungen auszudrücken.
d) Musik ist die Kunst, Töne nach bestimmten Regeln zu ordnen.
e) Musik ist die Kunst, mit Tönen Geld zu verdienen.
f) Musik ist die Kunst, mit Klängen Bilder im Kopf des Hörers zu erzeugen.
g) Musik ist Sprache mit Tönen, die die Menschen verbindet.
h) Musik ist das einzige Mittel, Menschen zum Tanzen zu bringen.
i) Musik ist alles, was klingt und tönt.
j) Musik ist eine Möglichkeit, sich in einen höheren Geisteszustand zu versetzen.

2) Was ist für dich Musik? Welche Musikbegriffe treffen nach deiner persönlichen Einschätzung zu? Begründe deine Auswahl.

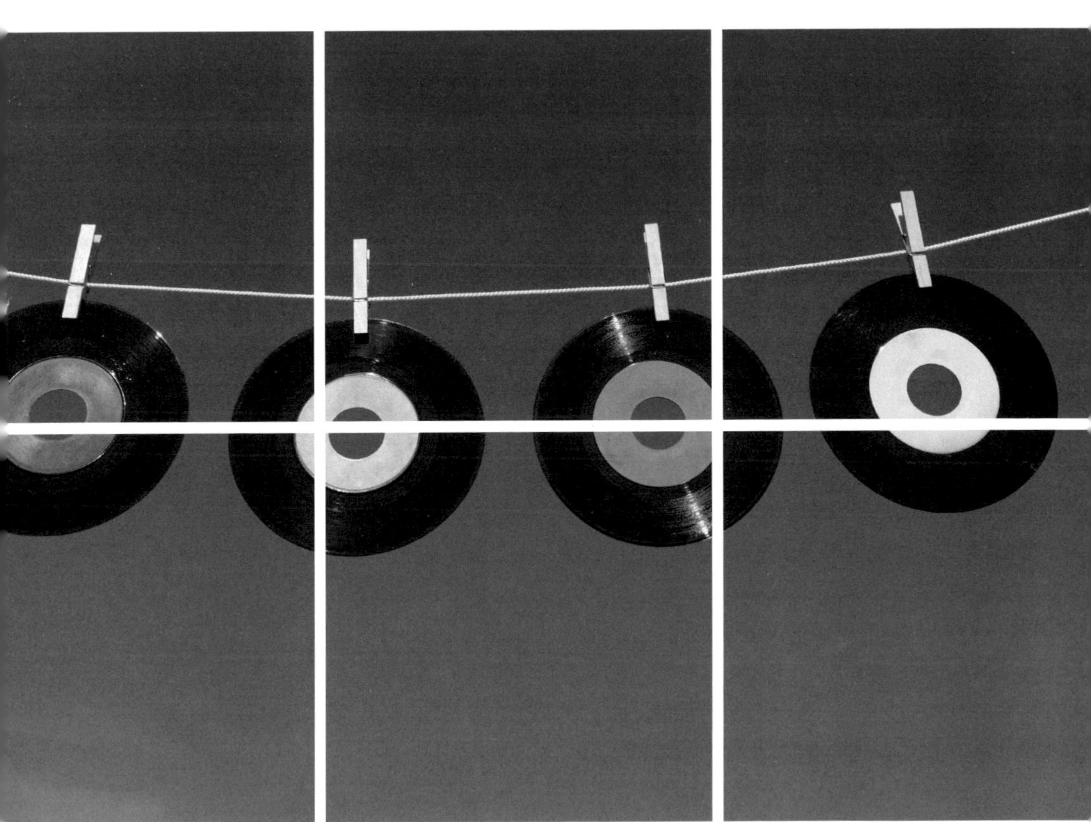

Musikkultur und Medien

- Hörverhalten und Musikgeschmack
- Musikvermarktung
- Musik in der Werbung

190

Hörbiografien

Eine tabellarische Hörbiografie verlangt die Vergegenwärtigung von **Stationen der eigenen musikalischen Vorlieben.** Sie kann als Ausgangspunkt dienen, um über Ursachen für die Bildung von Musikgeschmack nachzudenken.

1) Wie hat sich dein Musikgeschmack entwickelt? Mit welchen Musikrichtungen bist du seit deiner Kindheit häufig in Kontakt gekommen? Gib für die verschiedenen Phasen an:

- einen Altersbereich (z.B. 3 – 6)
- die Musikarten
- wie oder durch wen du die Musik kennengelernt hast (Musikrichtung, Gruppen, Idole)

Meine Hörbiografie

Alter	häufig gehörte Musik	kennengelernt durch ...

2) Wertet eure Hörbiografien in kleinen Gruppen aus. Beantwortet hierzu die folgenden Fragen in Stichpunkten.

- Gibt es erkennbare Zusammenhänge zwischen der „ersten Musik" und den aktuellen Vorlieben?
- Welche Rolle spielen Vorbilder (Verwandte, Freunde) für die Änderung des Musikgeschmacks?
- Entwickelt sich Musikgeschmack linear, oder gibt es Brüche?
- „Der Musikgeschmack wird allein durch das Umfeld geprägt" – trifft diese Aussage zu?

Hörtagebuch zum eigenen Hörverhalten

Den **eigenen Musikkonsum** über den Zeitraum von ein paar Tagen zu protokollieren, ermöglicht neben der reinen Quantifizierung des Musikhörens die Auseinandersetzung mit der Frage: Welche Funktion hat Musik für mich? Weiterhin ist in diesem Zusammenhang auch eine Betrachtung der Entwicklung der Funktion von Musik interessant: Verschiebung von gesellschaftlichen (Riten, Repräsentation, Feste) hin zu überwiegend individuellen psychischen Funktionen (emotionale Stimulation, Ablenkung, Vertreibung der Stille).

1) Beobachte dein musikalisches Hörverhalten. Protokolliere über drei Tage alle Anlässe, zu denen du Musik hörst. Notiere Stichpunkte zu folgenden Punkten:
- ➲ Anlass (mit Freunden, Konzert, beim Hausaufgabenmachen, beim Essen, zum Einschlafen usw.)
- ➲ Dauer (ca. in Minuten)
- ➲ Medium (MP3-Spieler, CD-Player, Radio, Internet usw.)

Mein Hörtagebuch

Datum:	Tag 1	Tag 2	Tag 3
7–8 Uhr			
9–10 Uhr			
11–12 Uhr			
13–14 Uhr			
15–16 Uhr			
17–18 Uhr			
19–20 Uhr			
21–22 Uhr			
23–24 Uhr			

2) Vergleicht in Gruppen eure Hörtagebücher.

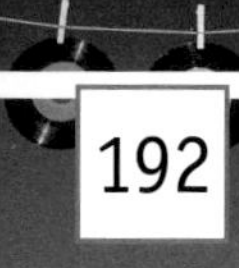

192

Umfragen zu Musikgeschmäckern

Das Planen, Durchführen und Auswerten von Umfragen hilft, vorhandene Vorurteile oder Klischees zu Musikgeschmäckern statistisch zu überprüfen.

1) Sammeln von Klischees bzw. Vorurteilen zum Musikgeschmack und Hörverhalten bestimmter Gruppen.
Zum Beispiel:
- *Erwachsene hören am liebsten Klassik.*
- *Großeltern hören überwiegend Volksmusik.*
- *Mädchen/Frauen hören meistens R 'n' B.*
- *Mädchen/Frauen hören mehr Musik als Jungen.*
- *Jungen/Männer hören lieber harten Rock.*

2) Entwicklung eines Umfragebogens. Die gestellten Fragen müssen Rückschlüsse auf die formulierten Thesen zulassen.

3) Die Schüler führen die Umfrage in der Klasse, Familie, Schule durch.

4) Im Anschluss werten sie die Umfragebögen aus und formulieren Ergebnisse. Diese können auch mit Diagrammen grafisch dargestellt werden.

Umfragebogen zum Musikgeschmack

Ich bin ein ...	❑ Junge	❑ Mädchen
Ich höre gerne ... (maximal 2 Kreuze)	❑ Klassik ❑ Hardrock ❑ Hip-Hop Sonstiges:_______	❑ Pop/Rock ❑ R 'n' B, Soul ❑ Schlager
Ich höre täglich Musik ...	❑ weniger als 1 Stunde ❑ 2–3 Stunden	❑ 1–2 Stunden ❑ mehr als 3 Stunden
Ich höre Musik am häufigsten ...	❑ allein	❑ mit Freunden

Klassencharts vs. offizielle Charts

Anhand von jeweils drei Lieblingssongs eine **Chartliste der Klasse** zu erstellen und diese mit einer aktuellen offiziellen Chartliste zu vergleichen, ist ein interessanter Einstieg in die Auseinandersetzung mit Charts: mit den Erhebungsmethoden und ihrer Bedeutung für den Musikmarkt und die Geschmacksbildung. Dabei ist es nicht unerheblich, welche Art von Charts für den Vergleich herangezogen wird, denn auch hierdurch lassen sich Abweichungen erklären.

- ➲ Streamingcharts (Anzahl der Streams auf entsprechenden Plattformen)
- ➲ Downloadcharts (Verkaufszahlen von mp3-Dateien aus dem Internet)
- ➲ Airplaycharts (Spielhäufigkeit im Radio und Fernsehen)
- ➲ Händlercharts (Verkaufszahlen einzelner Händler)
- ➲ Singlecharts (Verkaufszahlen von Single-CDs)

1) Die Schüler schreiben ihre aktuellen drei Lieblingslieder mit Interpreten auf einen Zettel.

2) Erstellen der Klassencharts: Die Titel werden vorgelesen, bei der zweiten Nennung eines Songs wird der Titel an der Tafel notiert und mit Strichen bei jeder weiteren Nennung ergänzt.

3) Die Schüler erhalten eine aktuelle Chartliste. Die beiden Charts werden verglichen und Theorien für stärkere Abweichungen aufgestellt.

4) **Weiterführung:** Die Schüler erhalten Informationen über die verschiedenen Charts und ihre Erhebungsmethoden oder recherchieren als Hausaufgabe selbstständig dazu. Die hierdurch gewonnenen Erkenntnisse können in die Interpretation der Abweichungen einbezogen werden.

194

Der Musikmarkt

Am **Geschäft mit Musik** partizipieren nicht nur Musiker, Plattenfirmen und Konzertveranstalter. Durch ein Brainstorming in Verbindung mit einer Plakatpräsentation bekommen die Schüler einen Überblick über die zahlreichen Wirtschaftszweige, die direkt oder indirekt von Musik profitieren. Hierdurch wird auch die gesellschaftliche Bedeutung von Musik als Wirtschaftsfaktor deutlich.

Musik ist ein Produkt, von dem zahlreiche Wirtschaftszweige abhängen. Bearbeitet in Gruppen folgende Aufgaben:

- Wer verdient alles an Musik? Macht eine Liste von allen Wirtschaftszweigen, die direkt oder indirekt von Musik profitieren.
- Fertigt auf einem A2-Plakat eine Übersicht an. Aus der Darstellung soll auch die Wichtigkeit des Produkts Musik für den jeweiligen Wirtschaftszweig deutlich werden.

Beteiligte im Geschäft mit Musik

- Musikschaffende (Komponisten, Texter, Musiker, Produzenten, Arrangeure)
- Musikhersteller (Plattenfirmen, Presswerke)
- Tonträgerhersteller (CD-Rohlinge, sonstige Speichermedien)
- (Musik-)Verlage (Noten, Musikzeitschriften)
- Werbeagenturen (für sämtliche Musikprodukte)
- Veranstaltungsfirmen (Bühnentechnik, Sicherheitsdienst)
- Gerätehersteller (MP3-Spieler, Hifi-Geräte)
- Musikinstrumenten-Hersteller
- Merchandisinghersteller (Fanartikel)
- Handel (Plattenläden, Internet-Musikportale)
- Radio, Fernsehen
- Diskotheken
- Gastronomie (Hintergrundmusik)
- Filmindustrie (Filmmusik)
- Kaufhäuser (Hintergrundmusik)
- weitere Industriezweige (Produktwerbung mit Musik)

GEMA und Musiknutzer

Eine Auseinandersetzung mit der **GEMA** ist für Schüler durchaus interessant. Sie erfahren u.a., was die öffentliche Nutzung von Musik kostet. Für eine Einführung in die Aufgaben und Arbeitsweise der GEMA eignen sich Auszüge aus der Kundenbroschüre „Musik für alle" (herunterzuladen unter www.gema.de).

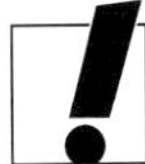

Die GEMA hat die Aufgabe, von allen, die Musik öffentlich nutzen, eine Gebühr zu erheben und diese an die Komponisten und Texter weiterzuleiten. Als Musiknutzer erfährt man auf der Internetseite der GEMA alle Tarife für die verschiedenen Arten der Nutzung. Außerdem findet man in einer Datenbank die Namen von Komponisten und Textern.

Recherchiere auf den Seiten der GEMA (www.gema.de) unter „Musiknutzer" oder „Musikrecherche" zu folgenden Fällen:

1) Deine Mutter betreibt eine Tierarztpraxis. Auf ihrem Anrufbeantworter erklingt vor der Ansage der Öffnungszeiten das Lied „Karl der Käfer". Sie möchte, dass du für sie herausfindest:
a) Wie viel muss sie pro Jahr an die GEMA zahlen?
b) Wer hat dieses wunderschöne Lied eigentlich komponiert?

2) Zum Schulabschluss plant ihr eine Riesenparty, zu der ihr eine 40 x 30 Meter große Tennishalle mieten wollt. Die Kosten plant ihr durch den Eintritt von 8,– € zu decken. Ein DJ soll den Abend über Tanzmusik auflegen.
a) Wie viel müsst ihr an die GEMA zahlen?
b) Wie heißt das Formular, das ihr ausfüllen müsst?

Lösungen (die Tarife gelten für das Jahr 2009):
1 a) 165,24 € **b)** Gerald Dellmann, Dieter Roesberg
2 a) 508,68 € **b)** Musiknutzungen bei Veranstaltungen

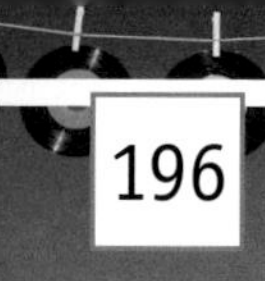

196 Vermarktung eines Popstars

Viele **Popstars** sind mehr oder weniger ein **künstliches Produkt der Musikindustrie**. Wie bei jedem Produkt wird dabei nichts dem Zufall überlassen, sondern alles geplant und kalkuliert. Ausgangspunkt der Vermarktungsstrategie ist dabei eine möglichst große, aber dennoch nach typischen Vorlieben abgrenzbare Zielgruppe. Klischees und Marketingtaktiken werden deutlich, wenn man selbst einmal versucht, ein musikalisches Produkt in Form eines lebendigen Musikers für eine bestimmte Zielgruppe zu kreieren.

Entwickelt in Gruppen ein Vermarktungskonzept für einen Solokünstler.

1) Wählt als Erstes eine Zielgruppe aus, auf die ihr euer Produkt „Popstar" zuschneiden wollt.

- Zielgruppe A: Hausfrauen ab 50
- Zielgruppe B: Mädchen zwischen 12 und 15
- Zielgruppe C: Jungen zwischen 14 und 17
- Zielgruppe D: Männer zwischen 30 und 40

2) Beschreibt alles, was mit dem „Popstar" zu tun hat, so genau wie möglich, und macht euch zu folgenden Punkten Notizen.

- Musikstil (auch Mischungen) und Sprache
- Besonderheiten der Musik
- Künstlername
- Alter
- Aussehen, Kleidung
- Auftreten: Wie gibt er sich bei Auftritten und Interviews?
- Life-Story: Welcher Aspekt aus seinem Privatleben wird in den Medien besonders hervorgehoben?
- Marketingideen: Wie wird er bekannt gemacht? In welchen Fernsehshows tritt er auf?

Musik und Imagetransfer

Musik wird in **Werbespots** oft dazu verwendet, die Stimmung des Stücks auf das Image des Produkts zu übertragen (Imagetransfer). Um diesen Vorgang zu verstehen, kann umgekehrt zu einem Musikstück ein Produkt gefunden werden.

1) Es wird ein Musikstück bzw. ein kurzer Ausschnitt mit folgendem Hörauftrag vorgespielt:
Für welches Produkt könnte dieses Musikstück in einem Werbespot eingesetzt werden? Begründet eure Vorschläge.

2) Die Schüler begründen ihre Vorschläge. Im Unterrichtsgespräch wird anhand eines der genannten Beispiele die Beziehung von Musik und Produkt herausgearbeitet.

Imagetransfer von Musik in der Produktwerbung
Musikstück: Images (Klaviermusik, C. Debussy). *Produkt: Bier*

Wirkung der Musik	Übertragung auf das Produkt
ruhig, fließend	→ Stressfreiheit beim Genuss
Solo-Klavier klingt gemütlich	→ beim Trinken kann man es sich gemütlich machen
perlender Klang	→ das Bier ist erfrischend, man erahnt die aufsteigende Kohlensäure

3) Ein weiteres Musikstück wird vorgespielt. Die Schüler beschreiben Wirkungen und übertragene Stimmungen auf ein Produkt selbstständig in einer Tabelle.

4) Die Schüler erhalten folgende Anwendungsaufgabe:
Du arbeitest in einer Werbeagentur und bist für die Entwicklung von Werbespots zuständig. Gesucht werden Musikstücke für Werbespots zu folgenden Produkten. Begründe deine Auswahl.

- Duschgel für Frauen
- Markenturnschuhe
- ein geräumiges Familienauto

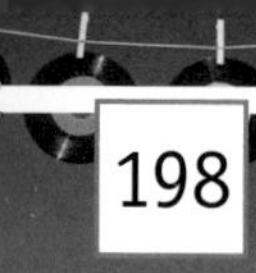

198

Jingles komponieren

Gesungene Jingles mit gereimten Slogans werden in der Radio- und TV-Werbung immer seltener verwendet. Das Komponieren von gesungenen Werbeslogans ist aber unter einigen Gesichtspunkten sinnvoll:

- Gestaltungsmittel eingängiger Melodien (Stufenbewegung, Wiederholung einfacher Motive)
- Praktischer Umgang mit wenigen Notenwerten (Viertel, Achtel)
- Üben der syllabischen Vertonung von Text (eine Silbe pro Note)

1) Die Schüler spielen und singen folgende Beispiel-Jingles nach (z.B. mit Keyboard/ Stabspielen).

1. Haribo
komponiert von: Werner Gebhardt / Dirkal Hollit, für: Haribo-Holding GmbH & Co. KG

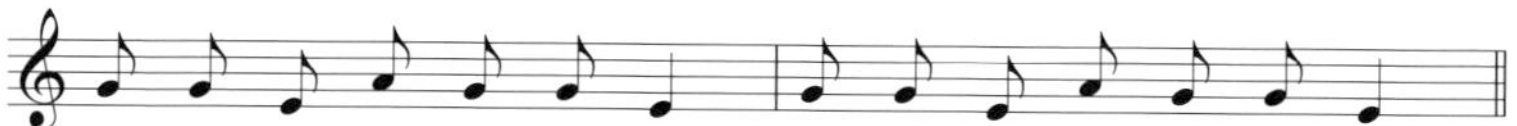

2. McDonalds
komponiert von: Susan Hamilton / Doug Katsaros, für: McDonalds Promotions GmbH / Tuttapanna Music

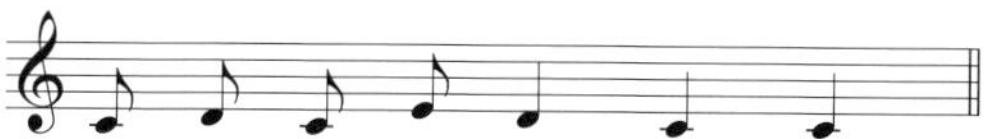

2) Nun untersuchen die Schüler die Gestaltung der beiden Jingles, um zu überprüfen, ob die oben genannten Kompositionsregeln eingehalten wurden und in welcher Art sie umgesetzt worden sind:
- oft Stufenbewegung, viele Terz-Sprünge
- Wiederholung (bei Jingle 1)
- erster und letzter Ton ist c, e oder g
- pro Ton nur eine Silbe

3) Die Schüler komponieren einen eigenen Jingle am Instrument. Zunächst können Slogans vorgegeben werden, später können diese zu einem vorgegebenen Produkt selbst verfasst werden.

4) Präsentation der Jingles zu zweit oder zu dritt.

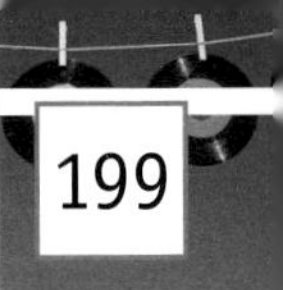

Analyse von Radio-Werbespots

Bei der Analyse von Werbespots werden **typische Gestaltungselemente** kennengelernt und ihre Funktion für die Werbewirkung beschrieben.

1) Die Schüler erhalten den Ablaufplan eines Werbespots, der zuvor tabellarisch aufbereitet wurde (siehe Übung 200). Der Werbespot wird vorgespielt, die Schüler beschreiben die Funktion der einzelnen Gestaltungselemente mit eigenen Worten.

2) Weitere Spots werden unter folgenden Aspekten untersucht:
- ➲ Gestaltungskonzept (informativ, realistisch, humorvoll)
- ➲ enthaltene Gestaltungselemente
- ➲ Wirkung der Hintergrundmusik

Gestaltungselemente von Radio-Werbespots

Gestaltungselement	Beschreibung	Funktion
Sprecher	benennt und beschreibt das Produkt	meist rein informativ
Dialog	wie in einem Kurzhörspiel unterhalten sich zwei Personen	Vorteile des Produkts werden lebensnah oder humorvoll deutlich gemacht
Slogan	kurzer, leicht merkbarer Werbespruch	bringt die Werbebotschaft auf eine einfache Formel, prägt das Produktimage
gesungener Jingle	gesungener Slogan, gereimt oder ungereimt	Werbebotschaft mit Ohrwurm-Effekt
instrumentaler Jingle	kurze Kennmelodie aus wenigen Tönen	akustisches Erkennungszeichen des Produkts oder des Herstellers
Hintergrundmusik	untermalt den Text von Sprecher oder Dialog	erzeugt eine Stimmung, die mit dem Produkt in Verbindung gebracht werden soll

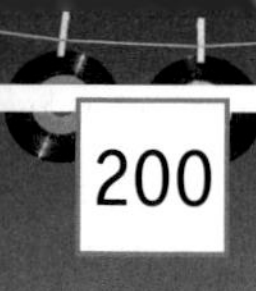

200

Einen Radio-Werbespot produzieren

Die **Entwicklung eines Werbespots** kann im Unterricht in kleinen Gruppen erfolgen, die Produktion ist dagegen Zuhause praktikabler. Hierzu sollte ein Computer mit Mikrofon und Aufnahmesoftware sowie Musik im MP3-Format verfügbar sein.

Entwickelt und produziert einen Radio-Werbespot mit Musik.

- Entscheidet euch für eines der folgenden Produkte: Computerspiel, Limonade, Lippenstift, Bettengeschäft.
- Entwickelt einen Produktnamen und einen Slogan (gesprochen oder als gesungenen Jingle).
- Entwerft einen Ablaufplan (Dauer: max. 40 Sekunden)
- Achtet bei der Gestaltung darauf, dass sich die Zielgruppe des Produkts angesprochen fühlt.
- Produziert den Werbespot zu Hause mit Hilfe von Computer, Mikrofon und Musikdateien oder Instrumenten.

Ablaufplan – Radio-Werbespot für die Anti-Pickel-Creme „Pickeltren“

Element	Dauer	Text/Musikbeschreibung
Dialog	0:10	Er: *Hast du Lust, mit mir heute Abend auf Freddys Party zu gehen?* Sie: *Ich? Äh. Also ich …* Er: *Ich lade dich hinterher auch noch zu 'ner Cola ein. Bei mir zu Hause.* Sie: *Eigentlich gern, aber …*
Jingle	0:05	Pickeltren – jetzt kann die Party losgeh'n
Dialog	0:08	Er: *Das Zeug ist ja absolut super. Ich seh' jetzt aus wie Brad Pitt. Na ja, jünger natürlich.*
Musik	0:03	Partymusik
Dialog + Hinter-grundmusik	0:04	(Partymusik im Hintergrund) Sie: *Du, ich komm doch mit.* Er: *Na, dann lass uns mal los!*
Jingle	0:05	Pickeltren – jetzt kann die Party losgeh'n
Sprecher	0:05	*Pickeltren gibt's ohne Rezept in jeder Apotheke.*